미국 자산관리 성공전략

일러두기

- 이 책에서 제공하는 내용은 일반적인 정보 전달이 목적이므로 법적 조언 및 투자 조언으로 사용될 수 없으며, 독자가 내리는 투자 및 기타 결정에 책임을 지지 않습니다.
- 이 책은 2025년 상반기 기준으로 집필되었습니다. 출간 이후 수정되는 정보는 아래 QR코드를 인식하여 확인하시기 바랍니다.

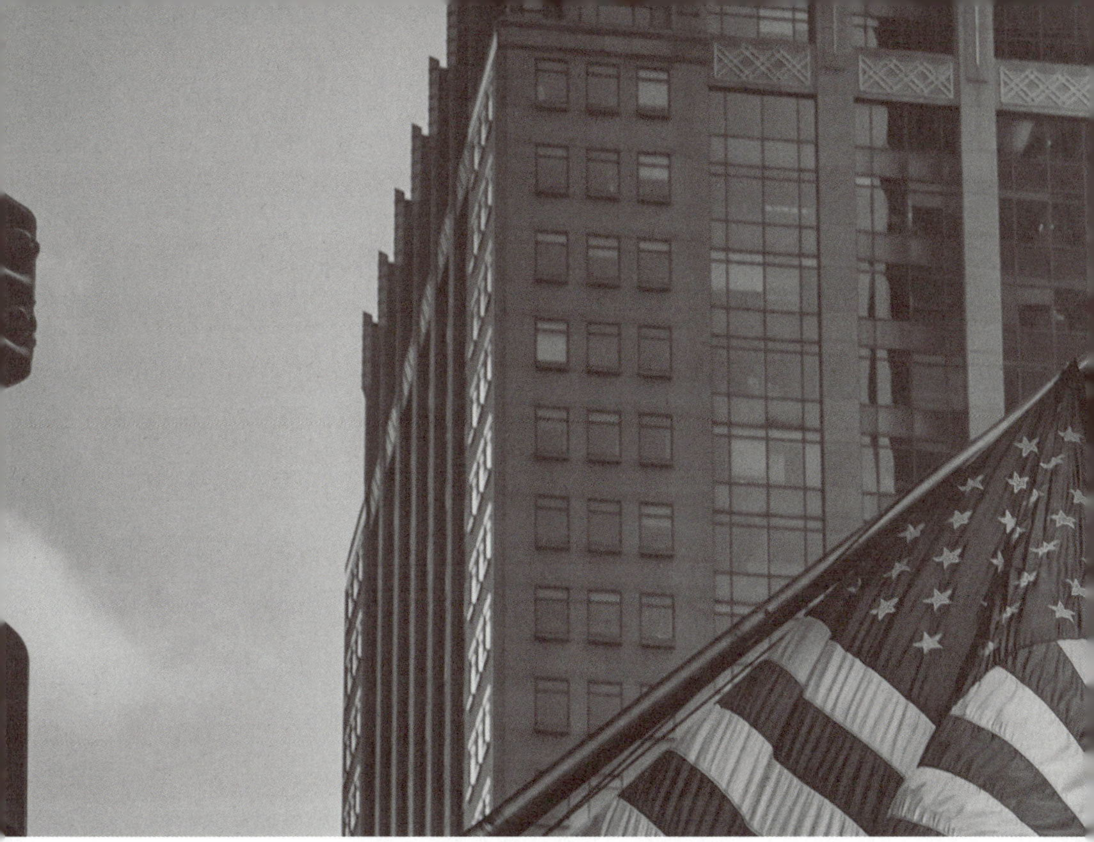

Help Your Success in America

미국 자산관리 성공전략

투자부터 절세, 은퇴 준비까지

미국변호사 존청(John Chung) 지음

DARAKWON

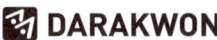

아메리칸 드림은 아직 유효하다

왜 미국인가?

사업을 하면서 한국에 나가기 시작한 지 이제 10여 년이 되어가는데, 해마다 한국인의 미국 투자와 이주에 대한 관심이 점점 더 늘어가고 있음을 체감하게 된다. 교육, 비즈니스 등 개인적인 이유를 비롯해 정치적, 경제적으로 한국이 세계로 뻗어가는 상황을 반영하는 다양한 이유들이 있을 것이다. 이유야 어쨌든 현실은 현실이다. 1세대 이민자로서 한국과 미국에 걸쳐 비즈니스를 하고 있는 나의 입장에서는 이런 현상이 당연하다고 생각한다. 왜 미국이 좋은 투자처인지, 왜 미국에 투자해야 하는지를 몇 가지 관점에서 논의해 보려고 한다.

미국 자산관리 성공전략

세계 1등 국가

낯간지러운 말이지만, 미국은 '세계 1등' 국가이다. 특히 경제 규모에서 미국의 1등 지위는 아마 앞으로도 수십 년간 변하지 않을 것이다. 미국의 GDP는 전 세계 GDP의 25%를 차지하며, 중국과 독일의 GDP를 합친 것보다도 크다. 유럽연합 전체 또는 G7 국가들의 GDP를 모두 합한 것보다도 많다. 심지어 캘리포니아주를 독립된 국가로 가정할 경우, 그 경제 규모는 세계 5위에 해당한다.

국방비에서도 미국은 세계 1위를 차지하고 있다. 한국에서 농담식으로 '천조국'으로 불리는 미국의 국방비는 2025년 기준으로 연간약 8,950억 달러로, 이는 전 세계 국방비의 38%에 해당한다. 2위인 중국의 국방비의 세 배이며, 2위에서 11위까지 국가들의 국방비를 모두 합쳐도 미국의 국방비를 넘어서지 못한다.

또한 미국의 인구는 현재 3억 4,700만 명으로 세계 3위의 인구 대국이며, 지속적으로 인구가 증가 추세에 있다. 인구 감소로 인해 성장 동력의 상실을 걱정하는 다른 선진국들과 달리 지난 25년간 미국의 인구는 약 6,000~7,000만 명이 증가했다. 이처럼 많은 인구가 풍부한 자원을 바탕으로 살아가고 있는 나라가 미국이다.

아직도 아메리칸 드림은 가능한가?

나는 현 시점에도 여전히 아메리칸 드림(American Dream)이 유효하다고 생각한다. 나뿐만 아니라 많은 이들이 아직도 미국에서는 누구나 노력을 통해 성공할 수 있다고 믿고 있다. 주변의 시선이나 사회적 요구에 부응해야 한다는 압박보다 개인의 능력과 노력을 인정하는 문화 속에서, 미국은 여전히 열심히 일하는 사람이라면 누구나 그에 걸맞은 행복을 누릴 수 있는 환경을 제공한다.

이 책의 독자가 한국에서 사업을 하는 사람이라면, 본인 사업체의 최종 목적지가 되든, 아니면 반드시 진출해야 할 시장으로서 미국을 수위에 꼽을 것이다. 본인이나 자녀의 교육에 관심을 두는 사람이라면 미국의 교육 환경을 가장 우선적으로 고려할 것이다. 이런 배경에서 미국에 대한 투자는 자산 관리와 활용 면에서 모두 편리한 선택이 된다. 가족 구성원 중 일부가 미국에 정착하거나 미국에 사업체를 설립하게 되면 미국 진출의 교두보를 확보하기에 훨씬 수월할 것이기 때문이다.

최고의 투자 시장

일반적으로 투자 시장을 논할 때는 수익성과 안정성을 중요한 기준으로 삼는다. 이 두 가지 측면에서 미국은 다른 어느 나라와도 비교할 수 없는 높은 수익성과 안정성을 자랑한다.

먼저 수익성을 살펴보자. 세계 주식 시장에서 시가 총액 중 절반이 미국 기업에 속해 있으며, 세계 최대 시가 총액을 자랑하는 상위 10개 기업 중 한두 개를 제외한 거의 모든 회사들이 미국 회사들이다. 다우존스, S&P 500, 나스닥 등 미국의 주요 3대 지수는 계속해서 사상 최고치를 경신하고 있고, 이는 미국 경제 시장이 지속적으로 성장하고 있음을 보여준다. 지난 100년간 S&P 500의 연평균 수익률은 10%를 넘는 안정적인 성장의 역사를 보여주었다. 이런 것들을 볼 때 앞으로도 미국 시장의 안정적인 상승세는 계속될 것으로 유추할 수 있다.

다음은 안정성에 대해서이다. 미국에 투자하는 것은 우스갯소리로 '다른 나라가 아닌, 바로 미국'에 투자하는 것이다. 간혹 투자를 위해 버진아일랜드나 케이먼아일랜드 같은 잘 들어보지도 못한 국가들의 자산에 투자하라는 권유를 받는 경우도 있다. 이에 비하면 미국에 있는 금융 기관이 발행하는 금융 상품, 미국에 있는 부동산, 미국에서 활동하는 기업에 대한 투자가 훨씬 안전한 선택임은 자명한 사실이다.

더 나아가 미국에 투자하는 것은 미국 달러 표시 자산에 투자하는 것이다. 여기서 달러가 기축 통화라는 사실도 중요한 역할을 한다. 기축 통화국으로서 미국이 결정하는 통화 정책은 세계의 인플레이션에 지대한 영향을 미친다. 미국 자산에 투자함으로써 이러한 인플레이션이 자산 가치 상승으로 이어질 수 있는 이점이 생기는 것이다. 이는 다른 나라 자산에 투자하는 것과는 비교할 수 없는 혜택이다.

현저하게 낮아진 외국인 투자 장벽

이제는 미국이 아닌 다른 나라에서도 미국의 자산에 쉽게 접근하여 투자할 수 있게 되었다. '서학 개미'라는 신조어가 생겨난 것도 이러한 배경에서 비롯되었다. 최근 몇 년 사이에 한국의 투자자들이 미국 주식에 투자하는 경우가 크게 증가했다. 투자 관련 정보와 자산 관리 방면에서 한국 주식과 큰 차이가 없을 정도로 접근성이 향상되었기 때문이다. 그뿐 아니라 부동산, 보험, 연금 등 다른 자산에 대해서도 외국인에 대한 투자 장벽이 현저히 낮아졌다.

결국 우리가 '왜 미국인가'를 묻는 질문은 더 큰 시장, 더 두터운 자본, 더 넓은 기회를 찾는 인간 본연의 열망과 맞닿아 있다. 미국이라는 무대는 그 욕구를 가장 확실하게 받아줄 수 있는 곳이며, 세계 경제의 변화가 빨라질수록 그 비교 우위는 더욱 선명해진다. 세계 1위의 경제 규모, 압도적인 달러 패권, 개방적인 투자 인프라가 결합된 이 거대 시장에서 노력과 전략을 갖춘 사람에게 아메리칸 드림은 단순한 슬로건이 아니라 '계산 가능한 현실'로 다가온다.

이 책은 그 현실을 구체화하기 위해 필요한 제도적 틀, 세무·법률 전략, 그리고 실제 성공 사례들을 살펴보며 독자가 스스로의 드림을 설계할 수 있도록 길잡이가 되고자 한다.

PART 2 미국 생활에 꼭 필요한 종합 자산 관리 전략
투자와 절세, 은퇴 준비, 그리고 상속까지

I. 리빙 트러스트(Living Trust)

II. 미국 부동산 투자

V. 사회적 기여와 부의 상속

PART 3

한국인과 미국 투자
크로스보더 미국 세무 가이드

PART 1

Navigating the U.S. Tax System:

Essential Tax Considerations Before You Invest

미국 세금 제도의 이해

투자 전에 알아두는 절세 상식

미국의 유리한 세제 혜택

001

미국에 투자하는 것이 왜 좋은지는 긴 설명이 필요없을 것이다. 수익성, 안정성 등 다양한 측면에서 미국 투자의 가치는 명확하기 때문이다. 그렇다면 이제 남는 것은 투자에 따르는 세금 문제이다. 외국인 투자자로서 투자하든, 이주를 통해 미국 거주자 신분을 확보하고 투자를 진행하든, 미국 투자에 있어서 세금 문제는 항상 고려해야 할 중요한 요소이다. 이에 따라 택스 플래닝(Tax Planning; 세금 계획)은 매우 중요하며, 미국에서의 절세는 물론 경우에 따라서는 한국의 적법한 규정을 준수한다는 측면에서도 철저한 준비가 필요하다.

2016년에 파나마 페이퍼스(Panama Papers)라는 국제적인 택스 스캔들이 있었다. 파나마에 본사를 둔 모색 폰세카(Mossack Fonseca)라는 유명한 로펌이 있는데, 국제적인 조세 피난처들을 활용해서 전 세계 부유층의 절세를 도와주는 것으로 유명한 회사였다. 당시 이

회사의 서버가 해킹을 당하면서 여러 고객들의 정보가 누출되었는데, 여기서 블라디미르 푸틴과 관련된 러시아 인사들, 재키 챈, 리오넬 메시 등 많은 유명 인사들의 이름이 공개되는 바람에 국제적인 대형 스캔들로 다루어졌다. 한국에서도 유명 기업인과 전직 대통령 가족의 정보가 누출되어 큰 화제가 되기도 했다.

하지만 공교롭게도 해당 명단에서 미국의 유명 인사들의 이름은 발견되지 않았다. 당시 블룸버그, CNBC 등 많은 경제 매체들은 왜 미국 부호들이 파나마 페이퍼스에 포함되지 않았는지에 대해 집중했다. 이유가 무엇이었을까? 미국 사람들은 청교도적인 신념에 따라 세금을 줄이는 데 관심이 없기 때문이었을까? 글쎄다.

이에 대해 미국의 세법 전문가들이 내놓은 의견은 놀라웠다. 미국에는 국내에서 실행할 수 있는 합법적인 절세 방안이 매우 다양하기 때문에 웬만해서는 굳이 해외로 눈을 돌릴 필요가 없다는 것이다. 저자도 세법을 전문으로 하는 변호사로서 상당히 일리 있다고 동의하는 내용이다. 여기에 더 추가하고 싶은 것은 미국에서 제공되는 다양한 합법적 절세 방안은 유명 부호들만 누리는 그들만의 제도가 아니라 모두가 활용할 수 있는 방안이라는 점이다. 여기에는 미국 거주자뿐만 아니라 외국인 투자자도 활용할 수 있는 방안들이 많이 있다.

결국 사람과 투자가 모두 미국에 몰리는 이 시점에서 미국의 유리한 세제 혜택을 적법하게 적극적으로 활용하는 것은 매우 바람직한 투자 방향이다. PART 1에서는 독자들에게 미국 세금 제도의 이해를 돕고, 합법적인 절세 방안에 대한 기본 지식을 제공하려고 한다.

세금의 종류와 배경

002

세금은 정부의 수입이다. 국가를 운영하는 정부가 그 국가의 구성원들로부터 징수하는 수입이라고 이야기할 수 있다. 사람의 몸이 정상적으로 작동하기 위해서 피가 필요하듯이, 한 사회의 경제가 돌아가기 위해서는 돈이 필요하다. 따라서 돈은 경제 활동에 있어 신체의 피와 같은 역할을 한다.

경제 활동을 위해서는 돈이 필요한데, 이는 개인이나 기업처럼 사회에서 경제 활동을 하는 일반적인 참여자들뿐만 아니라 그 사회를 운영하는 정부도 마찬가지이다. 정부가 작동, 운영되기 위해서는 돈이 필요하고, 따라서 정부는 개인과 기업으로부터 정부가 제공하는 여러 가지 역할을 근거로 돈을 걷는다. 그 돈이 바로 세금이다.

세금의 종류는 나라마다 어느 정도의 차이는 있지만, 보통 소득세, 증여·상속세, 재산세의 세 가지라고 할 수 있다. 한 사회에서 벌어지는 경제 활동의 종류를 기준으로 생각하면 어렵지 않게 이해할 수 있을 것이다.

세금의 근거

소득세는 자기가 벌어들인 소득에 대하여 그 일부를 국가에 납부하는 것이다. 이러한 소득세에 대한 근거는 무엇일까? 내가 열심히 피땀 흘려 번 소득의 일부를 국가에 납부해야 한다니, 왜 그래야 할까? 이에 대한 설명은, '당신이 이렇게 소득을 벌어들일 수 있었던 것은 우리나라 사람으로서, 또는 우리나라에서 경제 활동을 하면서 국가에서 제공하는 여러 가지 혜택을 누렸기 때문에 가능했다. 그러므로 그와 같은 소득의 일부는 국가에 세금으로 지불하라'는 것이다.

이와 관련한 개념으로 '국적 포기세(Exit Tax)'를 떠올려 볼 수 있다. 국적 포기세란 미국 영주권이나 시민권을 포기할 때 발생할 수 있는 세금이다. 국적 포기세의 개념은 어떤 사람이 미국 영주권이나 시민권, 즉 미국인으로서 신분을 포기하면 그때까지 그가 벌어들인 소득이나 그가 일궈낸 부의 증가에 대해 비록 그 소득을 아직 실현하지 않았어도 마치 실현된 것으로 간주해서 그 차액만큼을 과세하는 것이다. 이에 대한 근거는 바로 위에서 설명한 것과 같다. 즉, 그와 같은 가치 상승을 만들어 낼 수 있었던 것은 그가 이 나라 국민이었기 때문이라는 것, 그러한 특권을 누렸기 때문에 소득을 얻거나 자산 가치의 상승을 이룬 것이므로 그 상승분의 일부를 국가에 납부해야만 국적을 포기하는 것을 용납한다는 것이다. 국적 포기세 역시 소득세의 해석에 기반한 세금이다. 각자의 동의 여부와는 별개로 국적 포기세의 배경은 이해할 만할 것이다.

한 사회에서 일어나는 경제 행위에는 내가 가진 자산을 타인에게 이전하는 상황이 있다. 국가는 이에 대해 증여·상속세의 명목으로 세금을 부과한다. 이것은 또 무슨 근거일까? 당신이 자녀에게, 또는 다음 세대에게 당신이 소유한 자산을 넘기는 것은 한 사회가 안정적으로 운영되기 때문에 가능한 일이다. 국가는 당신의 부를 다음 세대로 이어갈 수 있도록 사회가 보장해 주는 것에 대하여 세금을 내라는 것이다. 부의 안정적인 세대 간 이전은 사회가 안정적으로 유지, 운영되어야만 가능한 일이다. 당신과 당신의 가족이 국가에 의해 이러한 혜택을 받았으므로 그 증여, 상속에 대해서 국가는 세금을 징수할 권한이 있다는 것이 증여·상속세의 근거이다.

재산세의 배경도 이와 마찬가지로 생각할 수 있다. 당신이 재산을 소유할 수 있는 것은 국가가 제공하는 혜택 덕분이므로 이에 대한 대가를 내라는 개념이다. 법과 제도 같은 무형의 시스템, 도로망이나 신호등 같은 유형의 인프라스트럭처(Infrastructure; 사회 기반 시설)를 통해 당신의 재산 가치가 보존되고, 또 국가가 경찰력을 제공함으로써 당신의 재산에 대한 소유권을 안정적으로 확보하고 유지할 수 있으니, 그러한 혜택에 대한 대가로 국가에 재산세를 내라는 것이다.

견제와 균형

003

경우에 따라서는 과세를 통한 국가의 간섭이 과하다고 문제를 제기할 수도 있을 것이다. 예를 들어 경제 활동을 통해 벌어들인 소득에 대해 국가가 부과하는 소득세의 배경과 이유에 대해 동의한다 하더라도, 그 소득세는 누가 내든 한 번만 내면 되는 것 아닌가? 회사가 벌어들인 소득에 대해 법인소득세를 통해 한 번 과세했다면, 이후 이 회사의 배당은 한 번 과세된 금액을 주주들에게 전달하는 것이므로 또 과세하면 안 되는 것 아닌가? 비슷한 관점에서 주식 매각에 대한 과세도 불합리하다는 의문이 생길 수 있다. 증여·상속세도 마찬가지이다. 내가 내 재산을 일구기까지 이미 소득세를 한 번 이상 부담했는데, 이것을 다음 세대로 전달하는 데에도 세금을 또 내야 하는지 반론을 제기할 수 있을 것이다.

관점을 바꿔서, 세금을 내는 것에는 찬성하더라도 '정부의 방만한 운영과 세금 낭비에 대해서는 누가 책임질 것인가' 하는 문제도 생각해 볼 수 있다. 연말만 되면 멀쩡한 보도블록을 부수거나 나무를 새로 심는 등, 그다지 필요하지 않아 보이는 비용을 쓰는, 그런 일들은 어느 나라에서든 나타날 수 있기 때문이다.

국가의 정치 권력이 어느 쪽에 있는지에 따라서도 과세 방침은 영향을 받는다. 보수적인 관점에서 보면 세금은 최소화해야 하고, 정부의 간섭도 최소화되어야 한다. 자유와 경쟁을 중시하기 때문이다. 시장은 효율적이고 자정 기능을 가지므로, 정부가 시장에 대한 개입을 최소화해야 사회 전체의 후생을 높이는 데 바람직하다고 주장한다. 즉 국가의 역할은 국방, 외교, 치안에 국한되고, 나머지는 개인의 자유 의지에 맡긴다는 것이다. 이것은 애덤 스미스의 보이지 않는 손, 고전학파, 신자유주의 등으로 이어지는 관점이다.

반면 진보적인 관점에서 보면 사회는 언제나 불완전한 것이고, 더 나은 사회를 위해 우리는 항상 진보하려는 노력을 해야 한다. 그리고 이를 위해 국가의 역할은 확대되어야 한다. 따라서 국가의 과세권도 상대적으로 넓게 보장되어야 하고, 그것이 결국 사회적 후생을 늘리는 데 있어서 중요한 가치이므로 정부가 이를 방임해서는 안 된다고 주장한다.

그래서 과세와 관련해서는 여러모로 견제와 균형(Checks and Balances)이 작동한다. 양쪽의 논의에서 어느 한쪽이 무조건 옳고 다른 쪽은 옳지 않다고 말할 수는 없다. 보수와 진보가 제시하는 상반된 가치와 이해가 국회의 입법 과정, 행정부의 예산 편성과 집행, 사법부의 위헌 심사, 그리고 납세자인 시민 사회의 감시와 여론 형성을 거치며 끊임없이 부딪치고 조정되는 바로 그 지점에서 견제와 균형이 현실로 구현된다. 이러한 힘의 균형이 유지되기에 세법과 과세 규정도 시대적 요구에 맞추어 수정, 보완되며, 한 나라의 조세 체계가 끊임없이 진화해 간다.

절세와 탈세의 차이

004

절세는 좋은 걸까? 절세를 이야기하면 종종 따라붙는 질문이 '절세와 탈세가 어떻게 다른가'에 대한 것이다. 절세와 탈세의 차이에 대해 미국의 존경받는 연방 대법관인 루이스 브랜다이스(Louis Dembitz Brandeis)가 그의 에세이에서 언급한 내용이 있어 이를 옮겨본다. 그는 매일 포토맥강을 건너 연방 대법원으로 출퇴근을 했는데, 출퇴근 길에서 본인이 겪는 일상사를 통해 절세와 탈세의 차이를 설명했다.

"저는 버지니아주 알렉산드리아에 살고 있습니다. 대법원 근처에는 포토맥강을 건너는 유료 다리가 있는데, 1달러의 통행료를 내고 집에 도착합니다. 유료 다리지만 러시아워 때에는 교통 혼잡을 피할 수 없고, 어떤 때는 시간도 오래 걸리고 매연도 심합니다. 그런데 다른 옵션으로 시내를 벗어나 무료 다리를 건너

대법원에 갈 수도 있습니다. 이 다리는 워싱턴 D.C. 도심 외곽에 위치해 있는데, 의외로 아는 사람이 많지 않아 러시아워 동안 교통 혼잡을 피할 수 있습니다. 조용하고 쾌적한 오솔길을 지나 다리로 이어지니 운전자들은 추가적인 즐거움도 얻을 수 있답니다. 무슨 얘기를 하려고 하는지 아시겠죠? 만약에 제가 유료 다리를 건너면서 통행료를 내지 않는다면, 그것은 탈세가 됩니다. 그러나 도심을 벗어나 무료 다리를 이용한다면, 이는 합법적이고 논리적이며 적합한 절세 방법을 사용하는 것입니다. 뿐만 아니라 유료 다리의 혼잡을 줄이는 유익한 사회적 서비스를 제공하는 것이기도 합니다. 탈세를 했다면 처벌받아야 마땅합니다. 그러나 절세를 했다면 칭찬받아야 할 것입니다. 정말 안타까운 게 무엇인지 아세요? 너무나 많은 사람들이 이런 무료 다리가 있다는 사실조차 모른다는 것입니다."

세법에는, 그 중에서도 특히 미국 세법에는 불필요한 세금을 합법적으로 피할 수 있는 여러 무료 다리들이 존재한다. 중요한 것은 그것들을 어디서 찾을 수 있는지를 아는 것이다. 물론 세법에는 자동으로 유료 다리를 건너도록 설계된 부분도 있다. 유료 다리를 건너는 대가는 세금의 지불로 이어진다.

브랜다이스 판사처럼 우리도 기꺼이 그 오솔길을 찾아 실제로 무료 다리를 건너야 한다. 누군가가 도덕적인 의무를 내세워 굳이 내지 않아도 될 세금을 납부하기를 요구하는 것은 형식적인 표어에 지나지 않을 것이다. 그러므로 우리는 무료 다리를 발견하고 건너는 경험을 소수의 특권으로 남겨두어서는 안 된다.

합법적 절세가 널리 알려지고 실행될수록, 개인과 가계는 늘어난 현금 흐름으로 소비와 투자를 확대하고, 지역 사회는 활력을 얻는다. 그 과정에서 걷힌 세수는 줄어드는 것이 아니라 꼭 써야 할 곳으로 효율적으로 재배치되어 오히려 공공 서비스의 품질이 높아진다. 나는 이 선순환을 현실로 만들기 위해 세법에 숨은 오솔길을 발굴하고, 이를 누구나 이해할 수 있는 언어로 지역 사회에 전파하는 역할을 맡고 있다. 모든 가정과 사업체가 정당한 권리를 활용해 '유료 다리'의 불필요한 혼잡을 줄이고, 절감된 자원을 다시 지역 경제에 순환시키는 것이야말로 진정한 공공 봉사이자 장기적인 공동 번영의 길이라고 믿는다.

한 발 앞서 준비하는 소득세 플래닝

005

소득세 플래닝은 소득세를 줄이는 노력을 말한다. 어떻게 소득세를 줄인다는 것일까? 일단 추상적인 내용을 풀어가기 위해서 소득세가 무엇인지부터 얘기해야 한다. 소득세는 내가 벌어들인 소득에 대해 부과되는 세금이다. 소득세는 내가 벌어들인 순소득(Net Income)에 세율을 곱해서 결정된다. 여기서 세율은 우리가 어떻게 할 수 없는 것이니, '순소득을 줄이려는 노력'이 곧 소득세를 줄이는 노력이라는 것을 쉽게 이해할 수 있을 것이다.

$$소득세 = 순소득 \times 세율$$

그렇다면 내가 벌어들인 순소득이라는 것은 어떻게 구성될까? 우선 총소득(Gross Income)이 있다. 내가 한 해 동안 근로 활동이나 투자 활동을 해서 벌어들인 소득을 말한다. 여기에는 이와 같은 소득을 벌어들이기 위해 내가 지출한 것이 있는데, 그것을 비용이라고 한다. 그리고 이러한 비용들의 총합인 총비용을 총소득에서 차감하게 되면 남는 금액이 순소득이다. 우리는 순소득에 세율을 곱한 금액만큼 세금을 부과받게 된다.

순소득을 줄이는 노력이 소득세를 줄이는 노력이라 했으니, 순소득을 줄이기 위해서는 총소득을 줄이거나 총비용을 늘려야 한다는 논리로 이어진다.

먼저 총소득을 살펴보자. 과세를 줄인다는 말은 총소득을 줄여야 한다는 말이다. 그렇다면 이런 의문이 생길 수 있다. 세금을 줄이기 위해 나는 내가 벌 수 있는 돈을 마다해야 하는 것인가? 이는 어불성설이다. 세금을 안 내려고 내가 돈을 벌 기회를 저버린다는 것은 말이 안 된다.

그렇다면 다음은 비용을 다룰 차례이다. 과세를 줄인다는 말은 총비용을 늘려야 한다는 말이기도 하다. 그럼 세금을 줄이려고 내가 필요하지도 않은 지출을 일부러 하고, 그렇게 비용을 늘려서 세금을 줄여야 할까? 그것도 역시 어불성설이다. 내가 쓸데없는 데 지출하고 나서 그 지출의 일부만큼 세금을 줄였으니 잘 한 일이라고 생각하는 사람은 없을 것이다. 그런데 실제로는 그렇게 생각하는 경우들이 있기도 하다!

소득세 플래닝의 대원칙

자, 이제 동일한 두 사안에 대해 다음과 같이 바꿔보면 어떨까? 먼저 총소득을 줄인다는 말은 나의 전체 소득 금액을 줄이는 게 아니라, '내가 버는 소득의 비중을 높은 세율로 과세되는 소득에서 낮은 세율로 과세되는 소득이나 비과세되는 소득을 높이는 쪽으로 옮기려고 노력하라'는 것이다. 소득이 늘어나는 것은 당연히 좋은 일인데, 그 중에서도 과세되지 않는 성격의 소득 비중이 늘어난다면 그것이 바로 우리가 원하는 방향이다. 이 관점은 소득세 절세의 핵심 키가 되겠다.

다음으로 비용을 한번 보도록 하자. 내가 세금을 줄이겠다고 불필요한 지출을 추가로 늘린다는 것은 말이 안 되는 일이다. 내가 동일한 지출을 유지하면서도 공제되는 비용을 늘릴 수 있어야 한다. 내 주머니에서 빠져나가 다른 사람의 주머니를 배불리는 추가 지출을 하지 않고도, 즉 내가 소유하고 운영하는 자산에서 빠져나가지 않으면서도 비용이 공제되는 성격의 비중을 늘림으로써 과세 소득을 줄이는 것이다. 이것이 비용 면에서 절세 플래닝의 키가 되는 내용이다.

앞으로 이 책에서 소득세 절세의 논의는 이 두 가지 원칙에서 이루어질 것이다. "과세 소득을 줄이고, 공제 비용을 늘린다!"

006

소득세 플래닝 전략 1
모든 소득이 다 같은 소득이 아니다

소득세 절세의 첫 번째 전략은 '모든 소득이 다 같은 소득이 아니다' 라는 사실을 활용하는 것이다. 이게 무슨 말일까? 우리가 벌어들이는 소득에 대한 소득세는 소득의 종류에 따라 매우 다르게 적용된다. 그러므로 같은 금액의 소득이라면 소득세가 적게 부과되는 소득으로 만들 때 부담할 소득세가 적어지고, 따라서 절세 목적을 달성할 수 있게 된다. 좀 더 구체적으로 살펴보자.

소득세의 종류

소득의 종류를 다루기 전에 먼저 소득세의 종류부터 알아보자. 미국에는 여러 가지 소득세가 있는데, 대표적으로는 일반소득세

(Ordinary Income Tax), 자본이득세(Capital Gain Tax), 순투자이익세
(Net Investment Income Tax; NIIT), 그리고 사회보장 부담금(Federal
Insurance Contributions Act; FICA)이 있다.

일반소득세(Ordinary Income Tax)

일반소득세는 말 그대로 우리가 일반적으로 벌어들인 소득에 대해
서 부과되는 세금이다. 급여, 임금, 사업 소득 등에 적용되기도 하고,
이자나 임대 소득에도 적용된다. 일반소득세 세율은 소득이 많으면
많을수록 높아지는 누진세의 형태를 띠는데, 낮게는 0%에서 최대
37%의 세율이 적용된다. 다음에 설명할 자본이득세보다 높은 세율
이고, 이렇게 높은 세율 때문에 우리는 종종 '세금이 너무 많다'고 느
끼게 된다.

자본이득세(Capital Gain Tax)와 순투자이익세(NIIT)

자본이득세는 주식이나 부동산 같은 자산을 팔아서 얻은 이익에 대
해 부과되는 세금이다. 해당 자산을 소유한 기간이 1년을 넘지 않을
경우, 매각 차익에 대해 일반소득세와 동일한 세율의 적용을 받고,
자산을 1년 이상 보유한 후에 팔면 이보다 더 낮은 세율이 적용된다.
자본이득세 세율은 소득 규모에 따라 0%, 15%, 20%로 나뉜다. 따
라서 일반소득세보다 자본이득세가 더 유리하다는 것을 알 수 있다.
여기에 추가로 3.8%의 세금이 더 붙는 경우가 있는데, 이것을 순투
자이익세라고 한다. 모든 경우에 해당되지는 않고, 매년 투자 소득이

일정 금액을 넘는 고소득자들에게 주로 해당된다.

사회보장 부담금(FICA)

마지막으로 사회보장 부담금은 한국의 4대 보험과 비슷한 성격으로 사회보장세(Social Security Tax)와 메디케어세(Medicare Tax; 의료보장세)로 구성된다. 주로 근로 소득이나 사업 소득에 부과되는 세금이다. 한국의 4대 보험과 마찬가지로 회사에 다니는 사람들은 절반은 회사가, 절반은 본인이 부담하고, 자영업자의 경우에는 이 세금 전체를 본인이 부담해야 한다.

소득의 종류

이제 소득의 종류를 살펴볼 차례이다. 왜 모든 소득이 다 같은 소득이 아니라고 했을까? 그것은 바로 소득의 종류에 따라 적용되는 과세율이 다르기 때문이다. 소득은 크게 근로 소득(Active Income), 포트폴리오 소득(Portfolio Income), 수동적 소득(Passive Income), 이렇게 세 가지로 나눌 수 있다.

근로 소득 또는 사업 소득(Active Income)

근로 소득 또는 사업 소득은 '액티브 인컴'이라고 하는데, 우리가 매일 일해서 버는 돈을 말한다. 여기에는 급여, 임금, 자영업 소득 등이 포함된다. 우리에게 가장 익숙한 소득이고, 경제 활동을 하면서 가장 일반적인 성격의 소득인 반면, 과세 면에서는 가장 불리한 소득 유형이다. 근로 소득에는 높은 세율이 적용되고, FICA(사회보장 부담금)도 내야 한다. 우리가 열심히 일해서 번 돈이 많아질수록 세율이 높아지고, FICA까지 내야 하니 세금 부담이 크다.

미국 국세청(IRS)이 부과하는 다양한 세금 중 거의 90%가 근로 소득에서 나온다. 물론 여기에는 우리가 흔히 말하는 소득세뿐만 아니라 FICA도 포함된다. 예를 들어, 10만 달러를 벌면 일반소득세 외에도 약 1만 5,000달러를 사회보장 부담금으로 더 내야 하는 것이다. 따라서 세금 면에서 가장 안 좋은 소득이 액티브 인컴인 것은 급여 생활자, 자영업자 모두에게 마찬가지이다.

포트폴리오 소득(Portfolio Income)

포트폴리오 소득은 주식, 채권과 같은 자산에 투자해서 얻는 소득을 말한다. 여기에는 이자 소득, 배당 소득, 자본 이득 등이 포함된다. 포트폴리오 소득에 적용되는 세금은 일반소득세 또는 자본이득세이다. 포트폴리오 소득은 FICA를 내지 않아서 세금 부담이 적다. 따라서 액티브 인컴보다 과세 면에서 더 유리한 소득이라고 할 수 있다.

수동적 소득(Passive Income)

수동적 소득, 즉 '패시브 인컴'은 직접적인 노동 없이 얻는 소득을 지칭하는데, 부동산 임대 소득이나 비활동적 파트너십 소득이 여기에 해당된다. 패시브 인컴도 FICA의 대상이 아니며, 일반소득세율 또는 자본이득세율의 적용을 받는다. 예를 들어 부동산 임대 수익은 세율이 낮고, 사회보장세와 메디케어세를 내지 않아도 된다. 임대 소득의 경우, 과세 소득을 줄일 수 있는 방법이 많아 매우 유리하다. 자산의 감가상각을 통해 과세 소득을 줄이는 방법이 한 예이다. 패시브 인컴은 장기적으로 안정적인 현금 흐름을 제공하면서 세금 부담이 적기 때문에 매력적인 소득 유형이다.

TIP BOX

소득세 플래닝 첫 번째 전략의 활용

여기까지 보면 근로 소득보다 포트폴리오 소득과 수동적 소득이 더 유리한 세율의 적용을 받는다는 것을 알 수 있다. 따라서 소득세 플래닝의 첫 번째 전략은 소득의 구성을 이렇게 재구성하려는 노력이 필요하다는 것이다. 즉 액티브 인컴 대신 패시브 인컴을 늘리려는 노력과 더 나아가 비과세 소득을 늘리려는 노력을 해야 한다.

1. 액티브 인컴 대신 패시브 인컴을 늘리려는 노력
근로 소득과 사업 소득은 세율이 높다. 같은 소득에 대해서도 세율이 더 높고, 사회보장세와 메디케어세가 추가로 부과된다. 반면, 투자 소득이나 배당 소득, 임대 소득 등은 세율이 낮거나 적용되는 세금의 종류가 더 적다. 그러므로 일해서 버는 근로 소득과 사업 소득의 비중을 줄이고, 투자 소득이나 패시브 인컴을 늘리는 것이 과세 면에서 유리하다.
다시 한번 말하지만, 일해서 버는 근로 소득과 사업 소득의 절대치를 줄이라는 것이 아니다. 열심히 일해서 번 돈을 가지고, 패시브 인컴과 포트폴리오

〈PART 1〉 미국 세금 제도의 이해

소득을 내는 자산에 투자해서 그로부터 나오는 소득의 비중을 높이려는 노력을 해야 한다는 이야기이다. 배당 소득과 자본 이득에 적용되는 자본이득세는 세율이 낮고, 사회보장세와 메디케어세의 부과 대상이 아니다. 따라서 이러한 소득으로의 전환을 적극적으로 고려해야 한다.

2. 비과세 소득을 늘리려는 노력

비과세 소득을 창출할 수 있는 자산에 대한 투자도 중요하다. 예를 들면, 생명보험에 투자해서 일정 기간이 지난 후 보험의 현금 가치를 꺼내 쓰는 것은 비과세 소득을 창출하는 좋은 방법이다. 생명보험의 현금 가치는 시간이 지나면서 증가하고, 일정 조건을 충족하면 비과세로 인출할 수 있다. 이는 생명보험의 주요 이점 중 하나로, 세금 부담을 줄이면서 필요한 자금을 확보할 수 있는 유용한 수단이 된다.

부동산 투자도 마찬가지이다. 부동산에 투자하면 감가상각을 통해 과세 소득을 줄일 수 있고, 레버리지를 활용하여 더 큰 투자 효과를 얻을 수 있다. 부동산 임대 소득은 서류상의 손실을 활용해 과세 소득을 줄일 수 있는 강력한 도구이다.

결국 소득세 절감의 첫 번째 전략은 근로 소득을 줄이고 패시브 인컴과 비과세 소득의 비중을 늘리는 것이다. 이를 통해 세금 부담을 줄이고, 더 많은 자금을 손에 쥘 수 있게 될 것이다.

007

소득세 플래닝 전략 2
금년 소득세를 줄이거나 미래 소득세를 줄이거나

소득세를 줄일 때 당해에 벌어들인 소득에 대한 세금을 줄이는 것도 있지만, 미래의 소득에 대한 세금을 줄이는 방법도 있다. 너무나 당연한 말이지만 많은 사람들이 갖는 편견으로 인해 소득세 절감을 단순히 눈앞의 과세 부담을 줄이는 데만 집중하는 경향이 있는 듯하다. 아마도 긴 호흡을 가지고 절세 계획을 세우지 않아서이기도 하지만, 그보다는 당장 세금을 많이 내는 상황이 못마땅하기 때문일 것이다. 그러나 현명한 소득세 절감 전략은 장기적인 관점에서 현재뿐만 아니라 미래의 소득세를 줄이는 것도 포함해야 한다는 점을 강조하고 싶다.

앞에서 살펴봤듯이 소득세 절감의 핵심 중 하나는 비용을 늘리는 것이다. 이는 지출을 늘리지 않으면서도 공제 비용을 확보하는 방법을 찾는 것을 말한다. 내가 소유하고 통제하는 자산을 줄이지 않으면서 소득 공제를 받을 수 있는 방법을 활용해야 한다. 마치 내 왼쪽 주머니에서 오른쪽 주머니로 옮기는 것처럼 자산의 재배치를 통해 소득 공제를 받는 현명한 절세 전략이다. 어떤 방법들이 있는지 간단히 살펴보기로 한다.

개인은퇴계좌를 활용한 절세

IRA(Individual Retirement Account)와 같은 개인은퇴계좌에 투자하는 것은 대표적인 절세 방법이다. 이는 내가 가진 일반 자산을 IRA라고 하는 은퇴계좌로 옮기는 것이다. 여전히 내 자산이라는 점은 동일하지만, 이를 통해 소득세 혜택을 얻을 수 있다.

트래디셔널 IRA(Traditional IRA)는 현재의 소득세를 줄이는 데 도움이 된다. 불입 금액만큼 소득 공제를 받을 수 있기 때문에, 과세 대상 소득이 줄어들어 당해 연도에 부과되는 세금을 줄일 수 있다. 예를 들어, 2025년 기준으로 개인이 한 해에 최대 7,000달러(50세 이상의 경우 8,000달러)를 트래디셔널 IRA에 불입하면, 그 금액만큼 소득세를 줄일 수 있다.

로스 IRA(Roth IRA)는 미래의 소득세를 줄이는 데 도움이 된다. 로스 IRA에 투자한 금액은 당장 소득 공제를 받지는 못하지만, 이 계좌에서 발생하는 모든 투자 소득은 미래에 비과세로 인출할 수 있다. 이는 장기적으로 큰 절세 효과를 제공하게 된다. 따라서 이 두 가지 방안을 반드시 활용해야 한다.

사업체 은퇴 플랜을 활용한 절세

사업체를 운영하는 사람이라면 사업체 은퇴 플랜을 활용할 수 있다. 이는 개인이 가입하는 IRA의 확장판으로, 이를 통해 사업주는 사업체와 종업원의 소득세를 크게 절감할 수 있다. 예를 들어 SEP IRA(간이 직원 연금 제도)나 SIMPLE IRA는 사업체 소유주와 직원 모두를 위한 은퇴 플랜으로, 높은 불입 한도와 세금 혜택을 제공한다. 이러한 플랜을 통해 불입 금액에 대해 소득 공제를 받을 수 있고, 이는 사업 소득을 줄이는 데 도움이 된다. IRA와 마찬가지로 불필요한 외부 지출을 늘리는 것이 아닌 자산의 재배치를 통해 당해 소득세 또는 미래 소득세를 줄일 수 있으니 자격을 갖춘 사업체에서는 반드시 절세 목적으로 활용해야 할 방안이다.

가족 고용을 통한 절세

가족 고용도 소득세 절감에 도움이 된다. 자녀를 고용하게 되면 소득세율이 높은 부모의 소득을 자녀에게 할당할 수 있어서 유효 세율을 낮출 수 있다. 이는 가정의 총소득에는 변동이 없지만, 해당 소득에 대한 세금을 줄이는 효과를 가져다준다. 또한 자영업의 경우, 청소년 자녀를 고용하면 자녀에게 지급하는 급여에 대해 FICA를 면제받을 수 있다. 자녀가 번 소득은 부모의 높은 세율이 아닌 자녀의 낮은 세율로 과세되므로 자연스럽게 자녀들에게 증여의 효과를 얻을 수 있으며, 자녀가 번 돈을 로스 IRA에 투자하면 장기적인 비과세 소득을 마련할 수 있다. 이는 소득세 절세뿐 아니라 가정 내의 자원을 효과적으로 활용하는 방법이다.

부동산 감가상각을 활용한 절세

부동산 투자에서 감가상각을 활용하면 투자 자산의 가치를 감가상
각하여 과세 소득을 줄이는 데 효과적이다. 이는 그 자체로 투자일
뿐만 아니라, 추가 비용이 발생하지 않으면서도 합법적인 '서류상
손실'을 일으켜 임대 소득을 비과세로 만들 수 있다. 실제 현금 유출
없이 과세 소득을 줄일 수 있는 강력한 절세 도구로, 보너스 감가상
각(bonus depreciation)과 같은 가속 감가상각 규정을 활용하면 초기
투자 비용을 더 빨리 회수할 수 있다. 또한 세법이 정의하는 부동산
전문인(Real Estate Professional)으로 분류되면 이러한 서류상 손실을
활용해 다른 소득을 줄이는 데도 사용할 수 있다.

생명보험을 활용한 절세

생명보험을 통해 미래 소득을 비과세 소득으로 만드는 것도 좋은 방
법이다. 시간이 지남에 따라 증가하게 되는 생명보험의 현금 가치는
특정 조건을 충족하면 비과세로 인출할 수 있다. 이는 은퇴 후 필요
한 자금을 마련하면서 동시에 세금 부담도 줄일 수 있는 방법이다.
예를 들어, 유니버셜 생명보험(Universal Life Insurance)이나 종신보험
(Whole Life Insurance) 같은 상품은 현금 가치가 축적되며, 이를 활용
해 비과세 소득을 만들 수 있다.

자선기관을 통한 절세

자선기관을 설립하거나 자선기관 트러스트(Charitable Remainder Trust; CRT)를 활용하는 것도 좋은 방법이다. 자선에 관심이 있는 사람이라면 자선기관을 설립하여 이를 통해 자산을 관리하는 것이다. 이 경우, 본인과 본인의 가족이 관리하고 세대를 이어 영향력을 이어갈 수 있는 진정한 유산(Legacy)을 남기게 될 뿐만 아니라 절세 면에서도 큰 효과를 얻을 수 있다.

자선기관을 설립하면, 기부금 공제를 통해 과세 소득을 줄일 수 있다. 또한 자선기관에서 발생하는 투자 소득은 비과세로 처리되므로, 일반 투자 자산보다 더 빠른 자산 증식과 더불어 세금 부담 또한 줄일 수 있다. 자선기관 트러스트(CRT)는 자선 기부와 동시에 안정적인 은퇴 수익을 제공하는 절세 도구이다. CRT를 설정하면 기부한 자산의 일부에 대해 즉시 소득 공제를 받을 수 있으며, 자산에서 발생하는 소득은 비과세로 증식된다. 또한 CRT는 기부자가 사망한 후에 남은 자산을 자선단체에 기부하는 구조로, 생전에는 일정 기간 동안 수익을 받을 수 있다. CRT를 통해 기부자는 자산을 매각할 때 발생하는 자본이득세를 연기할 수 있고, 이를 통해 자산을 더 효율적으로 관리할 수 있다.

529 플랜과 HSA를 통한 절세

529 플랜은 자녀의 교육비를 준비하면서 세금 혜택까지 받을 수 있는 효과적인 방법이다. 이 플랜에 불입하는 금액은 주마다 다르지만,

대부분 일정 금액까지 소득 공제를 받을 수 있다. 또한 투자 소득이 비과세로 처리되어 자녀가 대학에 진학할 때 필요한 학비, 기숙사비, 교재비 등을 세금 부담 없이 사용할 수 있다. 매년 일정 금액을 불입해 투자하면, 비과세 혜택으로 더 많은 교육 자금을 마련할 수 있다.

HSA(Health Savings Account)는 의료 비용을 대비할 수 있는 저축 계좌로, HSA에 불입한 금액은 소득 공제를 받을 수 있다. 이 계좌에서 발생하는 투자 소득은 비과세로 처리되며, 의료비로 인출할 때도 비과세 혜택을 누릴 수 있다. 이는 의료비를 준비하면서도 세금을 절감하는 이중 효과를 제공한다. HSA는 고액의 의료 비용이 발생할 가능성이 높은 사람들에게 특히 유용한 절세 도구이다.

008

소득세 플래닝 전략 3
소득세 이월에서 소득세 면제로

소득세 플래닝의 첫 번째, 두 번째 전략에서는 높은 세율이 적용되는 근로 소득을 낮은 세율의 패시브 인컴이나 비과세 소득으로 전환하고, 현재와 미래의 과세 소득을 줄이는 방법을 소개했다. 세 번째 전략은 한 단계 더 발전시켜 소득세를 오랫동안 이월하고, 더 나아가 이렇게 이월된 소득세를 완전히 면제받는 방법이다.

먼저 소득세를 이월하는 것이 왜 중요한지 살펴보자. 세금 이월은 대체로 소득 인식을 미루거나 비용을 일찍 인식하는 방식으로 이루어진다. 예를 들어 IRA나 사업체 은퇴 플랜은 당해 소득에 대한 인식을 뒤로 미루는 방식이다. 부동산 투자에서 서류상 손실을 이용한 감가상각 비용도 소득 인식을 미래로 미루는 전략이다.

최종적으로 이렇게 미룬 소득을 면제받을 수 있다면 가장 좋겠지만, 그렇게 하지 못하는 경우도 있을 것이다. 이런 경우는 세금 이월에 해당되며, 이는 세금 면제만큼 유리하지는 않더라도 충분히 가치 있는 전략이다. 지금 당장 100달러의 세금을 내지 않고 세금을 이월하여 30년 뒤에 같은 금액의 세금을 낸다고 가정해 보자. 어차피 100달러를 내는 것은 마찬가지이니 조삼모사가 아니냐고 생각할 수도 있다. 그러나 관점을 바꿔 보면, 세금 이월은 자금을 장기적으로 활용할 수 있는 기회를 제공한다. 그 기간 동안 자산을 불릴 수 있는 것이다. 굳이 화폐의 시간 가치를 논하지 않더라도, 이는 100달러의 돈을 국세청으로부터 무이자로 30년간 빌린 것과 같다. 이렇게 생각하면 세금 이월의 효용을 더욱 직관적으로 이해할 수 있을 것이다.

IRA에서 이월된 소득을 줄이는 방법

IRA에서 이월된 소득을 은퇴 후 인출할 때 발생하는 세금 부담을 줄이는 방법에는 여러 가지가 있다. IRA는 가입자가 일정 연령에 도달하면 반드시 돈을 인출해야 하는 규정(Required Minimum Distribution; RMD)이 있다. 이 금액은 과세 소득으로 간주되므로, RMD를 최소화하면서도 현금 흐름을 극대화할 수 있는 전략을 세우는 것이 중요하다. 이를 위해서는 다양한 어뉴이티(Annuity; 연금)를 활용할 수 있다. 어뉴이티는 일시금을 투자해 정해진 기간 또는 평생 동안 일정 금액을 받는 연금 상품으로, 이를 활용하면 RMD 인출을 분산시켜서 매년 인출해야 하는 금액을 줄일 수 있다. 대신 어뉴이티에서 발생하는 수익으로 생활비를 충당할 수 있는데, 이는 RMD 과세 소득을 최소화하면서도 안정적인 현금 흐름을 유지하는 데 도움이 된다.

부동산 투자와 세금 이월

부동산 투자에서는 세금 이월 전략으로 '동종자산교환 양도세 면제 규정(Sec. 1031 like-kind exchange)'을 활용할 수 있다. 이 규정은 투자 또는 사업 목적으로 소유한 부동산을 같은 종류의 다른 부동산으로 교환할 때 매각하는 부동산에 대한 양도소득세를 바로 납부하지 않고, 새롭게 취득한 부동산을 매각할 때까지 연기할 수 있도록 허용해 주는 것이다. 예를 들어, 내가 소유한 투자용 건물을 매각하고 그 수익을 사용해 다른 투자 건물을 구매하면, 건물을 매각할 때 발생하는 양도소득세를 새로운 건물로 이월할 수 있다. 이 과정은 평생 동안 반복할 수 있으며, 최종적으로 부동산을 매각해서 현금화하지 않는 한 계속해서 세금을 연기할 수 있다.

자산 상속을 통한 소득세 면제

앞서 설명한 투자용 부동산을 포함해 본인이 보유한 자산을 생전에 매각하지 않고 세상을 떠날 때까지 유지하다가 다음 세대로 상속하면, 해당 자산의 가치는 상속인이 상속받는 시점의 공정 시장 가치로 재평가된다. 이 재평가 과정에서 발생하는 이익에 대해서는 양도소득세가 부과되지 않으며, 상속인은 새로운 기준으로 자산을 취득하게 되는 것이다. 예를 들어, 내가 30년 전에 10만 달러에 구입한 부동산이 여러 차례의 Sec. 1031 과정을 거쳤고, 그 결과 현재 100만 달러 가치의 부동산을 소유하게 되었다면, 나로부터 이 부동산을 상속받는 내 자녀들은 100만 달러라는 새로운 기준으로 부동산을 상속받게 된다. 그리고 만약 내 자녀들이 상속을 받은 그 다음날 해당 부동산을 시가에, 즉 100만 달러에 매각한다면, 자녀들이 과세 소득으로 인식해야 할 양도 차익은 없다는 의미이다. 이 말은 세법이 허락하는 적법한 방식을 통해 계속 소득을 이월하고, 최종적으로는 소득세를 완전히 면제받는 방안을 실현하게 된다는 뜻이다. 믿어지지 않는가? 하지만 이것이 미국의 세법이다.

생명보험 투자 이익을 통한 소득세 면세

생명보험을 통해 은퇴 소득을 비과세로 만들 수도 있다. 생명보험의 현금 가치는 특정 조건을 충족하면 비과세로 인출할 수 있다. 이는 은퇴 후 필요한 자금을 마련하면서도 세금 부담을 줄이는 데 유용하다. 더 나아가 생명보험의 사망보험금은 법적으로 소득세가 부과되지 않는 유일한 투자 상품이므로, 가족에게 세금 부담 없이 자산을 상속할 수 있다.

현명한 절세 전략은 첫째, 소득을 저세율 또는 비과세 소득으로 바꾸고, 둘째, 불필요한 지출 없이 현재 또는 미래의 과세 소득을 줄이며, 셋째, 이월된 소득세를 최종적으로 면제받는 것이다. 소득세 이월을 소득세 면제로 만드는 것이 가장 이상적이지만, 소득세를 미래로 미루는 것만으로도 여전히 유익한 절세 전략이다. 이를 통해 현재와 미래의 세금 부담을 줄이고, 자산을 효율적으로 관리하며, 재정적인 안정성과 자산의 성장을 도모할 수 있기 때문이다.

미국 자산관리 성공전략

009

증여·상속 플래닝

재산을 모으는 것만큼이나 중요한 것이 모은 재산을 어떻게 지키고 물려줄지에 대한 계획이다. 이를 전문 용어로 '증여·상속 플래닝(Gift & Estate Planning)'이라고 부른다. 복잡해 보일 수 있지만, 쉽게 말해 내 재산을 다음 세대에게 효과적으로 전달하기 위한 전략을 세우는 것이다. 여기서는 증여·상속 플래닝의 기본 개념과 핵심 원칙을 간단히 소개한다.

먼저 큰 그림을 볼 때 재무 설계(Financial Planning)에는 일반적으로 세 가지 핵심적인 분야가 있다.

소득세 절감

매년 벌어들이는 소득에 부과되는 세금을 합법적으로 줄이는 전략이다. 세액 공제나 세율을 낮추는 방법 등이 여기에 포함된다.

부의 이전 계획

현재 가진 재산을 가족이나 후손에게 어떻게 증여 또는 상속할지를 계획하는 것이다. 증여세와 상속세를 고려하며, 자산을 효율적으로 이전하는 방법에 초점을 둔다.

지속적인 소득 창출

은퇴 후에도 안정적인 생활을 위해 소득원을 마련하고 자금을 운용하는 계획이다. 연금, 투자, 저축 등을 통해 노후 대비를 하는 것이다.

증여·상속 플래닝은 이 중 두 번째에 해당한다. 즉 내가 평생 모은 재산을 배우자와 자녀 등 다음 세대에게 어떻게 하면 가장 유리하게 물려줄 수 있을지 고민하고 대비하는 과정이다. 잘 짜인 증여·상속 플래닝을 통해 불필요한 세금 지출을 줄이고, 가족들이 재산을 원활하게 이어받을 수 있도록 미리 준비할 수 있다.

증여·상속 플래닝의 정의

증여·상속 플래닝은 말 그대로 '살아생전에 재산을 물려주는 증여'와 '사망 후에 재산을 물려주는 상속'을 체계적으로 계획하는 것이다. 여기에는 세금 문제를 최소화하고, 법적 절차를 간소화하며, 가족 간 분쟁을 예방하는 등의 다양한 고려 사항이 포함된다.

간단히 정의하면 증여·상속 플래닝은 내 재산을 효율적이고 현명하게 다음 세대로 넘겨주는 방법을 미리 설계하는 것이다. 이를 통해 재산을 물려주는 사람은 본인의 생전 의도를 확실히 반영할 수 있고, 재산을 물려받는 사람은 예기치 않은 세금 부담이나 절차상의 어려움 없이 재산을 이어받을 수 있게 된다.

많은 사람들이 재산 상속을 막연히 '대응할 수 없는 일'이나 '나중 문제'로 치부하지만, 실제로는 생전에 미리 준비할수록 훨씬 더 많은 혜택을 볼 수 있다. 계획 없이 맞이한 상속은 예상치 못한 세금 폭탄이나 가족 간 다툼으로 이어질 수 있다. 반대로 잘 짜인 상속 계획은 가족의 부(富)를 지키고 늘리는 든든한 기반이 될 것이다.

증여 vs. 상속

010

재산을 물려주는 방법에 대해 상담을 해 보면, 많은 고객들이 비슷한 궁금증을 가지고 있다. "증여와 상속 중에 어떤 방법이 더 유리할까요?", "세금을 줄이려면 언제 어떻게 자산을 이전하는 것이 좋을까요?", "유언장이나 트러스트(Trust; 신탁)는 꼭 필요한가요?" 등이 대표적이다.

이제부터 증여와 상속에 대해 가장 궁금해하는 질문들과 그 답을 하나씩 짚어 나가도록 하겠다. 우선 가장 흔한 질문에서 시작해 보자.

증여냐, 상속이냐? 이것은 재산 이전을 고민할 때 누구나 던지는 첫 번째 질문이다. 결론부터 먼저 말하자면, 대부분의 경우 상속이 증여보다 유리하다. 다시 말해, 재산을 살아생전에 미리 주는 것보다 끝까지 내가 소유하다가 사후에 물려주는 편이 여러모로 이익이라는 뜻이다.

왜 그런지 의아해할 수 있다. 많은 사람들이 증여를 통해 자녀에게 일찍 재산을 넘겨주는 편이 좋다고 생각하기 때문이다. 분명히 증여에도 장점이 있고, 가정의 상황에 따라 증여가 필요한 경우도 있을 것이다. 하지만 일반적으로 볼 때 세금과 재산 관리 측면에서 상속이 더 효율적인 이유가 있다. 이제부터 사람들이 흔히 증여를 선호하는 이유와 그에 대한 현실적인 고려 사항을 확인해 보겠다.

증여의 함정

상속이 대체로 유리함에도 불구하고, 부모님 세대의 다수는 재산을 일찍 증여하는 것을 선호하는 경향이 있다. 대표적인 이유는 두 가지이다. 첫 번째 이유는 자녀에게 일찍 재산을 물려줘서 젊을 때 활용하게 하고 싶다는 것이고, 두 번째 이유는 나중에 상속세로 큰돈을 내는 부담을 피하기 위해서이다.

많은 부모들이 "내가 살아 있을 때 재산을 줘야 자녀들이 젊고 필요할 때 잘 활용하지."라고 생각한다. 그래서 결혼을 앞두고 있거나 집 장만을 할 때처럼 자녀가 바로 쓸 돈이 필요할 때 재산을 물려주고 싶어한다. 부모가 돈을 오래 가지고 있다가 물려주면 자녀가 나이가 들어버려 정작 돈 쓸 시기를 놓칠 수 있다는 걱정을 하기도 한다. 이런 마음에서 자녀에게 미리 증여를 선택하는 것이다. 보기에는 좋은 생각 같지만, 여기에는 알아 두어야 할 몇 가지 함정이 있다. 재산을 너무 일찍 증여할 경우 발생할 수 있는 문제점들은 다음과 같다.

부모의 불안정한 노후

재산을 미리 주고 나면 정작 본인에게 필요한 자금이 부족해질 수 있다. 인생 후반에 예상치 못한 의료비나 생활비가 드는 경우, 이미 넘겨준 재산 때문에 본인의 재정이 흔들릴 위험이 있다. 아무리 자녀라도 이미 물려받은 재산을 다시 부모를 위해 쓰도록 기대하기는 현실적으로 어려운 일이다.

자녀의 자산 관리 리스크

젊은 나이에 큰돈이나 자산을 물려받으면 오히려 낭비하거나 잘못 투자할 가능성도 있다. 자녀가 재정적으로 충분히 성숙하지 않은 상태라면, 일찍 준 자산이 오랫동안 가족에게 남아 있지 못할 수도 있다.

세금상의 불이익

매우 중요한 점인데, 재산을 일찍 증여하면 세금 측면에서 불리할 수 있다. 특히 부동산이나 주식처럼 가치가 오르는 자산의 경우, 너무 일찍 물려주면 나중에 커질지도 모르는 절세의 기회를 잃게 된다.

요약하면, '아이들이 젊을 때 쓸 수 있게 미리 준다'는 선의의 결정이 오히려 부모 자신의 노후 안정과 전체 자산의 유지 측면에서는 위험이 될 수도 있다. 따라서 증여를 고민할 때는 본인의 노후 자금이 충분한지, 자녀가 재산을 책임 있게 다룰 준비가 되었는지 등을 신중히 따져봐야 할 것이다.

011

상속세 걱정을 덜어주는 혜택

부모들이 증여를 선호하는 또 다른 이유는 상속세 부담에 대한 걱정이다. 흔히들 "나중에 상속세로 절반은 빼앗기는 것 아닌가?" 하는 두려움을 갖고 있다. 그래서 재산이 더 커지기 전에 미리미리 나눠주면 세금이 줄어들 것으로 생각한다.

　이는 어느 정도는 일리가 있는 생각이다. 살아 있을 때 증여를 하면, 그만큼 나중에 상속될 재산 규모를 줄일 수 있다는 것은 사실이다. 하지만 현실적으로 들여다보면, 상속세를 피하려고 일찍 증여하는 것이 반드시 유리한 전략은 아니다. 오히려 세금 측면에서 상속이 나은 이유도 있는데, 여기서 중요한 개념 두 가지가 나온다. 바로 '스텝업 베이시스(Step-up Basis)'와 '상속세 면제 한도'이다.

스텝업 베이시스

스텝업 베이시스는 상속할 때 자산의 가치를 새로 평가해 주는 세법상의 혜택이다. 예를 들어, 부모가 예전에 50만 달러에 구입한 부동산이 현재 100만 달러의 가치가 있다고 해 보자. 이 부동산을 부모가 살아 있을 때 자녀에게 증여한다면, 자녀가 부동산을 팔 때는 부모가 샀던 가격인 50만 달러를 기준으로 양도소득세(한국으로 치면 양도세, 미국에서는 자본이득세)를 계산한다. 그런데 부모가 죽은 후 상속으로 물려받으면 상황이 달라진다. 상속 시에는 세법상 자산의 취득 가격을 현 시가인 100만 달러로 다시 책정해 준다. 바로 이것이 스텝업 베이시스, 우리말로 하면 '취득가액 상향 조정'이다. 덕분에 자녀가 나중에 이 부동산을 팔 때는 100만 달러를 취득 가격으로 하여 세금을 계산하게 된다. 결과적으로 부모가 보유했던 동안 오른 가치인 50만 달러에 대해서는 세금을 물지 않아도 되는 효과가 생기는 것이다.

상속세 면제 한도

두 번째로 짚어볼 것은 상속세 자체에 대한 오해와 현실이다. 많은 사람들이 막연히 상속세를 '재산의 절반을 뜯어가는 세금'처럼 생각한다. 하지만 실제로 상속세는 상당히 한정된 경우에만 부과된다. 왜냐하면 상속세에는 높은 면제 한도와 여러 가지 공제 혜택이 있기 때문이다.

우선 과세 대상이 되는 재산 규모부터 알아보자. 미국 연방 세법에 의하면 상당히 큰 금액까지 아예 상속세가 부과되지 않는다. 2025년 기준으로 개인 1,399만 달러, 부부의 경우 약 2,800만 달러까지는 상속세가 면제된다. 이 정도 금액은 세금을 내지 않고도 자녀에게 물려줄 수 있는 것이다. 한화로 환산하면 수백억 원에 이르는 거액이다. 대부분의 가정은 재산 규모가 이 한도 내에 있기 때문에, 사실상 상속세를 낼 일이 없는 경우가 많다.

또한 상속세는 순자산에 대해서만 부과된다. 순자산이란 돌아가신 분의 총자산에서 빚이나 장례비, 그리고 배우자나 자선단체에게 남긴 부분 등을 뺀 금액이다. 예를 들어, 집이나 건물을 담보로 한 대출이 있었다면 그런 부채를 모두 공제하고 남은 순자산에 대해서만 과세한다. 게다가 배우자에게 상속한 재산은 100% 공제되어 세금이 유예되고, 공익재단이나 자선 기부로 남긴 재산도 과세 대상에서 제외된다. 따라서 명목상의 총자산이 많이 있어도 실제 과세 대상이 되는 순자산은 훨씬 줄어들 수 있다.

마지막으로 보험을 활용하여 상속세에 대비할 수도 있다. 내 자산이 매우 커서 언젠가 거액의 상속세가 예상된다면, 생명보험으로 미리 상속세 재원을 마련해 두는 것이다. 생명보험의 사망보험금을 받아서 자녀가 그 돈으로 세금을 낼 수 있다.

정리하자면, 상속세는 일반인이 두려워하는 것만큼 그렇게 큰 위험 요소가 아닐 수 있다. 상당수의 가정에는 애초에 상속세가 부과되지 않고, 설령 대상이 되더라도 여러 가지 공제와 대비책으로 충분히 관리 가능하다. 따라서 '상속세 폭탄을 피하려면 일찍 증여해야 한다'는 통념은 엄밀히 따져보면 오해인 경우가 많다.

상속은 자산 관리 측면에서 증여보다 유리하다. 재산을 끝까지 가지고 있어야 본인의 노후 자금을 지킬 수 있고, 자녀에게도 필요할 때 적절히 지원할 수 있다. 너무 일찍 전부 증여해버리면 정작 본인이 힘들어질 수도 있다.

세금 측면에서도 상속 시의 세법상 혜택인 스텝업 베이시스로 자산 가치 상승분에 대한 양도소득세를 절감할 수 있다. 반면 생전 증여는 이런 혜택이 없어 세금 부담이 커지게 된다.

그리고 높은 상속세 면제 한도 덕분에 대부분의 가정은 상속세를 내지 않으며, 설사 상속세 대상이 되더라도 생명보험 활용 등의 대비책으로 충분히 해결할 수 있다.

따라서 대부분의 경우 증여보다는 상속을 통해 자산을 이전하는 것이 유리하다. 물론 모든 경우에는 예외가 있을 수 있고, 가족마다 재정 상황과 목표가 다를 수 있다. 그러나 일반적인 시나리오에서는 급하게 미리 줄 필요 없이, 내가 관리하면서 재산을 키우고, 나중에 물려주는 편이 훨씬 더 현명한 선택임을 기억해 두면 좋겠다.

012

리빙 트러스트를 통한
스마트한 자산 이전

재산은 상속으로 물려주는 것이 효율적이라는 사실을 알게 되었다면, 남은 한 가지 중요한 질문은 이것이다. "재산을 어떤 형태로 보유하고 있어야 나중에 자녀들이 가장 편하게 물려받을 수 있을까요?"

여기서 등장하는 개념이 바로 '리빙 트러스트(Living Trust; 생전 신탁)'이다. 리빙 트러스트는 말 그대로 내가 살아 있는 동안에 설정해 두는 신탁이다. 핵심 목적은 내가 죽은 뒤에 내 재산이 법원의 복잡한 절차 없이 바로 가족에게 이전되도록 하기 위한 것이다.

미국에서는 사람이 사망하면 프로베이트(Probate)라는 법정 상속 절차를 거쳐 재산이 상속된다. 이때 법원의 감독하에 상속 검인 절차가 이루어지다 보면 시간과 비용 면에서 번거로운 일들이 많이 발생한다. 이런 과정을 피하기 위해 살아 있을 때 내 재산을 모두 내가 지정한 리빙 트러스트 이름으로 소유권을 옮겨두는 것이다. 그렇게 되면 생전에는 자유롭게 재산을 운용하다가 사망 시에는 신탁에 미리 정해 둔 수혜자(대부분 자녀)가 그 재산을 자동으로 넘겨받게 된다. 이 과정에서 별도의 법원 절차 없이 신탁 계약에 따라 바로 재산을 이전할 수 있다.

리빙 트러스트의 가장 큰 장점은 프로베이트를 피함으로써 시간과 비용을 절약하고 프라이버시를 지킬 수 있다는 것이다. 특히 부동산처럼 명의 이전에 시간이 걸리는 자산이나 주(州)마다 자산이 흩어져 있는 경우, 리빙 트러스트가 있으면 각 지역의 법원을 일일이 통하지 않아도 되니 상속 절차가 훨씬 간편해진다.

트러스트는 신탁을 설정한 후 수정할 수 있느냐 없느냐에 따라 '취소 가능 트러스트(Revocable Trust)'와 '취소 불능 트러스트(Irrevocable Trust)'로 나눌 수 있다. 대부분의 경우, 리빙 트러스트는 취소 가능 트러스트를 의미하며, 이는 상속 계획을 세울 때 거의 필수적인 도구로 권장된다. 유언장만으로는 부족한 부분을 채워주며, 프로베이트를 통하지 않고 자산 이전이 가능해지기 때문이다.

유형별로 다양한 트러스트에 대해서는 PART 2에서 상세히 소개하려고 한다. 트러스트를 활용한 구체적인 상속 설계 전략과 실행 방법이 펼쳐질 것이다. 상속세를 최소화하기 위한 고급 전략을 깊이 있게 다루면서 독자 가정의 상황에 맞는 맞춤형 증여·상속 플래닝을 구상할 수 있도록 도울 것이다. 부의 이전은 단순한 끝맺음이 아니라 가족의 재정을 다음 단계로 도약시키는 출발점이다.

경제적 자유를 얻기 위한
은퇴 플래닝

013

은퇴 플래닝(Retirement Planning)이란 더 이상 일하지 않아도 살아가는 데 문제가 없는 재정적 기반을 마련하는 과정이다. 이는 단순히 "나는 언제 은퇴할 수 있을까?"라는 궁금증을 해결하는 것만이 아니다. 은퇴 후에도 원하는 삶의 질을 유지할 수 있도록 자산을 미리 준비하고, 적절히 활용하는 전략을 수립하는 것이 핵심이다.

그동안 열심히 일하면서 모은 재산이 있더라도, 정작 은퇴 후에 어떻게 운용하고 인출할지에 대한 구체적인 계획이 없다면, 예기치 못한 지출이나 경제 상황의 변화로 자금이 부족해질 수 있다. 따라서 안정적인 현금 흐름을 확보하고, 세금 측면에서도 효율적인 방법을 찾는 것이 매우 중요하다.

은퇴 재정 계획의 세 가지 관점

세금 우대를 활용한 은퇴 저축

합법적인 범위 내에서 소득세 부담을 줄이면서 은퇴 자금을 준비하는 전략이다. 우리는 누구나 경제 활동을 통해 근로 소득이나 사업 소득, 투자 소득을 벌어들이고, 이에 따라 반드시 세금을 납부해야 한다. 하지만 불필요하게 과도한 세금을 내지 않도록 사전에 계획하고 전략적으로 접근하는 것이 중요하다. 즉, 합법적인 범위 내에서 세금 부담을 최소화하고, 절감한 금액을 효율적으로 활용하는 것이 현명한 소득세 절감의 핵심이다.

예컨대 401(k)는 직장용 퇴직연금계좌로, 지금 내야 할 소득세를 뒤로 미루고 회사가 일정 금액을 추가로 지원해 주는 경우가 많다. IRA 같은 세금 우대 은퇴계좌에 저축을 함으로써 당장의 소득세를 줄이거나 미래의 세금을 줄이는 방법도 있고, 각종 세액 공제를 활용해 불필요한 세금을 덜 내는 방법을 찾을 수 있다. 이와 같은 방법으로 단순히 현재의 세금을 아끼는 것뿐 아니라 결과적으로 은퇴 자금을 더 효율적으로 쌓을 수 있게 된다.

자산 이전 준비

자산을 자녀나 후손, 혹은 원하는 단체(예: 자선단체)에 효율적으로 이전하는 방법을 고민하는 영역이다. 리빙 트러스트 설정, 유언장

(Wills) 작성, 혹은 생전에 증여할 수 있는 방법 등을 모색하여 증여·상속세를 최대한 절감하면서 자산 관리를 하고, 궁극적으로 내 자산이 내가 의도한 사람에게 원활히 넘어가도록 계획하는 것이다.

현금 흐름 확보

은퇴 후에 끊이지 않는 현금 흐름(cash flow)을 확보할 방법을 마련하는 것이다. 사업이나 근로로 발생하던 소득이 끊긴 뒤에도 여유 있는 삶을 유지하려면, 꾸준히 들어오는 소득원이 필요하다. 은퇴 플래닝은 바로 이 은퇴 자금을 어떻게 확보할 것인지를 다루는 내용이다.

은퇴 플래닝은 보유 자산의 규모에 따라 다른 전략이 필요하다. 자산이 적다면, 무엇보다도 안정적인 현금 흐름을 만들어내는 것이 최우선 과제가 되어야 한다. 반면 자산이 많다면, 기본적인 현금 흐름을 확립한 후 나머지 자산을 보다 적극적인 투자나 자산 증식의 기회로 활용할 수도 있다. 자산이 많든 적든 현금 흐름을 안정적으로 확보하는 것이 은퇴 플래닝의 대전제이며, 이는 모든 사람에게 필수적인 재정 전략이라 할 수 있다.

많은 이들이 경제적 자유(financial freedom)를 이루고 싶어한다. 경제적 자유란 내가 하고 싶은 일을, 내가 원하는 방식으로, 경제적 제약 없이 할 수 있는 상태를 의미할 것이다. 다시 말해, 내가 일을 하지 않아도 돈 걱정 없이 사는 상황을 말한다.

'일을 하지 않아도 된다', '은퇴할 자유가 있다'는 것은 결국 필요한 생활비를 걱정 없이 마련할 수 있어야 가능한 일이다. 그래서 은퇴 플래닝은 단순히 '어떻게 재산을 많이 모으는가'의 문제가 아니라, '어떻게 일정하고 안정적인 소득 흐름을 만드는가'가 핵심 관건이 된다. 어떻게 하면 내가 죽을 때까지 따박따박 현금이 나올 수 있게 하느냐가 내가 말하는 은퇴 플랜인 것이다.

예를 들어 매월 5,000달러가 있어야 본인이 원하는 생활 수준을 유지할 수 있다면, 그만큼의 돈이 어디서 나올지, 언제부터 얼마나 안정적으로 나올 수 있는지를 미리 설계해야 한다. "혹시 내가 일하지 않으면 돈이 안 들어오면 어쩌나?" 하는 불안감이 없어야 진정한 의미의 은퇴, 즉 경제적 자유가 실현되는 것이다.

014

은퇴 후 소득을 확보하는
네 가지 방법

은퇴 후 현금 흐름을 만드는 주요 방법은 일반적으로 다음의 네 가지 범주로 나눌 수 있다.

근로 소득 또는 사업 소득

은퇴 후에도 파트타임으로 일하거나, 자영업 또는 투자 사업을 운영해 소득을 얻을 수 있다. 다만 이것은 본인이 계속 일을 해야 소득을 얻을 수 있는 형태이므로, 은퇴 플랜 관점에서는 가장 불안정한 소득원이라 할 수 있다. 경제 상황이 나빠지거나 개인의 건강 상태가 좋지 않으면 이 소득은 언제든 끊길 수 있다.

투자 소득

주식, 채권, 부동산 임대 등에서 발생하는 이자나 배당, 임대료 등의 소득이다. 여기에는 자산을 매각했을 때 발생하는 양도차익(Capital Gains)도 해당된다. 꾸준히 투자해 둔 자산이 있다면 본인이 직접 일을 하지 않아도 어느 정도의 안정적인 수익을 기대할 수 있다. 하지만 주가나 부동산 경기 같은 시장 상황에 따라 등락이 있고, 때로는 배당이 줄어들거나 임대료가 밀리는 등 변동성이 존재한다.

생명보험, 어뉴이티(Annuity) 소득

생명보험이나 연금 상품을 활용하면, 일정 기간 또는 평생 동안 일정 금액을 지급받을 수 있다. 대표적으로 어뉴이티는 일시금을 납입하고, 그 대가로 매월 일정한 금액을 받는 구조이다. 은퇴 후 지속적인 현금 흐름을 어느 정도 확실하게 보장받을 수 있으므로, 안정성을 중시하는 사람들이 많이 활용한다.

생명보험의 경우, 사망보험금이 아닌 '폴리시 대출(Policy Loan)'로 비과세 현금 흐름을 만들 수 있다. 폴리시 대출이란 보험 계약에 쌓인 해지환급금(Cash Value)을 담보로 보험사가 빌려주는 비과세 대출을 말한다. 이것을 은퇴 자금으로 활용할 수도 있고, 보험 자체가 일정 시점 이후에는 해지환급금을 상당 부분 쌓아둘 수도 있다. 단, 보험사와 상품의 조건에 따라 수익률이나 유동성이 달라지므로 잘 따져봐야 한다.

사회보장연금 (공적 연금)

미국의 사회보장연금(Social Security)은 은퇴 후 가장 기초적이고도 안정적인 소득원이다. 가입 기간과 소득 이력에 따라 연금액이 결정되며, 물가 인상률에 따라 매년 수령액이 조정된다. 공무원이나 특정 회사에 오래 다닌 경우 퇴직연금(Pension)을 받을 수도 있는데, 이 또한 상대적으로 안정적이고 시장 변동에 따른 영향을 크게 받지 않는 편이다.

은퇴 플래닝의 궁극적 목표

은퇴 소득은 안전성을 최우선적으로 고려해야 한다. 안전도는 공적 연금(사회보장연금), 보험과 연금 상품, 투자 소득, 그리고 근로 또는 사업 소득 순서로 높다. 근로 소득은 스스로 일을 해야 생기는 소득이라 상황에 따라 끊길 수 있고, 투자 소득도 시장 상황에 따라 변동성이 있지만, 공적 연금이나 확정된 연금(어뉴이티)은 상대적으로 예측 가능하다는 장점이 있다.

은퇴와 재정적 자유는 사실상 같은 개념일 수 있다. '일을 하지 않아도 내 삶에 필요한 현금 흐름이 꾸준히 계속되느냐'가 핵심인 것이다. 그 현금 흐름이 어디서 오는지, 얼마나 안정적인지, 그리고 세금은 얼마나 내야 하는지 등을 종합적으로 판단하여 최적의 포트폴리오를 구성하는 것이 은퇴 플래닝의 골자이다.

월 생활비 1만 달러가 필요한 부부의
은퇴 플래닝

곧 은퇴를 앞둔 홍길동 씨 부부의 은퇴 플래닝을 예로 들어본다. 이 부부는 부부 합산 생활비로 월 1만 달러(세후 기준)가 필요하다고 계산했다. 주거비, 공과금, 식비 등 고정 지출에 취미 생활, 여행 등을 포함하면 은퇴 후에도 매달 1만 달러 정도는 계속 필요하다고 판단한 것이다. 홍 씨 부부의 은퇴 플래닝 과정은 다음과 같다.

1. 필요 금액 파악하기
홍 씨 부부는 "은퇴 후에도 매달 세후로 1만 달러는 받아야 우리의 현재 생활 수준을 유지할 수 있다."고 결론지었다.

2. 사회보장연금 등 확정 소득 확인
두 사람이 받을 수 있는 사회보장연금을 합치니, 월 3,000달러 정도로 예상되었다. 부부가 각각 1,500달러씩 받는 형태이다(실제로는 근로 기간과 납부 기록에 따라 천차만별이라는 점을 유의하자.). 그렇다면 이미 3,000달러의 안정적인 현금 흐름이 확보된 셈이다. 하지만 필요한 금액은 1만 달러이므로, 아직 7,000달러가 모자라다.

3. 나머지 7,000달러를 어디서 마련할까?
① 홍 씨가 수년 전부터 넣고 있던 어뉴이티가 있어서, 65세 이후 매월 2,000달러를 지급받기로 되어 있다.
② 부인이 가입해 둔 생명보험의 해지환급금과 배당금을 활용해, 매달 1,000달러 정도를 저금통처럼 사용할 수 있다. 보험 계약 안에 쌓여 있는 현금 가치를 필요할 때 대출을 이용해 꺼내 쓰는 구조이다.
③ 투자해 둔 부동산(임대용 콘도)에서 월 2,000달러 정도의 순수 임대 수익이 들어온다. 부동산 경기에 따라 세입자 공실 위험이 있지만, 일단은 꾸

준히 임대가 잘 되고 있다고 가정한다.

④ 나머지 2,000달러는 주식·채권 포트폴리오에서 배당이나 이자, 일부 자본 인출을 통해 마련한다.

이렇게 하면, '두 사람의 사회보장연금(3,000달러) + 어뉴이티(2,000달러) + 생명보험(1,000달러) + 임대 소득(2,000달러) + 투자 배당·인출(2,000달러) = 총 1만 달러'가 마련된다. 물론 각 항목은 개인 자산 규모에 따라 천차만별이겠지만, 홍 씨 부부의 경우에는 "어떤 소득원은 매우 안정적이고(사회보장연금, 어뉴이티), 어떤 소득원은 조금 변동성이 있지만(부동산 임대 소득, 주식 배당), 그래도 합쳐서 1만 달러를 맞출 수 있다."는 식으로 설계하는 것이다.

결국 우리가 바라는 은퇴란 '더 이상 시간과 에너지를 돈을 벌기 위해 쓰지 않아도 되는 상태'이다. 그렇게 하기 위해서는 미리 준비한 자산이 끊임없이 현금을 만들어내야 하며, 예상치 못한 상황에서도 쉽게 무너지지 않도록 포트폴리오를 짜야 한다.

이 책에서는 앞으로 자산 관리와 은퇴 자금 마련의 기초가 되는 사회보장연금, 개인연금의 기본 구조와 특징을 알아보고, 생명보험과 어뉴이티처럼 세금 측면에서 효율적인 은퇴 자금을 확보하는 방법을 살펴본다. 그리고 임대 수익, 부동산 매매 차익을 통해 안정적인 현금 흐름을 만드는 방법과 은퇴 후 소득을 인출할 때 필요한 세금 최적화 전략을 소개함으로써 독자 여러분이 '나만의 은퇴 로드맵'을 갖추는 데 도움이 되고자 한다.

PART 2

Comprehensive Wealth Management for Life in the U.S.:
Investment, Tax Optimization, Retirement Planning and Estate Strategy

미국 생활에 꼭 필요한
종합 자산 관리 전략

투자와 절세, 은퇴 준비, 그리고 상속까지

I

리빙 트러스트 (Living Trust)

리빙 트러스트의 개념과 이해

015

리빙 트러스트(Living Trust; 생전 신탁)는 자신의 자산을 보다 효율적으로 관리하고 상속하기 위해 살아생전에 설정하는 신탁 제도이다. 기본적으로 세 당사자가 관여하게 되는데, 이를 설립자(Grantor), 수탁자(Trustee), 수혜자(Beneficiary)라고 한다.

설립자는 신탁을 설정하고 본인의 자산을 리빙 트러스트로 이전하는 사람이다. 신탁의 목적과 규정을 정하고, 어떤 자산을 어떻게 분배할지 미리 결정한다.

수탁자는 설립자로부터 맡겨진 신탁 재산을 관리, 운영하는 사람이나 기관을 말한다. 일반적으로 초기에는 설립자 본인이 수탁자로 지정되어 자신의 자산을 계속 관리하다가, 이후 설립자가 무능력 상태에 빠지거나 사망하면 미리 지정된 후임 수탁자(Successor Trustee)가 그 역할을 이어받는다. 수탁자는 신탁 문서에 명시된 대로 자산을 관리하고 처분하며, 최종적으로 수혜자에게 자산을 분배하는 책임을 진다.

수혜자는 신탁의 혜택을 받는 대상이다. 설립자가 지정한 개인이나 단체로, 신탁 재산으로부터 발생하는 이익이나 최종 분배되는 자산을 받게 된다. 보통 설립자 본인이 생존해 있을 때는 자신이 곧 신탁의 1차 수혜자가 되고, 설립자 사후에는 자녀 등이 최종 수혜자가 된다.

요약하면, 리빙 트러스트는 설립자가 생전에 자신의 재산을 신탁 형태로 맡겨 두고, 수탁자가 이를 관리하여 수혜자에게 넘겨주는 자산 관리 도구이다. 이러한 구조를 통해 설립자는 살아 있는 동안에는 자산을 직접 운용하다가 사후에는 미리 정해 둔 방식대로 상속이 이루어지도록 할 수 있다.

회사와 트러스트의 비교

리빙 트러스트의 구조를 회사에 비유해 보면 이해하기 쉬울 것이다. 회사는 주주(소유자)와 경영진이 있고, 회사 자체가 법인으로서 자산을 소유하며, 이윤 창출을 목적으로 운영된다. 트러스트도 설립자가 자산을 맡기고, 수탁자가 운영하며, 수혜자가 이익을 얻는다는 점에서 겉보기에 회사와 구조가 유사하다. 그러나 둘 사이에는 아주 중요한 차이점이 있다.

법적 지위

회사는 독립적인 법인격을 가지지만, 리빙 트러스트는 특정 계약에 따른 법률적 장치로서 별도의 법인으로 간주되지 않는다. 다시 말해 트러스트에 속한 자산은 신탁 명의로 관리되지만, 회사처럼 독립된 법인이 아니라 설립자와 수탁자 간의 신뢰 관계로 운영된다.

운영 목적

회사는 주주의 이익을 위해 이윤을 창출하고 사업을 운영하는 것이 주목적이다. 반면 리빙 트러스트는 자산의 보관과 분배가 목적이며, 수탁자는 사업상의 판단보다는 신탁 문서에 따른 설립자의 의지 실현에 초점을 둔다.

운영 방식

회사는 이사회와 경영진의 의사 결정, 주주의 지분 등에 따라 움직이지만, 리빙 트러스트는 수탁자가 설립자의 지시에 따라 자산을 관리한다. 수탁자에게는 이윤 추구보다 신탁의 규정 준수가 우선이며, 신인의무(fiduciary duty)에 따라 수혜자의 이익을 보호해야 한다. 신인의무란 타인의 재산이나 이익을 대신 관리하고 결정할 때 최고 수준의 선의와 충실성, 주의 의무를 지켜서 오직 수혜자의 이익을 최우선으로 보호해야 하는 법적, 윤리적 책임이다.

연속성

법인의 경우에 소유주가 바뀌거나 사망해도 회사는 지속된다. 마찬가지로 리빙 트러스트도 설립자 개인이 사망하더라도 신탁 자체는 존속하기 때문에, 자산의 관리와 분배가 중단 없이 이어질 수 있다. 이 점에서 트러스트는 개인 재산을 위한 작은 회사와 같은 연속성을 갖는다.

리빙 트러스트는 회사처럼 별도의 법인 설립 절차를 거치지는 않지만, 개인 자산을 하나의 독립된 재산 덩어리로 관리한다는 면에서 회사 구조와 흡사한 면이 있다. 다만 그 목적은 상속과 자산 보호에 있으며, 법인의 상업 활동과는 구별된다.

리빙 트러스트가 주는 이점

016

리빙 트러스트를 설정해야 하는 가장 큰 이유는 사망 시 발생하는 법정 상속 절차인 프로베이트(Probate)를 피하기 위해서이다. 자녀나 지정된 수혜자에게 법원의 개입 절차 없이 직접 상속이 가능하도록 해 주는 것이 리빙 트러스트의 핵심 장점이다. 만약 리빙 트러스트가 없다면 고인의 재산은 유언의 유무와 관계없이 법원 주도의 상속 절차를 거쳐야 하며, 이 과정에서 여러 문제가 발생하게 된다.

리빙 트러스트를 마련해 두면 설립자가 사망하더라도 신탁에 속한 재산은 곧바로 수탁자에 의해 관리, 분배되므로, 복잡한 법원 절차 없이 가족에게 바로 전달된다. 이는 다음과 같은 이점을 제공한다.

시간 절약

프로베이트 절차를 거치지 않으므로 상속이 지체되지 않는다. 가족들은 고인의 재산을 비교적 신속하게 물려받을 수 있다.

비용 절감

법정 상속 절차에 드는 비용(법원 비용, 변호사 수임료 등)을 크게 줄일 수 있다. 리빙 트러스트를 통해 상속하면 프로베이트 진행 시 발생하는, 유산 가치의 3~6%에 달하는 비용을 절약할 수 있다.

절차 간소화

법원의 관여가 없으므로 행정적으로 절차가 간결해진다. 미리 정해 놓은 신탁 규정에 따라 자산을 나누면 되므로, 복잡한 서류 작업이나 여러 단계의 승인 절차가 필요 없다. 설립자의 의도대로 자산이 분배되기 때문에 분쟁의 소지도 줄어든다.

사생활 보호

유언장을 통한 상속은 법원 기록이 공개되어 누구나 유산 내역을 열람할 수 있지만, 리빙 트러스트로 상속하면 이런 정보가 공개되지 않아 프라이버시를 지킬 수 있다. 또한 리빙 트러스트는 사망 외에도 설립자의 무능력 상태에 대비하는 기능을 제공한다. 예를 들어 치매나 갑작스러운 사고로 재산을 직접 관리하지 못하게 될 경우에 대비하여, 신탁에 해당 상황에서의 후임 수탁자를 지정해 둘 수 있다. 이렇게 하면 설립자가 의사 능력을 상실하더라도 법원이 후견인을 선임하는 번거로운 절차 없이, 미리 지정된 사람이 연속적으로 재산을 관리하고 설립자의 이익을 위해 사용할 수 있다. 결국 리빙 트러스트는 생전에 발생할 수 있는 위험과 사후의 상속 문제를 모두 대비하는 종합적인 재산 관리 도구인 것이다.

프로베이트의 개념과 문제점

프로베이트란 사람이 사망했을 때 그의 유산을 법원이 공식적으로 처리해 상속인들에게 분배하는 유언 검증 절차를 말한다. 이 절차를 통해 고인의 유언장이 유효한지 확인되고, 채무 정리 후 남은 재산이 법정 또는 유언장에 따라 상속된다. 프로베이트는 고인의 재산을 법적으로 정리하는 데 필요하기도 하지만, 다음과 같은 여러 문제점이 있다.

비용 부담

프로베이트를 진행하면 변호사 선임료, 법원 수수료 등 상당한 비용이 든다. 경우에 따라 전체 유산 가치의 약 3~6%가 각종 비용으로 소모될 수 있다. 특히 부동산의 경우 순자산과 관계없이 시가 기준으로 비용이 산정되므로, 담보 대출이 많더라도 높은 수수료를 내야 할 수 있다. 이러한 비용 때문에 결국 상속인들에게 돌아갈 재산이 그만큼 줄어들게 된다.

긴 시간 소요

프로베이트 절차는 최소 수개월에서 1년 이상이 걸리는 것이 보통이다. 복잡한 재산일수록 시간이 더 걸리며, 법원의 일정에 따라 지연될 수도 있다. 그동안 상속인들은 재산을 활용하지 못한 채 기다려야 하므로 경제적, 정신적 부담이 커진다.

복잡한 행정 절차

프로베이트를 진행하려면 다양한 법원 서류 작성, 공증, 법정 출석 등의 번거로운 행정 절차를 거쳐야 한다. 법률 지식이 없는 일반인이 혼자 진행하기 어려운 일이기 때문에 대개 변호사의 도움을 받아야 하고, 그 과정에서 스트레스가 발생하게 된다. 상속인들이 여러 명이거나 고인이 여러 주에 재산을 가지고 있었다면 절차는 더욱 복잡해지고, 경우에 따라 주마다 별도의 프로베이트를 진행해야 할 수도 있다.

공개 및 사생활 침해

프로베이트 절차는 공개적으로 진행된다. 법원에 유언장이 제출되고 자산 내역이 기록으로 남아 대중에게 공개된다. 이로 인해 고인의 재산 규모, 상속인에 대한 정보, 부채 관계 등이 외부에 알려질 수 있으며, 원치 않는 관심이나 사기 위험에 노출될 우려도 있다. 반면 신탁에 의한 상속은 사적인 절차로 진행되므로 이러한 정보가 공개되지 않는다.

프로베이트는 법적으로 상속 절차를 관리한다는 장점이 있지만 시간과 비용 면에서 비효율적이고, 유족들에게 행정적인 어려움과 사생활 침해를 초래할 수 있다. 이러한 이유로 많은 사람들이 프로베이트를 피하고자 하며, 리빙 트러스트는 그 대표적인 해결책으로 각광받고 있다.

TIP BOX

리빙 트러스트가
프로베이트를 피하는 구체적 과정

핵심은 자산의 소유권을 생전에 미리 신탁으로 변경해 두는 것이다. 설립자가 살아 있을 때 본인 명의의 자산(예: 부동산, 은행 계좌, 투자 상품 등)을 신탁 이름으로 명의 변경해 두면, 설립자의 사망 시 그 자산은 더 이상 고인의 개인 자산이 아니므로 프로베이트 대상에 포함되지 않는다. 법적으로 해당 자산은 신탁에 속해 있고, 신탁은 살아 있는 동안 체결된 하나의 계약으로 간주되기 때문에, 사망 후에는 그 계약 내용에 따라 자산이 처리되는 것이다. 그 과정을 정리하면 다음과 같다.

1. 생전에 자산 이전
설립자가 신탁을 설정한 후 자신의 주요 자산들을 신탁 명의로 옮겨 둔다. 예를 들어 집의 등기나 은행 계좌 명의를 '홍길동 리빙 트러스트'와 같이 변경해 두는 것이다. 이로써 그 자산들은 설립자 개인이 아닌 신탁이 소유한 상태가 된다.

2. 사망 시 신탁 지속
설립자가 사망하더라도 신탁은 법적으로 계속 존속하게 된다. 미리 정해 둔

후임 수탁자가 즉시 신탁을 관리하게 되며, 법원의 승인이나 개입 없이도 신탁에 담긴 재산에 대한 권한을 행사할 수 있다.

3. 신탁 규정에 따른 분배

후임 수탁자는 리빙 트러스트 문서에 명시된 대로 재산을 수혜자들에게 분배한다. 예를 들어 '배우자에게 전 재산의 50%를, 자녀들에게 나머지를 균등 분배'와 같은 지시에 따라 자산을 이전하는 것이다. 이 과정에서 유언 검증 절차가 필요 없으므로 몇 가지 행정 절차만으로도 분배가 완료된다.

이렇듯 리빙 트러스트를 활용하면 재산이 신탁이라는 그릇에 담겨 있다가 설립자의 사후에 그 그릇째로 상속인에게 전달되는 셈이다. 법원은 이 사적 합의에 개입할 필요가 없으므로 자연스럽게 프로베이트를 피하게 된다. 단, 리빙 트러스트를 설정해 두었더라도 신탁으로 옮겨 놓지 않은 재산은 여전히 개인 재산으로 남아 있게 된다. 따라서 해당 부분은 여전히 프로베이트를 거쳐야 한다. 이를 보완하기 위해 보통 포괄 유언장(Pour-Over Will)을 함께 작성하여, 혹시 신탁에 넣지 못한 재산이 있으면 모두 신탁으로 넘겨 상속되도록 대비한다. 가장 좋은 것은 생전에 주요 자산을 빠짐없이 신탁으로 이전하고, 새로운 자산을 취득할 때도 신탁 명의로 직접 구매하거나 취득 즉시 신탁에 편입하는 것이다.

리빙 트러스트를
고려해야 하는 경우

017

흔히 리빙 트러스트는 아주 부유한 사람에게만 필요한 것이라는 오해가 있지만, 사실 일정 규모 이상의 재산이 있다면 누구에게나 유용하다. 따라서 자산이 있는 사람이라면 누구나 리빙 트러스트를 고려해야 한다.

예를 들어 캘리포니아주 법에 따르면 상속 재산 총액이 20만 달러(약 2억 8,000만 원) 이상이면 반드시 프로베이트 절차를 거치도록 되어 있다. 집 한 채나 약간의 금융 자산만 있어도 쉽게 초과될 수 있는 금액이므로, 자산 규모가 크지 않더라도 프로베이트 회피를 위해 리빙 트러스트가 필수적인 경우가 많다.

따라서 미국 내에 부동산을 소유하고 있거나 은행 예금, 주식, 사업체 지분 등 어느 정도 가치 있는 재산을 보유한 모든 사람에게 리빙 트러스트 설정을 권장한다. 특히 결혼하여 자녀가 있는 가정이라면, 본인 부재 시 가족에게 재산이 원활히 승계되도록 미리 대비하는 것이 현명할 것이다.

리빙 트러스트는 상속세가 부과될 만큼 부유한 사람이 아니더라도 유용하다. 상속세를 한 푼도 내지 않을 정도로 비교적 적은 규모의 재산이라 할지라도, 리빙 트러스트가 없으면 복잡한 법정 절차를 거쳐야 하는 상황이 벌어질 수 있기 때문이다.

특히 한인들의 경우 한국과 미국에 걸쳐 자산을 가지고 있거나, 가족 중 일부가 한국에 거주하는 사례도 많을 것이다. 이런 경우일수록 리빙 트러스트가 더욱 유용하다. 리빙 트러스트가 없으면 미국 내 자산은 미국 법원에서 처리해야 하는데, 한국에 있는 가족들이 그 절차를 따라가기 어려울 수 있다. 그러므로 재산 규모와 무관하게, 본인과 가족의 편의를 위해 리빙 트러스트를 마련해 두는 것이 바람직하다.

언제 리빙 트러스트를 설정해야 하는가

정답은 '지금 당장'이다. 리빙 트러스트 설정은 미루지 말고 가능한 빨리 하는 것이 좋다. 인생은 예측 불가능하기 때문에, 건강할 때 미리 상속 계획을 세워두어야 갑작스러운 상황에서도 가족에게 불이익을 주지 않을 수 있다. 리빙 트러스트는 살아 있는 동안 언제든지 내용을 수정할 수 있으므로, 일찍 만들어두고 상황에 맞게 업데이트

하면 된다. 만약 나중으로 미루다 뜻하지 않은 사고를 당하면 그때는 이미 늦어버린다.

실제로 리빙 트러스트가 없어서 큰 어려움을 겪은 사례도 있었다. 한국과 미국을 오가며 비즈니스를 하던 한인 사업가가 리빙 트러스트를 준비하지 않은 상태에서 갑작스러운 사고로 세상을 떠났다. 고인의 미국 내 재산을 정리하기 위해 가족들은 낯선 미국 법원 절차를 밟아야 했다. 유족들은 한국에 거주하면서 영어에 익숙하지 않아 현지 변호사를 고용하고 각종 서류 작업과 법정 일정을 따라가는 데 큰 어려움을 겪었다. 프로베이트 과정이 1년 이상 길어지면서 시간과 비용이 많이 들었을 뿐 아니라, 사랑하는 가족을 잃은 상태에서 복잡한 행정을 처리해야 하는 정신적 고통도 컸다. 만약 고인이 생전에 리빙 트러스트를 설정해 두었다면, 가족들은 이런 복잡한 절차를 거칠 필요 없이 신속하게 재산을 상속받고 슬픔을 추스르는 데에만 집중할 수 있었을 것이다. 이 사례는 리빙 트러스트를 미리 준비해 두는 일의 중요성을 단적으로 보여준다.

리빙 트러스트는 늦기 전에 대비해야 하는 상속 장치이다. 젊고 건강한 사람에게도 언제든 예기치 않은 상황이 발생할 수 있으므로, 자산이 있다면 일찍 설정해 두는 편이 안전하다. 이후 필요한 경우에 신탁 내용을 수정하거나 보완할 수 있으므로, 처음부터 완벽하게 계획하지 못했더라도 우선 만들어 두는 것이 현명한 선택이다.

018

트러스트의 종류
취소 가능 vs. 취소 불능

트러스트에는 여러 유형이 있지만, 가장 기본적으로는 신탁 설정 후 내용을 취소 가능한 신탁과 취소 불가능한 신탁으로 나뉜다. 두 가지 신탁의 특징을 알아보자.

취소 가능 트러스트(Revocable Trust)

설립자가 언제든지 신탁 내용을 변경하거나 취소할 수 있는 신탁이다. 말 그대로 마음대로 고칠 수 있는 신탁으로, 보통 우리가 일반적으로 말하는 리빙 트러스트는 대부분 이 유형에 속한다. 설립자가 생전에 신탁을 완전히 통제하며 필요에 따라 수혜자나 분배 방법 등을 자유롭게 수정할 수 있으므로 유연성이 매우 높다. 또한 설립자 본인이 초기 수탁자로서 자산을 계속 관리하기 때문에, 신탁 설정 후에도 일상적인 재산 관리 방식은 달라지는 것이 거의 없다.

취소 불능 트러스트(Irrevocable Trust)

한번 설정해 놓으면 설립자가 임의로 변경하거나 해지할 수 없는 신탁이다. 일단 자산을 넣으면 법적으로 설립자의 소유권이 완전히 신탁으로 넘어가며, 설립자는 그 자산에 대한 통제권을 상실하게 된다. 이런 제약이 있기 때문에 일반적인 재산 상속 대비보다는 좀 더 특수한 목적을 위해 사용되는 경우가 많다. 이를테면 매우 고액의 자산을 소유한 사람이 상속세를 줄이기 위해 생전에 일부 재산을 미리 취소 불능 트러스트에 넣거나 특정 재산을 보호하기 위한 경우 등이다. 고액 자산가가 자산을 법적으로 분리시켜 메디케이드(Medicaid) 같은 공공 지원 자격을 확보하는 데도 활용된다. 이는 절세 플랜의 일환으로 고액 자산가가 자산의 소유권을 재설계함으로써 본인의 자산으로 계산되지 않도록 해서 고액 자산가 본인은 메디케이드 자격이 되도록 트러스트를 설정하는 방안이다.

대부분의 평범한 가정에서는 취소 가능 리빙 트러스트가 적합하고 널리 활용된다. 취소 불능 트러스트는 그만큼 설립자에게 부담이 크므로, 세금이나 자산 보호 측면에서 특별한 계획이 있을 때 선택하는 도구이다.

취소 가능 리빙 트러스트가
일반인에게 적합한 이유

019

취소 가능 리빙 트러스트는 말 그대로 자유롭게 변경하거나 철회할 수 있기 때문에, 변화하는 상황에 대응하기 쉽고 운용상의 유연성이 크다. 일반적인 사람들에게 이 유형이 적합한 이유는 다음과 같다.

자산 통제권 유지

설립자가 리빙 트러스트를 만들더라도 본인이 수탁자로 지정되어 계속해서 자신의 자산을 직접 관리할 수 있다. 신탁에 재산을 넣어도 하루아침에 남이 관리하는 것이 아니라, 생전에는 이전과 다름 없이 본인이 재산을 운용하다가 필요할 때는 신탁 내용을 수정할 수 있는 방식이기 때문이다. 따라서 생활 방식이나 투자 관리에 큰 변화가 없고, 설립자는 여전히 자신의 재산에 대한 주도권을 갖게 된다.

신탁 내용 변경 용이

가족 관계나 자산 상황이 바뀌면 신탁의 분배 내용이나 수혜자를 바꿔야 할 수 있는데, 취소 가능 리빙 트러스트는 매우 손쉽게 변경이 가능하다. 예를 들어 타인을 새로운 수혜자로 추가하거나, 자산 규모의 변화에 따라 분배 비율을 조정하는 등의 수정이 가능한 것이다. 반면에 취소 불능 트러스트는 설정 후 변경이 어려워서 이러한 융통성을 기대할 수 없다.

세금 및 행정상의 부담 없음

취소 가능 리빙 트러스트는 세금 면에서 특별한 혜택이 없고, 따라서 추가적인 부담도 없다. 신탁으로 재산을 옮겨도 여전히 설립자의 소유로 보기 때문에, 소득세 보고나 재산세, 상속세 계산 등에 있어서 신탁을 만들지 않았을 때와 달라지는 부분이 없다. 다시 말해 리빙 트러스트 자체로 세금을 줄여주지는 않지만, 동시에 신탁 때문에 추가로 내야 하는 세금도 없다. 그리고 요즘은 대부분 포괄적인 신탁 문서를 작성하기 때문에, 경우에 따라서는 자산을 추가하거나 빼낼 때마다 일일이 신탁 문서를 다시 수정할 필요도 없다. 초기 설정 이후에는 일상적으로 별다른 유지 비용이나 행정적인 번거로움 없이 운용할 수 있다는 것도 장점이다.

핵심 목적 달성

취소 가능 리빙 트러스트는 복잡한 법률 장치보다 가족의 편의를 도

모하는 수단이다. 프로베이트 회피, 상속 시간 단축, 사생활 보호 등의 핵심 목적을 달성하면서도 설립자가 생전에는 자유롭게 재산을 활용할 수 있게 해 주므로, 일반적인 상속 계획에는 이만한 수단이 없다. 취소 불능 트러스트의 경우는 상속세를 법적으로 줄여준다든가 하는 특정한 목표에는 효과적일 수 있어도, 그 외의 일반적인 편의성에서는 오히려 제약이 될 수 있다.

결국 특별한 사정이 없는 한 대부분의 사람들은 융통성이 뛰어난 취소 가능 리빙 트러스트를 선택하게 된다. 필요하다면 부부가 각자 개별 신탁 대신 공동의 리빙 트러스트를 만들거나, 상황에 따라 서브 트러스트(Subtrust; 후견 신탁 등 부속 신탁)를 둘 수 있지만, 기본 구조는 취소 가능 트러스트로 시작하는 것이 일반적이다. 이렇게 해 두면 설립자는 평소처럼 재산을 관리하다가 세상을 떠난 후에 신탁이 그 역할을 하여 남은 가족들에게 편의를 제공하는 이상적인 형태가 된다.

020

리빙 트러스트에 대한
흔한 오해들

리빙 트러스트의 장점에도 불구하고, 여전히 몇 가지 오해들이 존재하는 것 같다. 여기에는 사람들이 리빙 트러스트에 대해 대표적으로 잘못 알고 있는 부분을 짚어보고, 그 오해를 풀어주려고 한다.

오해 1. 리빙 트러스트를 만들면 세금이 절약된다?

리빙 트러스트 자체는 세금 절감 효과가 거의 없다. 취소 가능 리빙 트러스트에 재산을 옮겨 놓아도 법적으로 그 재산의 권리는 여전히 설립자 본인에게 있으므로, 소득세나 양도소득세, 상속세 측면에서 특별한 세제 혜택이 주어지지 않는다. 집을 신탁에 넣었다고 해서 재산세가 깎이는 것도 아니고, 신탁에 현금을 넣어두었다고 이자가 비과세되는 것도 아니다. 다만 아주 고액 자산가의 경우 신탁 구조를 활용해 상속세를 줄이는 전략을 세울 수는 있다. 예를 들면 부부간 AB 신탁(AB Trust 또는 Bypass Trust)을 활용해 각각의 상속세 공제 한도를 최대한 사용하는 방식이 있다. 이는 부부의 사망 순서에 맞춰 재산을 A신탁(생존 배우자 몫)과 B신탁(세금 우회 몫)으로 자동 분할하여 두 사람의 상속세 공제 한도를 모두 살리는 구조이다. 하지만 이것은 리빙 트러스트 자체의 기능이라기보다 신탁을 응용한 상속세 플래닝이다. 일반적인 경우 리빙 트러스트는 세금보다는 절차의 간소화에 초점이 맞춰진 도구임을 기억해야 한다.

오해 2. 리빙 트러스트를 만들면 내 재산을 소송이나 채권자로부터 보호할 수 있다?

취소 가능 리빙 트러스트는 자산 보호 기능이 없다. 설립자가 신탁을 자유롭게 취소하거나 변경할 수 있는 한, 법률적으로 그 재산은 여전히 설립자의 소유와 다름이 없기 때문이다. 따라서 설립자에게 빚이 있거나 소송상의 채무가 있다면 신탁에 넣은 재산도 법적 책임에서 자유롭지 않다. 예를 들어 채권자가 설립자를 상대로 소송을 걸면 신탁 자산이라 해도 취소 가능한 것은 충분히 청구 대상이 될 수 있다. 리빙 트러스트는 상속 절차를 원활하게 하는 장치이지, 재산을 도피시키거나 보호하는 방패가 아니다. 만약 생전에 자산 보호를 원한다면, 별도로 취소 불능 트러스트나 자산 보호 신탁(Asset Protection Trust)과 같은 특수한 수단을 고려해야 한다. 일반적인 리빙 트러스트는 그런 기능을 제공하지 않으므로 혼동해서는 안 된다.

오해 3. 우리 가족은 부자가 아니니까 리빙 트러스트가 필요 없다?

재산이 많든 적든 리빙 트러스트는 유용하다. 재산 규모가 크지 않아도 일정 금액을 넘으면 프로베이트 대상이 되며, 적은 재산이라도 법정 절차를 거치다 보면 시간과 비용을 낭비하게 된다. 특히 부동산이나 차량, 은행 잔고 등의 합산 금액이 주별 기준을 초과하면, 금액의 많고 적음과 관계없이 모두 동일한 절차를 밟아야 한다. 리빙 트러스트는 고액 자산가뿐 아니라 내 집 한 채 있는 평범한 가정에도 반드시 필요한 상속 대비책이라고 할 수 있다. 실제로 상속세가 전혀 나오지 않는 경우라도 리빙 트러스트가 없으면 법원을 거쳐야 하므로, 재산 규모와 무관하게 미리 준비해 두는 것이 좋다.

오해 4. 유언장만 잘 써두면 리빙 트러스트가 필요 없다?

유언장만으로는 프로베이트를 피할 수 없다. 유언장은 고인의 최종 의사를 문서화한 것으로 상속 계획에 있어 매우 중요하지만, 유언장이 있어도 반드시 법원의 검인을 거쳐야 효력이 발생한다. 즉 유언장만 작성해 둔 경우 결국 프로베이트 절차를 거치게 되므로, 상속이 지체되고 비용이 발생하고 공개 절차를 피할 수 없다. 물론 리빙 트러스트가 유언장을 완전히 대체하는 것은 아니다. 신탁에 담기지 못한 재산을 위한 보충 유언장이 필요할 때도 있기 때문이다. 그래도 프로베이트를 생략한다는 점에서 훨씬 효율적이다. 가족 간의 유산 분쟁 가능성을 낮추는 측면에서도 유언장보다 리빙 트러스트가 유리하다. 유언장은 작성 당시 위법한 상황이나 고인의 정신 상태

등을 이유로 법정에서 무효화되거나 분쟁의 소지가 있을 수 있다. 하지만 신탁은 사적인 계약이라 법원이 개입할 여지가 적고, 신속하고 확실하게 재산을 이전할 수 있다.

이와 같은 오해들을 바로잡고 보면, 리빙 트러스트의 역할과 한계가 분명하게 이해될 것이다. 리빙 트러스트는 상속 절차를 단순화하고 가족의 고통을 덜어주는 장치이지, 세금을 피하거나 재산을 몰래 숨기는 수단이 될 수 없다. 그렇다고 해서 그 점이 리빙 트러스트의 중요성을 낮출 수는 없다. 대부분의 일반 가정에서 겪을 수 있는 복잡한 법정 상속 절차를 예방한다는 점에서, 리빙 트러스트는 미국에서 자산을 갖고 있는 사람들에게 거의 필수적인 준비라고 할 수 있다. 부동산 등 재산이 있고 사후 상속 절차를 단순화하고 싶은 중산층 이상의 사람들이 많이 활용하지만, 세금 절감 효과가 거의 없고 주로 상속의 편의성을 높이는 장점이 있으므로, 상속세 과세 대상이 되지 않을 정도의 일반적인 재산 규모를 가진 사람에게 적합하다.

중요한 것은 시간이 있을 때 미리 준비하는 것이다. 리빙 트러스트는 미리 설정해서 손해 볼 일이 없으며, 오히려 늦출수록 위험이 커진다. 가족을 위한 사랑과 배려의 실천으로, 그리고 내 재산을 내 의지대로 안전하게 물려주기 위한 방편으로, 리빙 트러스트 설정을 적극 고려해 보기 바란다. 준비된 상속 계획은 향후 가족들의 경제적 안녕과 마음의 평화를 지켜줄 것이다.

미국 트러스트 공략 1
ILIT(생명보험 신탁)

신탁은 자산을 한 곳에 모아 관리하고 일정한 조건에 따라 분배하도록 하는 법적 장치로, 자산 보호, 세금 절감, 상속 계획, 장기요양 대비 등 여러 가지 목적을 달성하기 위해 설계된다. 이제부터 미국에서 많이 활용되는 12가지 신탁의 개념과 주요 목적, 그리고 어떤 사람들이 주로 사용하는지에 대해 살펴보려고 한다. 첫 번째로 소개할 신탁은 ILIT(생명보험 신탁)이다.

개념

ILIT(Irrevocable Life Insurance Trust; 생명보험 신탁)는 생명보험금을 수령하고 관리하기 위해 특별히 만들어지는 취소 불능 신탁이다. 보험 계약의 소유주를 개인이 아닌 신탁으로 함으로써 피보험자 사망 시 나오는 보험금이 고인의 유산으로 간주되지 않게 설정한다. 이렇게 하면 보험금에 대해 연방 상속세나 주 상속세가 부과되지 않고 고스란히 수혜자들에게 전달될 수 있다. 신탁이 보험금을 수령하여 관리하므로 채권자 보호나 수혜자에 대한 통제 측면의 장점도 있다. 취소 불능 신탁이기 때문에 원칙적으로 일단 설정된 후에는 임의로 해지하거나 수혜자를 변경할 수 없다.

예시

A씨는 200만 달러짜리 생명보험에 가입하고, 이를 ILIT 신탁으로 소유하도록 했다. A씨가 사망하면 보험회사에서 나오는 200만 달러는 A씨 개인이 아닌 ILIT로 지급되므로 A씨의 유산 목록에 포함되지 않는다. A씨의 유산에 상속세가 부과되는 경우에도 보험금 200만 달러는 과세 대상이 아니므로 전액이 신탁을 통해 가족에게 지급된다.

적합한 대상

ILIT는 상속세 면제 한도를 넘을 정도로 유산 규모가 큰 경우에 특히 유용하다. 현재는 아주 부유한 계층에만 해당되지만, 장래에 상속세 공제 한도가 낮아지면 더 많은 사람들이 ILIT를 고려하게 될 것이다. 또한 어린 자녀나 재정적으로 미숙한 수혜자를 둔 경우에 보험금을 ILIT를 통해 지급하면, 신탁 관리자가 자금을 대신 운영 및 배분해 주므로 수혜자를 보호하는 효과도 있다. 대형 생명보험을 보유한 고액 자산가들이 상속세 절감 및 수혜자 보호 차원에서 ILIT를 많이 활용한다.

022

미국 트러스트 공략 2
Dynasty Trust (다이너스티 트러스트)

개념

다이너스티 트러스트(Dynasty Trust)는 여러 세대에 걸쳐 자산을 보존하고 이전하기 위한 장기 신탁이다. 이 신탁은 원칙적으로 만기가 없이 계속 유지되도록 설계되며, 자녀 세대뿐 아니라 손자, 증손자 등 후손들에게까지 신탁 수익이나 자산을 물려줄 수 있는 구조이다. 가장 큰 특징은 한번 신탁으로 자산을 이전해 두면 그 이후 세대에서는 해당 자산에 대해 추가적인 상속세나 세대생략세(Generation-Skipping Transfer Tax; GST)가 부과되지 않는다는 점이다. 세대생략세란 자녀 세대를 건너뛰어 손주 이하에게 자산을 이전할 때 부과되는 별도의 연방세이다. 즉, 초기에만 세금 문제를 정리하고 나면, 이후로는 여러 세대 동안 세금 없이 부가 대물림되도록 만드는 것이다.

예시

매우 부유한 할아버지 B씨는 5,000만 달러를 다이너스티 트러스트로 이전하면서 미리 세법상 허용된 증여세나 GST 면제액을 활용해 세금을 정리했다. 이 신탁은 손자, 증손자들에게도 소득이나 교육 자금 등을 지급하며 수백 년간 유지될 수 있다. 그동안 신탁 자산의 운용 수익이나 가치 상승분에 대해 별도의 상속세나 증여세가 발생하지 않으므로, 가족의 부는 신탁 안에서 계속 불어나 후세에 전달된다.

적합한 대상

다이너스티 트러스트는 아주 큰 규모의 부를 소유한 가문이 주로 활용한다. 특히 자손들이 대대로 재산을 이어받게 하고 싶은 경우나, 매 세대마다 세금을 내며 재산이 축소되는 것을 막고 싶은 경우에 고려된다. 다만 미국의 모든 주에서 무한정 지속되는 신탁을 허용하는 것은 아니다. 그래서 보통 네바다주나 사우스다코타주 등 신탁 친화적인 법을 가진 주에서 설정한다. 결론적으로 다이너스티 트러스트는 가문의 돈이 몇 세대 후까지도 안전하게 유지되기를 바라는 자산가에게 적합한 신탁이다.

023

미국 트러스트 공략 3
GRAT (지급자 보유 연금 신탁)

개념

GRAT(Grantor Retained Annuity Trust; 지급자 보유 연금 신탁)는 설립자가 일정 기간 동안 신탁으로부터 연금 형태의 금액을 받아가는 조건으로 자산을 이전하는 취소 불능 신탁이다. 쉽게 말하면 미래에 자산이 오를 것을 예상하여 지금 신탁에 맡겨 두고, 미리 정한 기간 동안 매년 혹은 매 분기마다 일정 금액을 돌려받는 구조이다. 신탁 기간이 끝나고 나면 남은 신탁 자산은 미리 지정된 수혜자(주로 자녀)에게 증여된다. 이때 신탁에 넣은 자산의 초기 가치 중 상당 부분을 연금 형태로 돌려받기 때문에 결국 세금 계산에서 실제로 증여한 금액은 거의 없다고 간주되어 '세무상 증여'로 잡히는 돈이 거의 없어진다. 반면에 신탁 기간 동안 불어난 자산 가치는 그대로 자녀에게 넘어가 상속세나 증여세 없이 이전되는 효과가 있다.

예시

C씨는 가치가 오를 것으로 기대되는 주식 100만 달러어치를 GRAT에 이전하고, 2년 동안 매년 50만 달러를 연금으로 받기로 약정했다. C씨가 2년간 총 100만 달러를 돌려받고 나면, 애초에 신탁으로 넘어간 순수 증여액은 사실상 없는 것이나 다름없다. 이후 신탁에 남아 있는 자산은 가치 상승분을 포함해서 자녀에게 가게 되는데, 만약 신탁 자산이 그 기간 동안 150만 달러로 불어났다면 늘어난 50만 달러는 세금 없이 자녀에게 이전된다. 반대로 자산이 예상만큼 오르지 않았거나 떨어진다면, 애초에 C씨가 대부분을 연금으로 되돌려받았으니 손해 없이 신탁이 종료되는 것이다.

적합한 대상

GRAT는 증여세 공제 한도를 거의 소진했거나 초과한, 매우 부유한 자산가들이 추가 세금 부담 없이 미래 자산 상승분을 자녀에게 넘겨주기 위해 주로 활용한다. 특히 주식 가치 상승이나 기업 상장 등으로 재산이 크게 늘어날 것을 예상하는 경우에 효과적이다. 다만 GRAT 설정 시 설립자가 신탁 기간 동안 생존해야 하고, 기간 종료 전에 사망하면 효과가 줄어든다는 점은 충분히 고려해야 한다. 따라서 건강상 문제가 없고 자산 상승 여력이 큰 고액 자산 보유자에게 적합한 전략이라 할 수 있다.

024

미국 트러스트 공략 4
QPRT (개인 거주지 신탁)

개념

QPRT(Qualified Personal Residence Trust; 개인 거주지 신탁)는 본인의 거주 주택을 신탁하는 취소 불능 신탁이다. 집이나 별장 등 거주 부동산을 신탁으로 이전하면서, 일정 기간 동안은 계속 그 집에 거주할 권리를 설립자에게 남겨둔다. 그리고 기간이 종료되면 부동산 소유권이 신탁의 수혜자(예: 자녀)에게 이전된다. 이렇게 하면 신탁 설정 시점에 계산된 집의 가치를 기준으로 증여로 간주된다. 여기에 '앞으로 일정 기간 동안 설립자가 계속 거주할 집'이라는 조건이 붙어 있기 때문에 세무 계산에서는 그 집값을 그대로 잡지 않고 거주 기간을 반영하여 낮춰서 평가한다. 덕분에 증여로 잡히는 금액이 줄어들고, 이후 집값이 오르더라도 신탁 설정 시점에 정해진 낮은 가치로 고정되므로 상승분은 상속세 대상에서 제외되는 효과가 있다.

예시

D씨 부부는 현재 가치 200만 달러인 주택을 QPRT로 이전하면서 10년간 거주할 권리를 유지하기로 했다. 이때 세법에 따라 10년 뒤에 집을 받게 될 자녀들의 미래 수령 가치가 할인되므로, 현재 증여로 계산되는 금액은 100만 달러 정도로 산정될 수 있다. 물론 거주 권리와 기간에 따라 이 계산은 달라지게 된다. D씨 부부가 10년을 무사히 거주하고 생존해 있다면, 10년 후 이 집은 자녀들의 소유로 넘어가고, 추후 집값이 300만 달러로 올랐더라도 자녀들은 100만 달러에 증여 받은 것으로 간주된다. 이로 인해 세금이 크게 절약됨을 알 수 있을 것이다. 반대로 설립자가 거주하기로 한 기간 중에 사망하면 집이 다시 유산으로 편입되므로 절세 효과를 못 보게 되는 위험도 있다.

적합한 대상

QPRT는 고가의 주택이나 별장을 소유하고 있고, 미래에 그 가치를 자녀에게 물려줄 의사가 있는 부유층에게 적합하다. 특히 본인의 예상 수명이 신탁 기간을 넘을 것으로 자신이 있는 경우에 활용해야 한다. 현재 상속세 공제액이 높아서 과거만큼 흔히 쓰이지는 않지만, 상속세가 문제되는 재산 규모를 가진 고령의 부모 세대라면 QPRT로 상당한 절세 효과를 볼 수 있다.

025

미국 트러스트 공략 5
IDGT (의도적 결함 신탁)

개념

IDGT(Intentionally Defective Grantor Trust; 의도적 결함 신탁)는 의도적으로 세법상 결함을 남겨둔 취소 불능 신탁이다. 여기서 '결함'이란 소득세 측면에서는 설립자가 여전히 신탁을 소유한 것으로 보고 과세되도록 만드는 한편, 증여·상속세 측면에서는 신탁을 별도의 법인격으로 취급하도록 설계하여 신탁에 넣은 자산과 그 미래 증가분이 설립자의 과세 재산에서 제외되도록 하는 것이다. 요컨대 신탁의 소득에 대한 세금은 계속 설립자가 내지만, 신탁 자산 자체는 설립자의 재산 목록에서 빠져나가 상속세를 피한다는 이중 효과를 노린 구조이다.

예시

E씨는 앞으로 크게 성장할 사업체 지분 30%를 IDGT에 시가 500만 달러로 매각하고, 대신 신탁으로부터 몇 년간 분할 상환 약정(약속어음 등)을 받았다. 이로써 E씨의 재산에서 500만 달러의 자산이 빠져나갔지만, 세법상 IDGT는 여전히 E씨가 소유한 것으로 간주되므로 이 거래로 인한 소득세나 양도세는 발생하지 않는다. 수년 후 IDGT 신탁의 자산인 해당 사업의 지분 가치가 1,500만 달러로 커지더라도, 증가분인 1,000만 달러는 E씨의 유산과 무관하게 신탁에 남게 된다. 이는 E씨 사망 시 상속세가 부과되지 않는 재산으로 처리된다. 또한 매년 IDGT에서 발생하는 소득에 대한 소득세는 계속 E씨가 부담하므로, 신탁 자산은 세금으로 깎이지 않은 채 불어난다. E씨 자신이 낸 소득세만큼 추가로 자녀에게 증여하는 효과를 얻는 것이다.

적합한 대상

IDGT는 구조가 복잡하고 법률적 설계가 정교해야 하므로, 상속세를 크게 절감해야 할 정도로 부동산, 사업체 등 자산 규모가 큰 부유층에게 주로 활용된다. 특히 향후 가치가 급등할 자산(예: 빠르게 성장 중인 비상장기업 지분)을 보유한 경우, IDGT를 통해 미래에 증식될 부를 미리 신탁으로 옮겨 두면 큰 절세 효과를 볼 수 있다. 다만 세법 규정이 자주 변경될 수 있으므로 법률 전문가의 도움이 필수적이며, 신탁 설정 후에도 신탁 소득세를 납부할 만큼 충분한 현금 흐름이 있는 사람에게 적합한 방법이다.

026

미국 트러스트 공략 6
NING (네바다 소득세 회피 신탁)

개념

NING(Nevada Incomplete Non-Grantor Trust; 네바다 소득세 회피 신탁)는 주 소득세를 줄이기 위해 고안된 취소 불능 신탁이다. 미국의 일부 주는 소득세율이 매우 높기 때문에, 네바다주처럼 주 소득세가 없는 지역에 신탁을 설정하여 자산 소득에 대한 주세 과세를 피하는 구조이다. 'Incomplete Non-Grantor'라는 이름이 나타내듯, 신탁으로의 자산 이전을 법률적으로 완전한 증여로 보지 않도록 하고 (Incomplete Gift), 신탁을 독립된 과세체로 취급(Non-Grantor)한다. 그렇기 때문에 신탁에 자산을 넣어도 연방 증여세가 바로 발생하지 않으며, 해당 자산에서 나오는 이자, 배당, 양도소득 등에 대한 과세 주체를 NING로 변경할 수 있다. 신탁을 설계할 때 설립자 본인도 신탁의 수혜자가 될 수 있도록 네바다주의 자산 보호 신탁법을 활용하는 경우가 많다.

예시

매사추세츠주에 거주하는 F씨에게는 거액의 주식 매각 차익이 예정되어 있다. F씨는 주식 매각 전에 그 주식을 네바다주에 설립한 NING 신탁으로 이전하기로 했다. 그렇게 되면 주식 매각으로 인해 발생하는 이익은 NING의 소득이 되며, 네바다주에는 주 소득세가 없으므로 매사추세츠주 세금을 피할 수 있게 된다. 신탁으로 옮긴 자산은 여전히 F씨의 미완성 증여 자산으로 취급되므로 F씨의 사망 시 유산으로 간주되어 상속세가 적용된다. 하지만 F씨는 그동안 거주지인 매사추세츠주의 높은 소득세를 회피하는 혜택을 얻는 것이다. 추후 신탁 자산을 분배할 때도 전략에 따라 세금 부담을 최소화할 수 있다.

적합한 대상

NING는 특수 목적 신탁이라 모두에게 적합하지는 않다. 과거 캘리포니아, 뉴욕 등 고세율 주 거주자들이 주 소득세 절감용으로 주로 썼지만, 이제 이 목적은 해당 고세율 주에서 인정되지 않는 경우가 많다. 예를 들어 캘리포니아(2023년)와 뉴욕(2014년) 등은 NING를 통한 주 소득세 절세를 명시적으로 금지했다. 따라서 향후 본인의 거주지 주법 변경 가능성에 따라, 주 소득세 절세를 위한 방안은 다른 방식을 찾는 게 적절해 보인다.

027

미국 트러스트 공략 7
CRT (자선기관 잔여 신탁)

개념

CRT(Charitable Remainder Trust; 자선기관 잔여 신탁)는 자선 기부와 소득 창출을 결합한 취소 불능 신탁이다. 신탁에 현금이나 자산을 기부 형태로 이전하면, 설립자는 해당 자산의 일부에 대해 즉시 소득세 공제를 받을 수 있다. 그리고 신탁으로부터 일정 기간 동안 정기적인 지급금을 수령하게 된다. 이 지급금은 설립자 본인이나 다른 지정 수혜자에게 돌아갈 수 있다. 지급 기간은 최대 20년 또는 수혜자의 평생으로 설정할 수 있으며, 그 기간 동안 신탁은 자산을 운용하면서 생긴 소득을 비과세로 굴릴 수 있어서 효율적으로 지급금을 마련한다. 기간 종료 후 또는 설립자 사망 시 남은 신탁 재산은 미리 지정된 자선단체에 기부되는 것으로 마무리된다.

예시

G씨에게는 가치가 크게 오른 부동산이 있는데, 이를 직접 팔면 양도소득세로 상당한 세금을 내야 한다. 하지만 그 부동산을 CRT에 기부하면 신탁이 부동산을 매각하더라도 세금 없이 전액을 신탁 자산으로 보유할 수 있게 된다. G씨는 기부한 금액의 일부를 소득세 공제로 돌려받고, 신탁으로부터 매년 생활비로 일정 금액을 수령한다. G씨가 사망하면 남아 있는 신탁 재산이 대학 등에 기부되어 본인의 이름을 딴 장학 기금으로 쓰이게 된다. 결국 G씨는 세금 절약과 평생 연금, 그리고 유산 기부의 세 마리 토끼를 한 번에 잡는 효과를 얻는 것이다.

적합한 대상

CRT는 자선에 뜻이 있으면서도 현재 소득이 필요한 사람에게 적합하다. 예를 들어 은퇴를 앞둔 자산가가 주식이나 부동산 등의 자산을 팔고자 할 때 CRT를 활용하면 당장 세금을 내지 않고도 자산을 연금화할 수 있다. 그리고 자신과 배우자의 여생 동안 소득을 얻은 후 남은 재산을 기부할 수 있다. 고액의 양도차익이 예상되는 자산을 가진 기부 희망자, 고령의 자산가 부부, 세금 혜택을 극대화하며 부를 사회에 환원하고자 하는 사람들이 주로 CRT를 활용한다.

028

미국 트러스트 공략 8
CLT (자선기관 선행 신탁)

개념

CLT(Charitable Lead Trust; 자선기관 선행 신탁)는 자선을 위한 지급을 먼저 실행하고 남은 재산을 가족에게 물려주는 구조의 취소 불능 신탁이다. CRT와는 반대로 신탁 설정 시점부터 일정 기간 동안 신탁 소득 또는 일정 금액을 자선단체(예: 자선 기금이나 대학)에 매년 기부하도록 약정한다. 그리고 그 기간이 끝나면 신탁에 남아 있는 원금이나 자산이 설립자의 자녀 등에게 돌아가도록 설계되는 것이다. 자선단체에 나가는 부분을 '선행(lead), 우선 지급'으로 부르는 것은 이 때문이다. 설립자는 자선단체에 지급한 금액의 현재 가치만큼 증여·상속세에 대해 공제를 받거나 과세가액에서 제외되는 혜택을 받기 때문에, 결과적으로 가족에게 돌아가는 재산에 대한 세금 부담이 크게 줄어드는 장점이 있다.

예시

H씨는 손주들에게 줄 재산 1,000만 달러 중 매년 10만 달러를 10년 간 자선재단에 기부하고, 10년 후 남은 금액을 손주들에게 물려주도록 CLT를 만들었다. H씨는 우선 기부액인 100만 달러의 현재 가치에 대해 증여·상속세 공제를 받거나, 매우 적은 가치로 손주들에게 증여한 것으로 계산된다. 자선재단은 10년간 총 100만 달러(연 10만 달러×10년)를 지원받아 공익적인 일에 쓰고, 10년 후 신탁에 남은 재산은 손주들이 세금 부담 적게 물려받게 된다. 만약 신탁이 성공적인 투자 운용을 해서 H씨가 기부한 금액 이상의 이익이 났다면, 그 부분도 추가 과세 없이 손주들에게 돌아가는 보너스가 된다.

적합한 대상

CLT는 재산을 사회에 환원하는 동시에 자녀나 손주에게 유산을 물려주고 싶은 초고액 자산가들이 선호하는 신탁이다. 특히 장기간에 걸쳐 자선 기부를 지속하기를 원하는 가문이나 가족재단을 운영하면서 세대간 부의 이전을 계획하는 경우에 많이 활용된다. 다만 신탁 운용이 잘못되면 남은 재산이 줄어드는 위험도 있으므로, 충분한 여유 자산을 가진 상태에서 자선에 대한 확고한 의지가 있는 사람에게 적합하다. 세법상 복잡한 계산이 수반되므로 전문가의 설계가 필요하며, 특히 상속세율이 높고 자산 규모가 큰 경우에 절세 효과가 크다.

029

미국 트러스트 공략 9
SNT (특수 요구 신탁)

개념

SNT(Special Needs Trust; 특수 요구 신탁)는 장애인이나 특수한 도움이 필요한 수혜자를 위한 신탁이다. 정부의 의료 보조나 생활 보조 혜택을 받고 있거나 받을 가능성이 있는 장애인이 가족이나 후견인으로부터 재산을 직접 물려받으면 그 재산 때문에 공적 지원 자격을 상실할 수 있다. SNT는 이러한 경우를 대비해 수혜자를 대신하여 재산을 관리하고 지출함으로써 수혜자의 정부 보조 자격을 유지시키도록 설계된다. 신탁에 귀속된 자산은 법적으로 수혜자의 소유가 아니므로 공적 지원 자격에 필요한 자산 기준을 충족할 수 있고, 신탁 관리자는 수혜자의 생활에 필요한 추가 지원을 제공한다. 정부 혜택이 커버하지 않는 의료비, 교육비, 재활, 요양 서비스, 여가 활동 등을 신탁이 보조하여 수혜자의 삶의 질을 향상시킬 수 있다.

예시

장애가 있는 성인 자녀 I씨를 위해 그의 부모는 SNT를 설립했다. I
씨 부모는 자신들의 재산 일부를 신탁에 이전하고 I씨를 수혜자로
지정하는데, 이 구조 덕분에 I씨는 소득보조보험(SSI)이나 메디케이
드 같은 공공 혜택을 계속 받으면서, 추가적으로 신탁을 통해 주거
비, 의료비, 재활 치료, 여가 활동 비용 등의 지원을 받을 수 있다. 결
국 부모가 마련한 SNT로 인해 I씨는 정부 복지 혜택 자격을 잃지 않
고도 생활에 필요한 추가적인 지원을 받아 더 나은 삶의 질을 누리
게 되는 것이다.

적합한 대상

SNT는 정부 복지 혜택을 잃지 않으면서도 안정적인 재정 지원이 필
요한 가족에게 적합하다. 신체 장애나 발달 장애, 지적 장애로 독자
적인 자산 관리가 어려운 성인 자녀, 만성 질환이나 노인성 질환으
로 장기간 돌봄이 필요한 부모나 형제, 혹은 앞으로 공공 지원을 받
아야 할 가능성이 높은 취약 계층 가족이 있는 경우에 활용 가치가
크다. 신탁에 재산을 귀속하면 해당 자산이 수혜자 개인 명의가 아
니므로 SSI나 메디케이드 등의 공공 혜택 자격이 유지되고, 신탁 관
리인이 의료, 주거, 교육, 여가 비용 등을 대신 지출해 삶의 질을 높
여 줄 수 있다. 결과적으로 보호자는 수혜자의 장기 생활비를 안전
하게 마련하면서도 복지 자격을 상실하는 위험을 막을 수 있다.

030

미국 트러스트 공략 10
APT(자산 보호 신탁)

개념

APT(Asset Protection Trust; 자산 보호 신탁)는 채권자들의 손이 닿지 않는 곳으로 자산을 옮겨 놓는 신탁을 말한다. 보통은 취소 불능 신탁으로 설정되며, 특정 주의 법률을 활용하여 설립자 본인이 신탁의 수혜자로 남아 있도록 설계된다. APT에 재산을 이전하면 그 재산은 더 이상 법적으로 설립자의 개인 재산이 아니므로, 나중에 설립자가 소송이나 빚에 휘말리더라도 해당 자산에 대해 채권자들이 강제 집행을 하기 어렵게 된다. 예컨대 의사, 변호사 등 소송 위험이 높은 직업을 가진 사람들이 자신의 재산을 미리 APT에 넣어두면, 나중에 소송이 발생해도 그 신탁에 있는 재산만큼은 보호받을 수 있다. 일부 주에서는 APT에 설립자의 이혼 상황까지 대비하여 이혼 시 배우자가 신탁 자산에 대해 청구권을 행사할 수 없도록 함으로써 가족

재산을 지키는 용도로 쓰이기도 한다. 또한 신탁 형태로 자산이 관리되므로 자산 운용의 전문성이 높고, 필요 시 후대에 자산을 증여하는 플랫폼으로도 활용할 수 있다.

예시

사업을 운영하며 법적 분쟁의 위험에 노출된 J씨는 자신의 자산을 보호하기 위해 APT를 설립했다. J씨가 소유한 가치 높은 주택을 신탁에 이전하여 APT로 관리하도록 함으로써, 향후 J씨에게 소송이 제기되거나 채권자의 청구가 발생하더라도 신탁에 귀속된 주택은 채권자가 함부로 압류할 수 없게 된다. 이처럼 APT를 활용하면 업무상 소송 위험이 높은 전문직 종사자나 고위험 비즈니스를 운영하는 사람이 자신의 주요 자산(부동산, 금융 자산 등)을 법적으로 보호하며 예기치 못한 재무 위기에 대비할 수 있다.

적합한 대상

직업상 소송이나 채무 위험이 높은 개인, 또는 재산을 안전한 울타리 안에 넣어두길 원하는 부유층이 주로 사용한다. 단, 이미 진행 중인 소송이나 채무에 대해 신탁을 설정하면 사기적 양도로 무효화될 수 있으므로, 위험이 가시화되기 전에 미리 대비 목적으로 설정해야 효과를 볼 수 있다.

031

미국 트러스트 공략 11
SLAT (배우자 생애 접근 신탁)

개념

SLAT(Spousal Lifetime Access Trust; 배우자 생애 접근 신탁)는 부부 사이의 특수한 신탁으로, 한 배우자가 자신의 재산을 신탁에 이전하고 다른 배우자를 해당 신탁의 수혜자로 지정하는 취소 불능 신탁이다. 이렇게 하면 재산을 신탁으로 옮긴 배우자는 그 자산을 자신의 상속 재산 목록에서 제외하게 되어 향후 상속세를 절감할 수 있다. 동시에 수혜자인 배우자는 신탁에서 필요한 만큼 자금을 인출하거나 혜택을 볼 수 있다. 따라서 부부 입장에서는 자산을 신탁으로 옮겼더라도 계속 그 자산을 활용할 수 있는 유연성을 확보하는 것이다. SLAT로 이전된 자산은 부부의 채권자로부터도 분리되어 보호되고, 신탁 종료 시(혹은 수혜자인 배우자 사망 시) 남은 자산은 최종적으로 자녀 등에게 상속된다.

예시

고액 자산가인 K씨는 향후 발생할 수 있는 상속세를 줄이고 배우자의 노후를 보장하고자 SLAT를 설립하였다. K씨는 자신 명의의 부동산과 유가증권 등 일부 자산을 SLAT로 이전하고, 그 신탁의 수혜자로 배우자를 지정했다. 이후 K씨의 배우자는 필요한 경우 신탁으로부터 주거비, 의료비 등의 지원금을 받을 수 있게 되었고, 해당 자산들은 K씨의 소유에서 벗어나 있기 때문에 K씨가 별세할 때 상속세 과세 대상에서 제외된다. 결과적으로 K씨는 생전에 배우자를 위한 재정을 확보해 주면서도 본인 재산에 대한 상속세 부담을 크게 낮추는 이점을 얻었고, 남은 신탁 재산은 장차 자녀들에게 안정적으로 상속되도록 설계한 것이다.

적합한 대상

상속세 면제 한도를 이용하려는 고액 자산가 부부들이 많이 활용한다. 특히 현재의 높은 연방 증여세 공제 한도가 장래에 감소할 것을 우려해, 미리 배우자에게 재산을 증여하는 형태로 SLAT를 설정하는 경우가 있다. 예를 들어, 남편이 아내를 수혜자로 하는 SLAT를 만들어 1,000만 달러를 신탁에 이전하면, 남편의 상속 재산 규모가 그만큼 줄어들기 때문에 상속세가 절감된다. 동시에 아내는 신탁에서 필요한 생활비를 인출할 수 있으므로, 신탁에 넣은 자산은 여전히 부부에게 혜택을 주는 재원으로 기능한다. 결국 이 부부는 향후 세금 부담을 낮추면서도 현재의 생활 수준을 유지하는 효과를 얻게 된다.

032

미국 트러스트 공략 12
MAPT (메디케이드 자산 보호 신탁)

개념

MAPT(Medicaid Asset Protection Trust; 메디케이드 자산 보호 신탁)는 장기 요양 비용을 대비한 노후 계획 신탁으로, 중산층 노인들이 메디케이드 복지 자격을 얻기 위해 자산을 보호하는 데 쓰인다. 메디케이드는 소득이나 자산이 일정 기준 이하인 경우에만 장기요양 시설 비용 등을 지원하기 때문에, 재산이 너무 많으면 혜택을 받지 못하게 된다. MAPT를 활용하면 자신의 자산을 미리 신탁에 이전해 놓음으로써 명목상 재산을 줄여서 메디케이드 신청에 필요한 자산 한도를 충족시킬 수 있다. 신탁에 들어간 자산은 더 이상 신청자의 소유로 간주되지 않으므로 메디케이드 자격 산정에서 제외되고, 대신 그 자산은 보호되어 궁극적으로 자녀 등 상속인을 위해 남겨둘 수 있게 된다. 이를 통해 노인은 필요한 요양 지원을 받으면서도 평생 모은 재산을 모두 소진하지 않고 일부를 지킬 수 있다.

예시

L씨는 노후에 요양원 입소 가능성에 대비해, 본인 소유의 주택과 예금을 MAPT로 이전해 두었다. 5년 이상의 시간을 두고 사전에 준비해 둔 덕분에, 훗날 L씨가 요양 시설에 들어가 메디케이드 지원을 신청할 때 해당 주택과 예금은 L씨의 자산으로 간주되지 않고 메디케이드 자격을 얻을 수 있었다. 또한 메디케이드를 통해 필요한 요양비를 지원받은 후에도, L씨의 사망 시 그 주택과 예금은 신탁에 남아 자녀들이 상속받도록 설계되었기 때문에, 장기요양 비용으로 가족의 재산이 모두 소진되는 상황을 막을 수 있게 되었다.

적합한 대상

장기요양보험이 없고 재산은 있으나 요양원 비용을 모두 대기에는 부족한 중산층 노인들이 주로 고려한다. 거주하는 집과 몇 십만 달러 정도의 예금을 가지고 있는 70대 노인이라면, 장차 요양원에 갈 경우를 대비해 MAPT를 설정하고 그 자산을 모두 신탁에 이전해 두는 것이다. 5년 이상의 준비 기간이 지난 후 이 노인이 요양원에 입소하게 되면, 자신의 명의로 된 재산이 거의 없으므로 메디케이드 지원을 받아 요양원 비용을 충당할 수 있게 된다. 그동안 신탁에 넣어둔 집과 예금은 보호되어, 노인이 사망한 후 자녀들이 그 재산을 상속받는다. 이처럼 MAPT는 노후 의료비로 재산을 탕진하지 않으면서도 필요한 지원을 받기 위한 전략으로 활용된다. 주의할 점은 메디케이드는 5년 룩백(look-back) 기간 규정이 있어서 신탁 설정 후 5년 이내에는 이전한 자산이 여전히 본인 자산으로 고려된다. 따라서 MAPT는 건강할 때 미리 준비해야 효과적이다.

이상으로 미국에서 대표적으로 활용되는 트러스트의 주요 유형들을 살펴보았다. 지금까지 살펴본 12가지 트러스트는 각각 고유한 목적과 혜택, 그리고 고려해야 할 요건들이 있다. 본인의 자산 규모와 가족 상황, 세금 문제, 그리고 목표하는 바(예: 자녀 보호, 절세, 자선 등)를 종합적으로 판단하여 어떤 트러스트가 적합한지 결정해야 한다. 궁극적으로는 전문가와 상담을 통해 자신에게 맞는 신탁 구조를 설계함으로써, 소중한 자산을 보다 효율적으로 안전하게 활용하고 다음 세대에 전달할 수 있을 것이다.

II

미국 부동산 투자

033

절세를 활용한 미국 부동산 투자

미국 부동산 투자는 매달 꾸준한 임대료 수입을 얻으면서도 세금까지 절감할 수 있는 강력한 방법이다. 특히 소득이 높은 투자자라면 부동산 투자를 통해 안정적인 패시브 인컴(수동적 소득)과 세금 절감이라는 두 마리 토끼를 잡을 수 있다. 여기서는 미국 부동산 투자 전략을 구체적으로 살펴보고, 실제 사례 분석을 통해 5년 후 자산이 어떻게 불어나는지 비교하며 유의해야 할 점을 알아본다.

임대 부동산 투자의 장점

월세 수입으로 안정적인 현금 흐름
부동산 임대는 매월 안정적으로 들어오는 패시브 인컴의 원천이다.

마치 월급처럼 임대료가 꼬박꼬박 들어오지만, 직접 노동을 하지 않아도 된다는 점에서 매력적이다. 경기 상황에 크게 흔들리지 않는 주거용 임대 부동산의 경우 공실률만 잘 관리하면 오랜 기간 지속적인 현금 흐름을 기대할 수 있다.

세금 절감 효과

임대 부동산의 또 다른 큰 장점은 세금 혜택이다. 부동산을 소유하면서 발생하는 각종 비용(재산세, 수리비, 보험 등)을 임대 소득에서 공제할 수 있을 뿐 아니라, 건물에 대해서는 매년 감가상각비를 비용으로 인정받을 수 있다. 감가상각은 실제로는 현금 유출이 없는 서류상 비용이지만, 과세 소득을 줄여주는 효과가 있다. 그 결과 임대료 수입에 대한 세금을 크게 줄이거나 아예 내지 않을 수도 있다. 특히 최고 세율 구간에 있는 고소득자의 경우 부동산 투자로 인한 절세 효과가 매우 커서, 세금으로 낼 돈을 다시 투자에 활용하여 자산을 더욱 늘릴 수 있다.

그렇다면 실제로 부동산 투자를 통해 어떻게 세금 혜택을 극대화할 수 있을까? 100만 달러의 사업 소득이 있는 한 투자자의 사례를 통해 구체적으로 알아보자.

부동산 투자와 절세 전략

사업으로 연 100만 달러를 버는 홍길동 씨는 별도로 절세 전략을 쓰지 않으면 세율 40%를 적용받는다. 40만 달러를 세금으로 내고, 손에 쥐는 소득(순이익)은 60만 달러에 불과한 것이다. 하지만 홍 씨는 부동산 임대 투자를 활용해 세금을 획기적으로 줄일 수 있다. 그가 선택한 방법은 다음 두 가지 전략으로 요약된다.

전략 1. 레버리지를 활용한 부동산 매입

홍 씨는 가지고 있던 100만 달러를 종잣돈으로, 그리고 은행에서 200만 달러를 대출받아서 총 300만 달러 규모의 임대용 부동산을 구매했다. 부동산을 매입하면 건물 가치에 대해 매년 감가상각 공제를 받을 수 있는데, 홍 씨는 특히 첫해에 가속 감가상각(Accelerated Depreciation)을 최대한 활용했다. 세법에는 '보너스 감가상각' 규정이 있어서, 원래는 27.5~39년에 걸쳐 나눠서 처리할 비용을 첫해에 크게 앞당겨 한꺼번에 제외할 수 있다. 홍 씨 역시 이 규정을 활용해 건물 가격의 40%에 해당하는 120만 달러를 첫해에 바로 비용으로 잡게 되면, 첫해 과세 소득이 크게 줄어들어 세금을 거의 내지 않거나, 오히려 손실이 발생해 다음 해로 세금을 이월할 수 있게 되는 것이다. 이렇게 되면 홍 씨의 과세 소득은 원래 100만 달러에서 감가상각비 120만 달러를 빼면서 0달러가 되기 때문에, 오히려 마이너스 20만 달러의 세무상 손실이 발생하게 된다. 즉, 세금 신고서상의 소득이 마이너스로 기록되는 것이다. 물론 이 20만 달러의 손실은 단지 회계상의 계산일 뿐 홍 씨가 실제로 돈을 잃은 것은 아니다. 감가상각으로 만들어진 '페이퍼 손실' 덕분에 홍 씨는 100만 달러의 소득에 대한 세금을 한 푼도 내지 않게 되었다. 이러한 전략을 통해 홍 씨는 원래 냈어야 할 소득세 40만 달러를 정부가 아닌 자신의 자산(부동산)에 투자한 셈이다.

홍 씨가 구입한 300만 달러짜리 부동산에서 연 2%의 수익률로 약 6만 달러의 임대 소득이 발생한다고 가정해 보자. 부동산을 새로 사서 임대를 주었으니 매달 임대료가 들어와 연간 6만 달러의 추가 수입을 얻게 되는 것이다. 일반적으로는 임대 소득에도 세금이 부과되지만, 홍 씨의 경우 앞서 발생한 20만 달러의 감가상각 손실이 이를 상쇄해 준다. 세법상 부동산 임대에서 발생한 손실은 해당 임대 소득과 맞비교하여 차감할 수 있는데, 홍 씨는 20만 달러의 남는 손실이 있으므로 임대 소득 6만 달러에 대해서도 세금을 내지 않게 된다. 결국 홍 씨는 임대료를 세후 소득 6만 달러 그대로 온전히 손에 넣는 효과를 보았다. 그리고 남아 있는 손실 14만 달러는 이듬해로 이월되어 향후 임대 소득에도 계속 활용될 것이다.

이처럼 홍 씨는 본인의 사업 소득 100만 달러에 대한 세금을 0으로 만들었을 뿐만 아니라 임대 소득까지 비과세로 만드는 데 성공한 것이다. 여기서 중요한 점은 홍 씨가 절약한 세금 40만 달러뿐 아니라 원래 세금을 내고 남았을 60만 달러까지 모두 부동산에 투입했다는 사실이다. 세금으로 낼 돈까지 포함하여 자기 자본으로 활용함으로써, 동일한 100만 달러 소득으로 훨씬 큰 자산을 굴릴 수 있게 된 것이다.

5년 후 부동산 투자 결과 비교

이러한 전략을 매년 꾸준히 실행하면 5년 후에는 자산 규모에서 어떤 차이가 나타날까? 홍길동 씨가 부동산에 투자하지 않은 경우와 적극적으로 부동산 투자 전략을 실행한 경우를 비교해 보자. 홍 씨의 사업이 매년 안정적으로 100만 달러의 소득을 올린다는 전제하에, 앞서 살펴본 방식으로 매년 추가로 부동산을 구입했다고 가정해 보면 다음과 같은 결과가 예상된다.

부동산에 투자하지 않았을 경우

홍 씨는 매년 세금을 납부하고 남은 60만 달러를 현금으로 저축하거나 다른 방식으로 운용할 것이다. 5년 동안 특별한 투자 수익을 고려하지 않아도 총 300만 달러의 자산을 모을 수 있다.

부동산에 투자했을 경우

홍 씨는 매년 100만 달러를 활용해 300만 달러 가치의 부동산을 한 채씩 추가로 매입한다. 이렇게 1년차에 300만 달러, 2년차에 또 300만 달러… 5년간 총 5채(1,500만 달러 규모)의 부동산을 확보하게 된다. 초기 투자금은 해마다 100만 달러씩 총 500만 달러이지만, 그 사이 모은 부동산의 시장 가치 총액은 1,500만 달러에 달한다.

5년 후 자산 가치를 단순 비교하면 부동산에 투자하지 않았을 때 300만 달러 vs. 투자했을 때 1,500만 달러로 무려 5배의 차이가 생긴다. 더욱이 부동산을 보유하는 동안 자산 가치 상승도 기대할 수 있다. 예를 들어 부동산 시장이 연 3~5%씩 성장했다면 1,500만 달러의 부동산은 그 가치가 훨씬 더 올라있을 것이다. 또한 임대료도 주기적으로 인상된다. 연간 임대 소득이 처음에는 6만 달러 정도였겠지만, 5년 후에는 5채의 부동산에서 '30만 달러(6만 달러×5채)+$α$(인상된 임대료)'로 점차 불어났을 것이다. 중요한 것은 이렇게 자산이 커지고 현금 흐름이 늘어나는 동안에도 홍 씨가 추가로 낸 소득세는 거의 없거나 매우 적었다는 점이다. 결국 부동산 투자 전략을 쓴 홍 씨는 세금 부담 없이 사업으로 번 돈을 고스란히 재투자하여 자산을 증식한 셈이다.

물론 부동산 투자를 하지 않았다고 해서 잘못되었다는 뜻은 전혀 아니다. 다만 동일한 소득으로 5년간 모을 수 있는 자산 규모에 커다란 격차가 벌어지는 것을 볼 때, 부동산 투자가 얼마나 강력한 레버리지 효과를 주는지 알 수 있다. 세금으로 유출될 돈을 막고, 그 돈까지 내 자산으로 굴렸기 때문에 가능한 일이다.

034

양도세는 미래의 폭탄인가

이쯤에서 이런 의문이 생길 수 있다. "지금 세금을 안 내고 미루는 것은 좋은데, 나중에 부동산을 팔 때 그동안 밀린 세금을 한꺼번에 내야 한다면 결국 세금 폭탄을 맞는 것 아닌가?" 특히 감가상각을 많이 사용했다면 나중에 매각할 때 감가상각 환입세(Depreciation Recapture)와 양도소득세(Capital Gains Tax) 부담이 커질 수 있다고 걱정이 될 것이다.

다행히도 미국 세법에는 이러한 양도세 폭탄을 피하는 방법이 마련되어 있다. 바로 '동종자산교환 양도세 면제 규정(Sec. 1031 like-kind exchange)'이다. 미국 국세청 조항 1031에 근거한 이 규정에 따르면, 부동산을 매각한 후 일정 기간 내에 그 판매 대금으로 다른 부동산을 구입하면 기존 매각에 따른 양도소득세 납부를 나중으로 미룰 수 있다. 쉽게 말해 팔지 않고 갈아탄 것으로 간주해 당장은 세금을 내지 않아도 되는 것이다. 이 방법을 쓰면 현재의 매각 차익에 대한 세금을 새로 구입한 부동산으로 옮겨서 이연(defer)하게 된다. 이렇게 교환을 반복하는 횟수에는 제한이 없기 때문에 평생 동안 계속 세금 납부를 미룰 수 있다. 그래서 미국 부동산 투자자들 사이에는 "절대 그냥 팔지 말고, 죽을 때까지 갈아타라(Swap 'til you drop)."는 말이 있을 정도이다. 그만큼 1031 동종자산교환은 부동산 투자 시에 세금 부담을 사실상 무기한 연기시키는 핵심 전략으로 활용된다.

물론 언젠가는 세금을 내야 할 수 있지만, 마지막까지도 세금을 줄일 방법이 하나 더 남아 있다. 그것은 바로 상속 시 적용되는 스텝업 베이시스(Step-Up Basis; 취득가액 상향 조정) 규정이다. 이는 부동산 소유주가 사망하여 자녀 등 상속인에게 자산을 물려줄 때, 원래 구매 가격(acquisition basis)을 현 시가로 재조정해 주는 제도이다.

정리하면, 부동산 투자자는 1031 동종자산교환을 통해 보유 기간 동안 양도세를 계속 이연할 수 있고, 마지막에 자산을 상속함으로써 결국 양도세 자체를 영구히 없앨 수도 있다. 이렇게 하면 투자 초기의 감가상각 공제로 소득세를 아끼고, 부동산 매각 시에도 세금을 내지 않으며, 대대로 자산을 불릴 수 있게 된다. 세금 측면에서 보자면 그야말로 완벽한 플랜이라고 할 수 있다. 물론 상속세(Estate Tax)라는 별도의 세금 문제가 있지만, 이는 거주자 여부와 자산 규모 등에 따라 다르므로 해외 투자자에 대한 세금 혜택을 다룬 부분(132쪽 참조)에서 더 자세히 설명하도록 하겠다.

도널드 트럼프의 절묘한 절세

035

부동산 투자와 절세 전략의 위력을 가장 극적으로 보여준 인물로 흔히 도널드 트럼프의 예를 든다. 트럼프는 부동산 재벌 출신답게 부동산 투자와 감가상각비 공제를 적극 활용하여 수십 년간 소득세를 최소화해온 것으로 알려져 있다. 뉴욕타임스의 보도에 따르면 트럼프는 2016년과 2017년에 각각 연방 소득세로 불과 750달러만 납부했고, 2001년부터 2015년까지 15년 중에 무려 10년이라는 기간 동안 소득세를 한 푼도 내지 않았다. 믿기 어려울 정도로 적은 금액의 소득세이다. 어떻게 이런 일이 가능했을까?

그 비결은 바로 감가상각 등으로 거액의 '서류상 손실'을 만들어 과세 소득을 없애는 전략에 있었다. 트럼프는 부동산 사업에서 생긴 손익을 계산할 때 실제로는 현금 지출이 없는 감가상각비 등을 대량으로 반영하여 매년 막대한 손실을 신고했다. 프로퍼블리카

(ProPublica; 탐사 보도를 전문으로 하는 미국의 비영리 인터넷 언론)가 입수한 국세청 자료에 따르면, 트럼프는 이런 식으로 2008년부터 2017년까지 사업에서 발생한 총소득 23억 달러를 충분히 상쇄하고도 남을 정도의 손실을 꾸준히 기록한 것으로 나타났다. 예를 들어 2008년 한 해에만 마이너스 6억 5,000만 달러라는 손실을 신고하여 과세 소득을 크게 마이너스로 만들었고, 이런 식으로 10년 연속 세무상 소득이 0 이하로 유지되었다. 그 결과 소득은 많았지만 세금 고지서에는 항상 내야 할 세금이 0달러인 상태였다.

트럼프는 부동산을 팔 때도 가능하면 세금을 내지 않기 위해 1031 동종자산교환을 활용하거나, 아예 부동산을 팔지 않고 보유하면서 자녀들에게 물려주는 방식을 선호한 것으로 보인다. 실제로 그가 보유한 핵심 자산들은 현재까지 대부분 매각되지 않았고, 향후 상속된다면 스텝업 베이시스에 의해 상당한 세금이 사라질 것이다.

결과적으로 트럼프는 세법의 허용 범위 내에서 절세 전략을 극한까지 활용함으로써, 엄청난 수익에도 세금은 최소화하는 모습을 보여주었다. 그의 사례는 부동산 투자와 세제 혜택을 얼마나 체계적으로 이용할 수 있는지 잘 보여주며, 이것이 모두 합법적인 테두리 안에서 이루어졌다는 점도 알려준다. 물론 그의 사례는 아주 극단적인 케이스이므로 일반인의 상황과 완전히 동일하게 보기는 어렵다. 하지만 원리는 동일하다는 점을 강조하고 싶다. 부동산 감가상각을 통한 소득세 감면, 1031 동종자산교환을 통한 양도세 이연 등은 특별한 부자가 아니더라도 누구나 세법상 활용 가능한 전략이다.

036

세법의 함정을 극복하는 전략

여기까지 보면 마치 부동산만 사면 세금을 모두 안 낼 수 있는 것처럼 들릴 수도 있다. 그러나 세법에는 한 가지 함정이 있다. 바로 액티브 인컴(사업·근로 소득)과 패시브 인컴(임대 등 수동 소득) 사이의 상계 제한 규정이다. 미국 세법상 임대 사업에서 발생하는 소득은 기본적으로 '수동적 활동 소득'으로 분류되며, 이러한 패시브 활동에서 발생한 순손실은 다른 비(非)패시브 인컴과 함부로 상계할 수 없도록 제한되어 있다. 앞에서 본(121쪽 참조) 홍길동 씨 사례에서 임대 부동산에서 생긴 20만 달러의 손실을 본인의 사업 소득 100만 달러와 합산하여 공제받을 수 없다는 뜻이다.

세법 제469조의 '수동적 손실 제한(Passive Activity Loss)' 규정 때문에, 부동산 투자에서 큰 손실 공제를 얻어도 다른 활동 소득의 세금을 줄이는 데 바로 활용하지 못하는 경우가 발생한다. 많은 일반 투자자들이 이 부분을 간과했다가 나중에 세금 혜택을 예상만큼 못 받 았다는 것을 깨닫곤 한다.

그렇다면 방법이 전혀 없는 걸까? 다행히 몇 가지 예외 조건이나 해 결책을 통해 패시브 활동의 손실을 액티브 인컴에 적용할 길이 있다.

부동산 전문인 자격 인정

만약 납세자가 세법상 '부동산 전문인(Real Estate Professional)'으로 간주되면 임대 부동산도 더 이상 패시브 활동으로 취급되지 않는다. 그렇게 되면 임대 손실에 대한 제한 규정이 사라져서, 그 손실을 다 른 일반 소득과 자유롭게 상계할 수 있게 된다. 이를 위해서는 꽤 까 다로운 요건을 충족해야 하는데, 연간 750시간 이상을 부동산 관련 업무에 종사하고, 전체 근무 시간의 절반 이상을 부동산 사업에 투자 하는 것 등이 대표적이다. 또한 해당 부동산 임대 활동에 실질적으로 참여해야 한다는 조건도 있다. 요건은 엄격하지만, 일단 한번 부동산 전문인 자격을 인정받으면 부동산 임대에서 발생한 손실을 자신의 급여나 사업 이익 등과 합산해 세금을 줄일 수 있기 때문에 고소득 전문직 종사자들도 이 자격을 얻으려고 노력하는 경우가 많다.

단기 부동산 투자 활동

부동산을 오래 보유하며 임대하기보다 단기 매매차익을 노리는 전략이다. 부동산을 구입해서 1년 이내에 리모델링 후 되팔거나 (Flipping; 플리핑), 임대를 주더라도 아주 짧게 보유하고 파는 식으로 운영하면, 해당 거래에서 발생한 손익은 임대 패시브 인컴이 아닌 자본 이득(Capital Gain) 또는 사업 소득으로 분류될 수 있다. 이렇게 단기간에 매매하면 패시브 활동으로 간주되지 않기 때문에 일반 사업 소득과 동일하게 세무 처리가 이루어져 패시브 손실 제한 규정을 피할 수 있다. 다만 1년 미만 보유한 부동산의 매매차익은 단기 양도 소득으로서 일반소득세율이 적용되고, 손실이 발생해도 다른 소득과 마음대로 합산할 수 있는 것은 아니다. 자본 손실 공제 제한 등을 고려하기 때문이다. 따라서 이 방법은 어디까지나 패시브/액티브 구분을 피하기 위한 보조적 수단으로 이해해야 한다.

사업용 부동산 활용

부동산을 남에게 임대하지 않고 자신의 본업을 위한 사업용 자산으로 쓰는 방법도 있다. 예를 들어 자신의 회사가 사용할 사무실 건물을 구입하는 경우이다. 이렇게 하면 해당 부동산은 임대 목적이 아니므로 애초에 패시브 활동으로 분류되지 않는다. 부동산 감가상각비도 임대 손실이 아니라 본인 사업의 경비로 처리되므로 액티브 인컴을 줄이는 효과를 얻게 된다. 실제로 소규모 사업을 하는 사업가가 건물을 사서 자기 사업체의 사무실로 사용하면, 임대료 지출을 아끼는 동시에 건물에 대한 감가상각비로 사업 소득을 낮추는 이점을 얻을 수 있다. 물론 임대료를 받지는 못하지만, 그만큼 자기 사업에 투자하는 셈이고, 장기적으로 보면 자산을 소유하면서 절세도 하는 효과적인 방법이다.

해외 투자자에 대한 세금 혜택

037

미국에 거주하지 않는 해외 투자자라면 자신도 부동산 관련 세금 혜택을 누릴 수 있을지 궁금할 것이다. 결론부터 말하면 기본적인 세제 혜택은 내·외국인 모두에게 공평하게 적용된다.

미국 세법은 부동산 임대 소득에 대한 과세와 공제 규정을 거주자든 비거주 외국인이든 동일하게 운영한다. 따라서 외국인 투자자라도 미국 내 부동산을 구입해 임대하면 감가상각 공제를 통해 임대소득에 대한 세금을 줄일 수 있고, 앞서 설명한 1031 동종자산교환을 활용해서 부동산 매각 시 양도소득세를 계속 이연할 수 있다. 마찬가지로 상속 시 스텝업 베이시스 혜택도 똑같이 적용되어, 자녀 세대에 양도차익에 대한 세금 없이 자산을 물려줄 수 있다. 즉 세법 조항 자체는 미국인 투자자나 한국인을 비롯한 외국인 투자자나 차별이 없다.

다만 외국인 투자자가 추가로 고려해야 할 세금이 하나 있다. 바로 미국의 상속세이다. 미국 시민권자나 거주자의 경우는 높은 상속세 면제 한도(2025년 기준 1,399만 달러)가 적용되지만, 비거주 외국인(Non-Resident Alien)의 경우 면제 한도가 불과 '6만 달러(약 8,000만 원)'에 지나지 않는다. 그 금액을 초과하는 미국 내 자산에 대해서는 최대 40%의 상속세율이 적용될 수 있다. 상당히 큰 차이일 것이다. 예를 들어 외국인이 미국에 500만 달러짜리 부동산을 보유한 채 사망하면, 상속세 면제액 6만 달러를 초과하는 494만 달러에 대해 40%에 가까운 상속세가 부과될 수 있다. 반면 미국 시민이라면 500만 달러는 상속세 면제 한도 내여서 상속세가 없었을 것이다.

이와 같이 외국인 투자자는 부동산과 관련한 세금 혜택은 동일하게 누리되, 상속세 측면에서 매우 불리하다는 점을 유의해야 한다. 다행히 일부 국가와는 미국과 본국 간 이중과세 방지 조약을 맺어 외국인도 상속세 면제 한도를 늘려주는 경우가 있으므로, 본인이 속한 국가와 미국의 조세 조약 내용을 확인해 볼 필요가 있다. 한국과 미국의 경우에는 상속세 조약이 체결되어 있어서 일정 요건 하에서는 미국 거주자와 거의 동일한 상속세 공제를 받을 수도 있다. 이러한 사전 지식 없이 자산을 이전하게 되면 자녀에게 과도한 세금 부담을 물려줄 수 있으므로, 해외 투자자는 전문적인 세무 컨설팅을 통해 상속세 플래닝에 각별히 신경써야 한다.

시간의 힘을 받는 부동산 투자

038

미국에서 임대용 부동산 투자는 그 자체로도 꾸준한 현금 수익원이지만, 여기서 한 걸음 더 나아가 세법을 잘 활용하면 세금을 크게 줄이고 그만큼 자산을 키울 수 있는 강력한 투자 수단이다. 단순히 매달 임대료를 받는 것에 만족하는 것이 아니라, 감가상각비 공제를 통한 소득세 절감, 1031 동종자산교환을 통한 양도세 이연, 상속 시 스텝업 베이시스를 통한 세금 면제 등 세제 혜택을 극대화하는 전략이 부동산 투자 성공의 핵심이라고 할 수 있다.

도널드 트럼프의 사례에서 보았듯이, 이러한 세제상의 이점을 체계적으로 활용하면 극단적으로 세금 부담을 줄일 수 있다. 사실 미국 세법에 이런 조항들이 존재하는 이유는 부동산 투자와 주택 공급을 장려하기 위한 측면도 있다. 실제로 부동산과 에너지 산업에 대한 세제 특례들은 오랫동안 유지되어 왔고, 그 덕분에 많은 부동산 투자자들이 오랜 기간 소득세를 거의 내지 않고도 부를 축적해왔다. 이는 사실 누구든지 세법이 정한 범위 내에서 부동산 투자를 통한 절세 전략을 활용할 수 있다는 의미이다.

물론 주의할 점도 있다. 세법 규정은 복잡하고 각 개인이나 법인의 상황에 따라 다르게 적용될 수 있기 때문이다. 부동산 전문인 요건이나 1031 동종자산교환 절차, 국제 조세 조약 등은 전문적인 지식이 필요한 부분이다. 그러므로 실제로 이러한 전략을 실행하기 전에는 반드시 세무 전문가와 상담하여 자신의 상황에 맞는 최적의 방안을 설계해야 한다. 제대로 이해하지 못한 상태로 실행했다가 세법 요건을 충족하지 못하면 기대했던 절세 효과를 보지 못 하거나 법적인 문제에 직면할 수도 있기 때문이다.

부동산 투자는 시간의 힘을 받는 장기적인 전략이다. 지금 적은 금액으로 시작하더라도 시간이 지나면 자산이 눈덩이처럼 불어날 수 있다. 세금으로 새어 나갈 돈을 아껴서 재투자하면 복리 효과와 맞물려 자산 증식 속도가 크게 빨라진다. 그러니 지금 자신의 상황에서 무리가 되지 않는 선에서 부동산 투자 기회를 찾아보길 바란다. 5년이나 10년 후쯤 세금 부담은 최소화되고 탄탄한 부동산 자산 포트폴리오를 가진 자신의 모습을 발견할 수 있을 것이다. 나중에 부동산 투자를 일찍 시작하지 않은 걸 후회하지 않도록, 바로 오늘부터 천천히 준비해 보는 것은 어떨까? 부동산 투자와 절세의 세계는 생각보다 가까이에서 우리를 기다리고 있다. 이 책의 독자들이 즐거운 투자 경험과 세금 절감의 혜택을 놓치지 않길 바란다.

III

생명보험과 어뉴이티(Annuity)

039

가족과 사회의 안전망
생명보험

생명보험은 가족의 경제적 안정을 위해 설계된 금융 상품이다. 보험 가입자가 보험료를 납입하면, 가입자의 사망 시 일정 금액의 사망보험금을 유족에게 지급하여 남겨진 가족의 생활을 보호한다. 수입원인 가장이 예기치 않게 세상을 떠나더라도 가족들이 경제적으로 큰 어려움에 빠지지 않도록 돕는 안전망(Safety Net)인 셈이다.

실제로 많은 사람들이 생명보험을 통해 가족 재정을 보호하고 있는데, 이는 갑작스러운 사망으로 인한 재정적 충격을 완화하고 가족의 생활 수준을 지키기 위해서이다. 생명보험금은 남겨진 가족이 생활비로 사용하거나, 주택 담보대출 상환, 자녀 교육비 등에 활용되어 가정의 기반을 지켜주는 역할을 한다. 이러한 이유로 생명보험은 흔히 가정 재정의 안전판으로 불리며, 불확실한 미래에 대비하는 핵심 수단으로 자리잡았다.

정부가 생명보험을 장려하는 이유

정부가 생명보험 가입을 장려하는 중요한 이유는 사회 안전망의 강화와 국민의 자발적인 노후 대비 때문이다. 국민들이 생명보험을 통해 스스로 가족을 보호하면, 정부 입장에서도 복지 부담을 줄일 수 있다.

이를 위해 생명보험에 대해 세법상 다양한 혜택을 제공하는데, 대표적으로 사망보험금에 대한 비과세와 적립금의 과세 이연(세금 연기)이 있다. 미국 세법에 따르면, 피보험자가 사망하면 유족이 받는 사망보험금은 원칙적으로 과세 소득에 포함되지 않아 소득세를 내지 않는다. 따라서 보험료로 적립되는 현금 가치(Cash Value)는 계약 안에서 굴러가는 동안 세금을 미뤄 주어, 세금 공제 없이 그대로 투자 수익이 붙는다. 다시 말해, 피보험자의 사망으로 가족이 수령하게 되는 보험금에는 소득세가 부과되지 않으며, 보험 적립금이 투자되어 불어나는 동안에도 세금을 당장 내지 않아도 된다.

이러한 세제 혜택 덕분에 보험 가입자는 세후 수익률을 극대화할 수 있고, 정부는 국민들의 보험 가입을 독려할 수 있는 것이다. 미국에서는 생명보험에 대한 이 같은 세금 감면 혜택을 일명 인사이드 빌드업(Inside Build-up)으로 부른다. 실제로 미국 재무부의 〈Analytical Perspectives〉에 의하면 2012년부터 2016년 사이에 생명보험에 대한 세제 혜택으로 약 1,290억 달러의 세수를 포기했는데, 이는 정부가 생명보험을 통한 가계 안정을 얼마나 정책적으로 뒷받침하는지 보여주는 사례이다.

또한 일부 국가에서는 생명보험료에 대해 세액 공제나 소득 공제 혜택을 주기도 한다. 이는 국민들이 보험을 통해 스스로 노후와 위험에 대비하도록 유도하는 장치이다. 요컨대 정부 입장에서는 지금 당장의 세금을 일정 부분 줄여주더라도, 국민들이 생명보험으로 자기 보호를 강화하면 장기적으로는 공적 부조에 대한 부담이 감소하는 효과가 있는 것이다. 생명보험은 개인에게는 안전 장치이지만, 사회 전체로 보면 복지 비용을 절감하는 투자가 된다.

생명보험의 진화

040

많은 사람이 생명보험을 비용으로만 생각하지만, 일정 유형의 생명보험은 투자 측면에서도 상당한 이점을 제공한다. 특히 현금 가치가 쌓이는 '영구형 생명보험(예: Whole Life, Universal Life 등)'은 장기적인 수익 창출과 절세를 동시에 누릴 수 있는 금융 수단이다.

예를 들어 지수형 유니버셜 보험(IUL)의 경우, 주식 시장 지수에 연동한 이자율로 적립금이 증가하는데, 현재 잠재적 이자 수익률이 연간 9~10% 수준에 달하는 상품도 있다. 물론 보험사는 보수적인 가정하에 6% 내외의 이율로 예시를 제시하지만, 이는 시장 평균에 버금가는 수익률이다. 더욱이 주식 시장에 직접 투자하는 것이 아니므로, 시장 상황이 나빠져도 원금 손실이 발생하지 않는 안정성을 갖추고 있다. 최악의 경우라 해도 이자 0%가 적용되고 원금은 남기 때문이다. 다시 말해 마켓에 직접 투자하지 않고도 마켓의 수익을 얻는 구조라고 할 수 있다.

이처럼 안정적인 수익 창출이 가능하면서도 세제상의 혜택까지 주어진다는 것이 생명보험 투자의 강점이다. 보험 적립금으로 운용한 수익에 대해 당장은 세금을 내지 않기 때문에 복리 효과가 극대화되고, 은퇴 시에 현금 가치를 인출할 때도 일정 조건하에서 비과세가 가능하다. 만약 은퇴하고 나서 매달 세금 없는 생활 자금을 보험에서 꺼내쓸 수 있다면 어떨까? 실제로 일부 생명보험 상품은 은퇴 시기에 세금을 내지 않는 월간 수입원으로 활용될 수 있음을 강조하며, 이것이 최근 몇 십 년간 생명보험, 특히 IUL의 인기를 높인 요인이라고 한다. 보장성과 수익성, 그리고 절세 효과까지 갖춘 생명보험은 이제 단순한 보장 상품을 넘어 매력적인 투자 수단으로 인식되고 있다.

사망 보장에서 생전 혜택으로

과거의 생명보험은 말 그대로 '보험'의 역할에만 충실했다. 즉 보험 가입자가 사망했을 때 남겨진 가족에게 보험금을 주는 사망 보장 기능이 핵심이었던 것이다. 이것만 놓고 보면 옛날 휴대전화가 통화만 가능했던 시절과 비슷하다. 예전의 휴대전화가 오직 전화 통화 용도였다면, 현대의 스마트폰은 통화는 물론 인터넷, 카메라, 각종 앱 등 다기능 플랫폼으로 발전했다. 생명보험도 이와 마찬가지로 다양한 역할로 진화해 온 것이다.

현대의 생명보험은 전통적인 목적인 사망 시 보험금 지급이라는 기본 기능에 더해, 가입자가 생존해 있는 동안에도 다양한 혜택을 제공한다. 적립금이 있는 영구형 생명보험은 시간이 지날수록 현금 가치가 쌓이고, 이를 나중에 은퇴 자금이나 긴급 자금으로 활용할 수 있다. 즉 보험 가입자가 살아 있는 동안에도 쓸 수 있는 돈을 만들어주는 것이다. 최근에는 중대한 질병에 걸렸을 때 치료비로 일부 보험금을 당겨쓸 수 있는 특약(Living Benefits Riders)을 포함하는 등, 보험금의 활용 범위가 생전 혜택에까지 확대되고 있다.

스마트폰이 발전하며 우리의 삶도 혁신되었듯이, 생명보험의 발전은 보험을 단순한 위험 대비 수단에서 종합 재무 도구로 탈바꿈시켰다. 과거에는 생명보험 가입 목적이 오로지 유족 보호였다면, 지금은 은퇴 자금 마련을 위해 생명보험을 드는 경우도 많아졌다. 한 보험 설계사는 이를 가리켜 "죽어서 받는 돈에서 살아서 받는 돈으로 바뀐 것"이라고 설명하기도 했다. 요컨대 현대의 생명보험은 재무 설계의 멀티 툴로서, 사망 시 가족을 지켜줄 뿐 아니라 가입자 본인의 노후까지 든든하게 지원하는 방향으로 진화하고 있다.

041

생명보험의
현금 가치 형성과 투자 옵션

생명보험을 활용한 투자를 이해하려면, 먼저 보험 내 현금 가치가 어떻게 쌓이고 운용되는지 알아야 한다. 영구형 생명보험(Permanent Life Insurance)에 가입하면 납입한 보험료의 일부는 보험사의 운영 비용과 보장 비용에 사용되고, 남은 부분이 적립되어 현금 가치로 쌓인다. 이 적립금은 보험증권 안에서 투자되어 시간이 지남에 따라 증가하게 되는데, 보험 상품의 종류에 따라 운용 방식과 투자 옵션이 다르게 나타난다. 이러한 구조 덕분에 영구형 생명보험은 단순 보장성 상품이 아니라 저축성 기능도 겸비하게 되는 것이다.

현금 가치형 생명보험에는 일반적으로 세 가지 유형이 있다. 종신 보험(Whole Life), 유니버셜 생명보험(Universal Life), 변액보험(Variable Life)이다. 그리고 여기에 지수형 유니버셜 보험(Indexed Universal Life; IUL)도 최근 많이 활용되고 있는데, IUL은 유니버셜 구조를 갖춘 생명보험이면서 이자(적립금) 계산을 주가 지수에 연동하는 보험이다.

종신보험 (Whole Life)

평생 보장을 제공하며, 보험료가 처음 가입할 때 정해진 후 변하지 않는다. 보험사는 계약할 때 미리 약속해 둔 최저 고정 이율로 적립금을 해마다 불려준다. 이 이율은 계약 기간 내내 변하지 않아 최소한의 성장 폭을 보장하는 것이다. 게다가 회사 수익이 좋으면 그 이익의 일부를 배당금(dividend) 형태로 추가 지급해 적립금이 더 빠르게 늘어나기도 한다. 가입할 때 나이가 어릴수록 평생 동일한 보험료가 낮게 책정되어 유리하며, 보험료 납입 기간을 15년 납, 20년 납처럼 단축할 수도 있지만 그만큼 월 보험료가 높아지게 된다. 종신보험은 안정적인 금리로 예측 가능한 현금 가치 성장을 얻을 수 있다는 장점이 있다. 다만 초반 몇 년간은 사업비 등이 차감되어 해지환급금(현금 가치)이 낮을 수 있으나, 시간이 길어질수록 확정 금리 효과와 복리 효과로 현금 가치가 꾸준히 쌓인다.

유니버셜 생명보험 (Universal Life)

유연한 보험료와 보장이 특징인 상품이다. 보험료와 보장 금액을 조정할 수 있고, 적립금은 보험사가 운용하여 투자 수익을 폴리시(Policy; 보험증권)에 적립해 주는 구조를 갖고 있다. 보험사는 보험료의 일부를 채권이나 대출 등 운용 자산에 투자하고, 그 운용 수익을 계약자의 적립금에 이자로 붙여준다. 이때 세법상 이자 수익에 즉시 세금이 부과되지 않으므로 적립금이 세금 걱정 없이 불어난다. 보험사는 최소한의 이자율(예: 연 2~3%)을 보증하기 때문에, 최악의 경우에도 이 정도 이율은 적용되어 적립금이 유지된다. 반대로 보험사의 운용 실적이 좋으면 그 해의 공시 이율이 올라가서 적립금에 더 높은 이익이 반영된다. 유니버셜 생명보험은 탄력적인 설계가 가능하여, 상황에 따라 보험료를 조절하거나 적립금을 활용해 보험료 납입을 중지하는 등 다양한 운용이 가능하다. 다만 이때 최소 보험료는 유지해야 보장이 지속된다는 점을 유의해야 한다.

변액보험 (Variable Life)

말 그대로 투자성이 가미된 생명보험이다. 적립금을 별도의 투자 계정(펀드)에 넣어두고 주식, 채권 등 자산에 투자하여 운용 성과에 따라 현금 가치와 사망보험금이 변동된다. 보험 계약자는 보험사가 제시하는 여러 펀드 중에 원하는 투자 옵션을 선택할 수 있고, 자신의 적립금이 어디에 투자될지 결정한다. 공격적으로 주식형 펀드에 투자하면 잠재 수익이 높아지는 대신 시장 하락 시 현금 가치가 감소할 수 있고, 보수적으로 채권형이나 고정형에 두면 안정적이지만 큰 수익은 기대하기 어렵다. 변액보험은 가입자가 투자 리스크를 부담하는 대신, 높은 투자 수익률을 노릴 수 있는 구조이다. 보험사는 변액 상품 가입자에게 투자 설명서(prospectus)를 제공하여 각 펀드의 성격을 이해시켜야 한다. 변액보험은 투자 성과에 따라 사망보험금도 증가할 수 있다는 점에서 자산 증식과 보장 강화를 동시에 도모할 수 있지만, 반대로 시장 상황이 나쁘면 원금이 감소할 위험도 있다. 따라서 가입자의 위험 선호도에 맞게 신중히 운용해야 한다.

지수형 유니버셜 보험(IUL)

지수형 유니버셜 보험은 변액보험처럼 직접 주식에 투자하는 것은 아니지만, 주가 지수(예: S&P 500 지수)의 변동에 따라 이자율을 결정하는 유니버셜 보험의 일종이다. 최저 0%의 이자율 보증이 있어서 주가 지수가 떨어진 해에도 손실이 없고, 주가 지수가 상승한 해에는 일정 한도까지만(예: 수익률 10% 상한) 이익을 적립금에 반영한다. 이를 통해 원금 보호와 주식 시장 연계 수익을 동시에 추구하는 상품으로 인기가 높다. 다만 지수형 유니버셜 보험은 보험사마다 설계 방식이나 상한선(수익 캡)이 다르므로, 장기적인 성과를 비교하여 검토해야 한다.

다양한 투자 옵션이 있는 생명보험을 잘 활용하면, 본인의 투자 성향에 맞춰 현금 가치를 불릴 전략을 세울 수 있다. 보수적 성향이라면 종신보험이나 고정형 유니버셜 생명보험으로 안정적인 금리를 추구하고, 공격적 성향이라면 변액보험을 통해 시장 수익을 추구할 수 있다. 중요한 것은 어떤 형태이든 현금 가치가 쌓이는 보험은 시간이 지날수록 그 적립금이 복리로 성장하여 상당한 규모의 자산이 될 수 있다는 점이다. 이는 향후 수동적 소득을 얻는 기반이자 비과세 은퇴 소득의 원천이 된다.

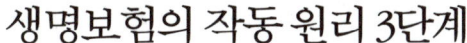

생명보험의 작동 원리 3단계

042

생명보험은 약관만 보면 복잡해 보이지만, 원리를 간단히 말하면 '밑 빠진 독에 물을 붓는' 구조로 이해하면 된다. 현금 가치를 활용한 비과세 은퇴 소득이 만들어지는 과정을 3단계로 나누어 살펴보자.

보험료 납부로 현금 가치 형성

우선 보험에 가입하면, 매년(또는 매달) 보험료를 납부한다. 이 중 일부는 위험 보장 비용(사망보험금 재원)과 보험사 운영비로 쓰이고, 남은 금액은 현금 가치로 적립된다. 이를 흔히 '밑바닥이 뚫린 바구니' 혹은 '밑 빠진 독'에 비유하는데, 매년 물(현금 가치)을 붓고 있으나 바닥으로는 보험 비용이 샌다는 뜻이다. 즉 '이 독에 얼마만큼 물이 차오르느냐'는 현금 가치를 투자해 버는 수익이 보험 유지비보다 얼마나 많은가에 달려 있다. 잘 굴려서 수익이 충분히 나오면 물이 계속 차오르지만, 그렇지 못하면 언젠가는 바닥이 날 수도 있는 구조라는 뜻이다.

현금 가치의 투자 성장

바로 이 현금 가치가 생명보험을 '가입자가 살아 있는 동안' 유용하게 만드는 핵심이다. 생명보험은 단순 저축이 아니라 투자 상품의 성격을 갖기 때문이다. 예를 들어 지수형 유니버셜 보험(IUL)의 경우, 미국 S&P 500 지수 등과 연동하여 매년 일정 수준의 수익(또는 이자)을 지급하고, 변액 유니버셜 보험(Variable Universal Life; VUL)은 현금 가치를 여러 뮤추얼펀드나 ETF 등에 직접 투자하는 것을 선택할 수 있게 해 준다. 따라서, 내가 해당 보험 상품에서 가능한 투자 옵션을 잘 활용해, 보험 유지에 필요한 비용을 뛰어넘는 평균 수익을 안정적으로 낸다면, 현금 가치는 꾸준히 성장하고 축적될 것이다. 게다가 이 수익에 대해서는 소득세가 붙지 않고, 재투자를 통해 복리 효과가 더욱 커진다. 이처럼 운용 성과가 좋을수록 밑 빠진 독에 붓는 물이 계속 초과되어 현금 가치가 갈수록 커지고, 나중에는 추가 보험료 납입 없이도 폴리시가 유지될 정도가 될 수 있다.

평생 세금 없는 현금 흐름으로 전환

이렇게 불어난 현금 가치는 '내 돈'이므로, 중도에 인출(Cash Withdrawal) 하거나 보험 대출(Policy Loan)을 통해 자금을 찾아 쓸 수 있다. 특히 대출로 꺼내면 그 금액이 소득으로 간주되지 않으므로 세금 없이 활용할 수 있는 자금이라는 것이 장점이다. 그 결과 계약자가 원하는 은퇴 시점에 마치 평생 연금처럼 매년 일정 금액을 세금 없이 받아 쓸 수 있게 된다.

예를 들어 46세 남성이 10년 동안 매년 1만 2,000달러씩 보험료를 낸다고 가정해 보자. 10년 납입 후 5년 정도 투자 성과를 쌓으면, 60세부터 매년 1만 5,627달러를 사망할 때까지 세금 없이 꺼내 쓸 수 있는 폴리시를 설계할 수 있다. 이 시나리오는 평균 약 6.71%의 투자 수익률을 전제로 하는데, 이는 S&P 500 지수의 역사적 평균(약 10% 내외)과 비교하면 충분히 달성 가능한 수치로 여겨진다. 즉 현금 가치가 꾸준히 밑 빠진 독을 메워주고도 남을 만큼 수익을 내면, 보험료 추가 납입 없이 은퇴 후 평생 비과세 현금 흐름을 누릴 수 있는 것이다.

더 나아가 매년 자신의 투자 전략을 바꾸며 포트폴리오를 조정할 수도 있다. 가령 한 해는 주식 비중을 높였다가, 다른 해는 채권형 상품으로 안전성을 높이는 것이다. 결과적으로 운용 성과가 좋으면 현금 가치는 더 빨리 불어나고, 평생 받을 수 있는 비과세 현금 흐름도 커질 수 있다. 다만 투자 운용이 부진하면 밑 빠진 독을 메워줄 수익이 부족해져서 추가 보험료 납입이 필요할 수도 있다는 점을 유념해야 한다. 하지만 장기적 시각에서 분산 투자와 복리 효과를 고려하면 평균 6~7%의 연 수익률은 충분히 노려볼 만한 목표로 평가할 수 있을 것이다.

043

생명보험의
세제 혜택과 투자 유연성

다른 투자 수단과 확연하게 비교되는 생명보험만의 장점이 있다. 생명보험의 작동 구조 덕분에 생기는 구체적인 혜택은 다음과 같다.

사망보험금은 소득세 없이 전액 상속

생명보험의 가장 큰 혜택은 사망보험금에 대한 소득세가 전혀 없다는 것이다. 피보험자가 사망하면 보험금이 수혜자(가족)에게 지급되는데, 이 금액은 어떤 이득으로도 간주되지 않기 때문에 세금이 부과되지 않는다. 500만 달러의 사망보험금을 받았다고 해도 정부가 가져가는 소득세는 0이다. 가족은 보험금을 100% 그대로 받아서 생활 자금이나 자산으로 활용할 수 있게 된다.

생명보험 신탁으로 증여·상속세까지 절감

고액 자산가들은 사망보험금이 거액일 경우 상속세를 걱정할 것이다. 미국 세법상 생명보험의 사망보험금은 소득세 과세 대상이 아니지만, 피보험자가 사망 시 보험증권에 대한 소유권(incidents of ownership)을 보유하고 있으면 그 보험금은 피보험자의 연방 과세 대상 재산에 포함되어 상속세 계산 때 합산되기 때문이다. 이 문제는 생명보험 신탁을 활용하면 해결할 수 있다. 보험 계약 자체를 ILIT(Irrevocable Life Insurance Trust; 생명보험 신탁)라는 별도 신탁이 소유하도록 설계하면, 사망보험금이 피보험자의 유산으로 간주되지 않아 상속세 대상에서 제외된다. 즉 거액의 사망보험금도 정부에 세금으로 빼앗길 걱정 없이 온전히 자녀 세대에 이전할 수 있는 것이다.

현금 가치의 투자 유연성

생명보험의 현금 가치는 다양한 투자 옵션을 가질 수 있다는 것이 큰 장점이다. 예컨대 지수형 유니버셜 보험(IUL)의 경우 현금 가치가 S&P 500 지수에 연동되어 주식 시장 상승분을 따라가는 전략을 취할 수 있다. 변액 유니버셜 보험(VUL)이라면 보험 내에서 여러 뮤추얼펀드나 ETF에 투자하도록 포트폴리오를 짜게 된다. 보수적인 성향이면 채권형 자산으로 배분해 안정성을 높이고, 공격적인 성향이면 기술주 펀드나 신흥 시장 지수 등으로 더 높은 수익을 추구할 수도 있다. 필요에 따라 투자 방향을 바꾸거나 리밸런싱할 수 있기 때문에, 생명보험은 마치 만능 투자 계좌처럼 활용 가능하다.

낮은 관리 부담과 경기 변동에 대한 탄력성

생명보험은 한번 가입해 두면 별도의 관리 노력이 거의 들지 않는다. 보험회사가 전문적으로 자산을 운용하고 사망 시 보험금을 지급하므로, 가입자는 초기에 설계만 잘 해 두면 완전한 수동적 투자가 가능하다. 또한 경제 상황에 따른 스트레스도 상대적으로 적은 편이다. 가령 주식 시장이 폭락해도 일부 상품(IUL)은 최소 0% 수익률 보증이 있어서 현금 가치가 감소하지 않도록 방어해 준다. 설령 그런 보증이 없는 상품이라 해도, 장기적으로 보면 생명보험의 투자 포트폴리오는 넓게 분산되어 있고, 시간에 따라 회복할 기회를 갖게 된다. 부동산처럼 공실이나 세입자 문제로 골치 아플 일도 없고, 매년 재산세 고지서를 받을 일도 없다. 한마디로 생명보험은 바쁜 현대인을 대신해 알아서 굴러가는 탄탄한 재무 기계라고 할 수 있다.

학자금 재정 지원에 유리

사실 생명보험은 자산 은닉의 효과도 있다. 미국에서 대학 학자금 보조(FAFSA)를 신청할 때, 부모의 자산이 많으면 지원금이 줄어든다. 그런데 생명보험의 현금 가치나 사망보험금은 FAFSA 자산 항목에 포함되지 않는다. 같은 돈을 은행 예금이나 투자 계좌에 넣어두면 대학에서 "이 집은 재산이 많네." 하고 지원금을 깎을 수 있지만, 생명보험에 넣어두면 자산으로 간주되지 않아 오히려 유리하게 작용한다. 자녀의 대학 진학을 계획하는 가정이라면 이 점을 고려해 생명보험을 재무 설계의 하나의 축으로 활용하는 방안을 추천한다.

044

부동산 vs. 생명보험 투자의 장단점 비교

패시브 인컴을 얻기 위한 대표적인 수단으로 흔히 부동산 임대와 배당·이자 수입을 떠올릴 것이다. 그런데 생명보험을 통한 투자 방법도 이에 못지 않다. 특히 부동산 투자와 생명보험을 비교해 보면, 생명보험이 일부 측면에서는 부동산보다 우선적으로 고려할 만한 장점을 지니고 있음을 알 수 있다.

초기 자본 및 접근성

부동산 투자는 상당히 많은 초기 자본이 필요하다. 다운페이먼트(down payment; 계약금)와 취득세, 각종 수수료 등을 합치면 초반부터 거액이 들어가고, 대출을 활용하더라도 향후 원리금 상환 부담이 있다. 반면 생명보험은 소액의 보험료로도 시작할 수 있고, 자신의 현금 흐름에 맞춰 조절이 가능하다는 장점이 있다. 월 수백 달러~수천 달러 단위의 납입으로도 미래 자산을 형성할 수 있어서 진입 장벽이 낮은 편이다. 또한 부동산은 원하는 매물 찾기, 거래 절차 등 복잡한 과정을 거쳐야 하지만, 보험은 비교적 간단한 가입 절차만 거치는 것으로 시작할 수 있어서 접근하기 쉽다.

유동성 (환금성)

부동산은 현금화하는 데 시간과 비용이 많이 든다. 급하게 돈이 필요해도 부동산을 매각하려면 매수자를 찾아야 하고, 시일이 걸리며, 거래 비용(중개수수료, 양도세 등)도 발생한다. 부분 매각도 어렵다. 집 한 채를 필요한 만큼만 쪼개서 팔 수는 없는 일이다. 반면 생명보험의 현금 가치는 필요한 만큼 부분 인출이 가능하고, 보험 대출을 통해 신속하게 현금화할 수 있다. 대출의 경우 신용 조회나 복잡한 심사 없이 계약자 권리로 바로 진행되기 때문에, 며칠 내로 자금 조달이 가능하다. 생명보험은 언제든 비교적 쉽게 현금으로 바꿀 수 있는 높은 유동성을 가진 자산이다.

관리 및 유지·보수를 위한 노력

부동산 임대는 능동적 관리가 요구된다. 임차인 모집, 임대료 징수, 건물 유지·보수, 세입자 교체 등 손이 가는 일이 많다. 본인이 직접 관리하지 않고 부동산 관리회사에 위탁하면 비용이 발생하고, 그럼에도 불구하고 건물 관리에 완전히 신경을 끄기란 어렵다. 공실 위험이나 임차인 문제 등의 리스크도 따른다. 반대로 생명보험은 정기적인 보험료 납입 외에는 특별히 관리할 것이 없다. 적립금 운용은 보험사가 알아서 하고, 우리는 가끔 증권을 확인하며 필요한 경우 펀드를 변경하거나 추가 납입을 하는 정도의 조정만 하면 된다. 생명보험은 '잠자는 동안에도 돈이 불어나는' 진정한 수동적 투자라고 할 수 있다.

수익률과 변동성

부동산은 지역의 경기와 시황에 따라 가격 변동성이 있다. 오를 때도 있지만 경우에 따라 하락하거나 장기간 정체되기도 한다. 임대 수익률도 지역 평균 임대 수익률에 좌우되기 마련이다. 또한 부동산은 경기가 나빠져서 공실이 되면 수익률이 0%가 될 수도 있다.

반면 생명보험의 현금 가치는 보험 종류에 따라 최소 보증 이율이 있으며, 일부 상품은 최악의 경우에도 수익 0%(손실 없음)로 바닥을 제한해 둔다. 큰 폭의 수익은 기대하기 어렵다는 인식이 있으나, 장기적으로 보면 연 5~7%대의 꾸준한 내부수익률(Internal Rate of Return; IRR)을 달성하는 사례도 있다. 내부수익률이란 투자가 실제로 얼마나 빨리 현금으로 회수, 증식되는지를 한눈에 보여주는 지표이다. 무엇보다 생명보험은 마이너스 수익이 나지 않도록 설계할 수 있다는 점에서, 안정적으로 복리 수익을 누적하는 데 유리하다.

한편 부동산에는 레버리지(대출)를 활용해 수익률을 극대화하는 전략이 있지만, 이는 동시에 위험을 키우는 일이기도 하다. 생명보험은 일반적으로 레버리지 없이 자신의 납입금 내에서 운용되므로 과도한 부채 리스크 없이 계획을 실행할 수 있다. 물론 필요하다면 보험 대출이라는 형태로 자금을 빼서 다른 투자에 활용하는 방식으로 이중 활용도 가능하다. 생명보험을 담보로 대출받아 부동산에 투자하고, 부동산 수익으로 다시 보험 대출을 상환하는 전략도 생각해볼 수 있겠다.

세금 및 비용

부동산은 취득 단계에서 취득세, 보유 단계에서 재산세와 유지비, 임대 소득에 대한 소득세, 매각 시 양도소득세 등이 발생한다. 세금 혜택으로는 임대 소득에 대해 감가상각비를 공제받아 소득세 부담을 낮추거나, 매각 시 1031 동종자산교환 제도를 이용해 양도세를 이연하는 방법이 있지만, 세법이 복잡하고 적극적으로 관리해야 한다.

생명보험은 적립금 운용 이익에 세금이 부과되지 않고, 사망보험금과 적법한 대출·인출에 세금이 붙지 않는다. 또한 보험에 가입할 때 계약세나 매년 내는 재산세 같은 것이 없고, 보험 대출 이자도 시중 금리에 비해 낮게 책정되는 경우가 많다. 결과적으로 세후 수익률 측면에서 생명보험은 부동산 투자에 비해 상당히 유리하다. 예를 들어 부동산의 투자 원금(기초 자산) 대비 연간 수익률 5%는 세금과 비용을 제하고 나면 실질 수익이 3~4%로 떨어질 수 있지만, 생명보험 적립금의 5% 증가는 세금이 유예되고 그대로 복리로 누적되므로 체감 수익률이 더 높게 느껴진다.

상속 및 자산 이전

부동산은 상속할 때 복잡한 문제들을 동반한다. 우선 부동산 평가액을 기준으로 상속세가 부과될 수 있고, 상속인 간 분할도 어렵다. 한 채의 집을 두고 상속인이 여럿일 경우 분할 상속 문제가 생기기 때문이다. 특히 외국인 투자자의 경우 미국 내 부동산을 소유하다 사망하면 외국인에 대한 상속세 면제 한도가 단지 6만 달러에 불과해서 그 이상의 자산에 대해 40%의 상속세를 내야 한다.

이에 비해 생명보험은 사망 시 글로벌 어디서나 사망보험금이 현금으로 즉시 지급되며, 앞서 설명한 대로 ILIT 설정을 통해 상속세를 면제받을 수 있는 장점이 있다. 즉, 미국 시민이나 영주권자는 해당 ILIT를 통해 면제받고, 비거주 외국인의 보험금은 미국 연방 상속세 대상이 아니다. 그렇기 때문에 미국 부동산에 투자했다가 생길 수 있는 상속세의 불이익을 피할 수 있다. 또한 생명보험금은 수혜자를 지정하여 지급되므로, 부동산처럼 유언 검증 과정을 거칠 필요 없이 신속하게 유족에게 전달된다. 유족은 그 돈으로 혹시 남은 부채를 상환하거나, 다른 자산(예: 부동산)을 상속받으며 발생하는 세금을 납부하는 데 활용할 수 있어서 상속 재원의 유동성 공급원으로도 활용된다.

부동산은 오랫동안 검증된 실물 자산 투자로서 매력이 있지만, 생명보험은 보다 손쉽고 안정적인 투자 대안이 될 수 있다. 특히 초기단계에서 큰 자본이 없거나, 리스크를 최소화하면서도 장기적으로 자산을 키우고 싶은 투자자라면 생명보험을 우선 고려하는 것이 합

부동산 vs. 생명보험 투자 비교

비교 항목	부동산 투자	생명보험 (현금 가치형)
투자 규모	- 대규모 자본 필요, 대출(모기지) 이자 부담 - 초기 진입 장벽 높음	- 매년 일정 보험료만 납부하면 시작 가능 - 소액으로도 장기 투자 가능
관리 부담	- 임대, 유지·보수, 세입자 이슈 등 일상적 관리 필요 - 공실 위험 등 리스크 상존	- 거의 없음: 보험사가 알아서 운용 - 계약자가 할 일은 연 1회 정도 체크
유동성 (현금화)	- 매각, 담보대출 절차에 시간, 비용 소요 - 급매 시 손실 가능	- 즉시 대출, 부분 인출 가능 - 과세 없이 신속 현금화 가능
세금 혜택	- 재산세, 임대소득세, 양도세 등 - 절세 가능하지만 방법이 복잡	- 사망보험금 소득세 없음 - 현금 가치의 투자 수익은 과세 이연 (인출 전까지)
상속 및 자산 이전	- 물리적 자산이라 상속 시 절차, 세금 부담이 큼 - 외국인 소유 시 상속 공제 적음	- 보험금은 즉시 현금으로 지급 - ILIT 활용 시 상속세 최소화
학자금 지원 (FAFSA)	- 부동산은 자산으로 계산되어 지원금 축소 - 자산 많으면 불리해짐	- 생명보험은 자산에서 제외 - 학자금 보조액을 더 많이 받을 수 있음

리적일 것이다. 또한 이미 부동산 투자를 하고 있는 사람도 생명보험을 함께 활용하면 포트폴리오 다각화와 세금 효율화 측면에서 큰 도움을 받을 수 있다. 부동산과 생명보험은 각각 장단점이 다르므로 배타적인 선택이라기보다 상호 보완적으로 병행하는 것이 좋을 것이다.

한국에서 미국 생명보험 가입하기

간혹 금융 세미나 등을 통해 '미국 생명보험은 투자 수익률도 높고 상속 계획에도 유리하다'는 이야기를 들은 독자가 있을 것이다. 실제로 미국에는 다양한 생명보험 상품들이 있고, 투자 기능이나 세제 혜택 면에서 매력적인 상품들이 많이 있다. 그렇다면 한국에 거주하는 독자가 미국 보험회사에서 판매하는 생명보험에 가입할 수 있을까?

결론부터 말하자면, 가능하다! 한국인이라도 일정한 절차를 따르면 미국 생명보험에 가입할 수 있는 길이 열려 있다. 다만 국내 보험에 가입하는 것보다 절차가 조금 복잡할 뿐이다. 어떤 과정이 필요한지 알고 싶은 독자들을 위해 과정을 크게 3단계로 나눠 설명하려고 한다.

라이선스를 가진 보험 전문가 만나기

우선 전문가의 도움을 받는 것이 출발점이다. 미국 생명보험에 가입하려면 이를 중개해 줄 수 있는 라이선스를 가진 보험 브로커나 재무 컨설턴트를 찾아야 한다. 한국에도 이를 도와주는 컨설턴트들이 있으나, 한국 내에서는 관련 규제로 인해 미국 보험 상품의 공개적인 마케팅이나 모집 행위에 제약이 있으므로, 미국에 소재한 라이선스 보유 전문가와 직접 상담하는 것이 바람직하다.

건강 검진과 각종 서류 준비

그 다음은 건강 검진과 서류 준비이다. 미국 보험사도 계약자를 인수할 때 건강 상태를 꼼꼼히 따진다. 그래서 가입 전에 의료 검진을 요구하는데, 이는 한국에 있는 지정 병원에서 진행하기도 하고, 경우에 따라 미국 현지에서 받기도 한다. 보험 가입 신청서와 함께 여권 사본, 한국 거주 증명 등 각종 서류도 준비해야 한다. 또한 미국 달러로 보험료를 납입해야 하기 때문에 해외 송금 또는 미국 현지 은행 계좌 개설과 같은 금융 절차도 필요하다.

계약과 공증

계약 과정에서는 주 보험법 규정에 맞춰 문서 양식과 라이선스를 확인하고, 해당 주법이 요구하는 형식으로 본인 확인과 서명 절차를 거치게 된다. 일부 보험사는 계약자 본인이 미국에 입국해서 직접 사인하도록 요구하기도 하지만, 요즘은 꼭 미국에 가지 않더라도 공증 절차를 통해 원격으로 계약을 진행하는 경우도 있다. 이 부분은 보험사마다 다르므로, 역시 전문가의 안내를 따라야 혼선이 없을 것이다.

이쯤에서 문득 궁금한 점이 생길 것이다. "굳이 복잡하게 미국 보험까지 들어야 할까?" 사실 해외 보험을 활용하는 것은 아주 일반적인 경우는 아니다. 그러나 자산 규모가 크거나 보다 다양한 투자 옵션을 원하는 이들에게는 새로운 선택지가 될 수 있다. 미국 생명보험은 상품의 설계 자유도가 높고, 거액의 사망보험금이나 다이너스티 트러스트 같은 상속 설계에 활용하기 좋다는 평가를 받는다. 또한 적립금 운용에 있어서도 글로벌 투자 기회를 살릴 수 있어서 포트폴리오 분산 효과를 누릴 수 있다.

한국에 살면서 미국 생명보험에 가입하는 것은 준비 사항도 많고 복잡한 작업이다. 그래서 이 분야에 경험이 많은 재무 설계사나 보험 전문가와 처음부터 끝까지 상의하면서 진행하는 것이 중요하다. 세법, 환율, 해외 송금 규정 등 따져볼 것이 많기 때문에 전문 지식 없이 혼자 뛰어들었다가는 어려움을 겪을 수 있기 때문이다. 하지만 전문가의 도움을 받아 체계적으로 진행한다면, 국내 보험으로는 얻기 힘든 특별한 혜택들을 누릴 수 있다. 새로운 금융 상품을 통해 자산을 국제적으로 분산하고, 더 유연한 상속 계획을 세울 기회를 잡을 수 있게 될 것이다.

046

미국 보험 상품이
한국 보험보다 유리한 점

한국에도 좋은 보험 상품들이 많지만, 미국 생명보험이 가진 강점 때문에 굳이 해외 보험을 찾아 가입하는 이들이 있다. 미국 보험이 가지는 대표적인 유리한 점은 다음과 같다.

상품 선택의 다양성

미국은 보험 산업의 역사가 길고 시장 규모가 크기 때문에 상품 종류와 선택권이 매우 다양하다. 단순 종신보험부터 변액보험, 지수연계형 보험까지 맞춤 설계가 가능하며, 고객이 자신의 재무 목표에 맞게 상품을 정교하게 고를 수 있다. 반면 한국도 변액보험 등이 있긴 하지만 미국만큼 투자 옵션이 풍부하지 않다. 미국 보험으로 자산을 운영하면 주식, 채권, 부동산 리츠 등 다양한 간접 투자 효과를 얻을 수 있어 포트폴리오 다각화 측면에서도 매우 유리하다.

높은 세제 혜택과 투자 수익 잠재력

미국 생명보험은 앞서 설명한 대로 세제 혜택(보험금 비과세, 현금 가치 과세 이연)이 커서 고액 자산가들도 추가로 활용하는 경우가 많다. 특히 401(k), IRA 같은 개인은퇴계좌들의 한도를 다 채운 뒤에도 추가로 목돈을 넣어둘 수 있는 합법적 피난처로 생명보험을 활용할 수 있다. 실제로 미국의 부유층은 세금 혜택을 최대화하기 위해 생명보험에 상당한 자금을 적립해 두고 필요할 때 인출해서 쓰는 전략을 구사한다. 한국은 보험료에 대한 세액 공제 등이 일부 있을 뿐, 미국처럼 현금 가치를 인출할 때 비과세로 활용하는 문화는 상대적으로 덜한 것이 사실이다. 미국 보험은 이러한 사적 연금 기능이 강력하고 한도도 높기 때문에 재무 설계의 유연성이 더 크다고 볼 수 있다.

글로벌 통용성과 안정성

미국 보험사는 전 세계적으로 신용도가 높고 오랜 역사를 가진 곳이 많다. 예를 들어 존 핸콕(John Hancock), 알리안츠(Allianz), 푸르덴셜(Prudential) 등의 회사는 100년이 넘는 역사와 막강한 자본력을 바탕으로 보험금 지급 능력이 매우 높다. 미국 달러화 자산으로 운영된다는 점도 글로벌 투자자에게는 안전판이 될 것이다. 달러로 적립된 현금 가치는 환율 변동에 따라 가치가 변할 수 있지만, 이를 통해 자산이 한 국가에 국한되지 않는 글로벌 분산 효과와 통화 헤지(hedge) 효과를 얻을 수 있다. 반면 한국 보험사는 자산을 원화로 운영하므로 자산의 글로벌 분산 측면에서는 한계가 있다.

높은 보험금 한도와 유연한 설계

미국은 거대한 보험 시장답게 보험금 규모의 한도가 매우 높고 유연하다. 수백만 달러 이상의 거액 보장도 비교적 쉽게 설정할 수 있으며, 필요에 따라 한 사람이 여러 개의 폴리시를 조합해 설계하는 것도 일반적이다. 한국에서는 개인 보험금이 일정 금액 이상으로 높아지면 인수 심사가 까다로워지지만, 미국은 소득 대비 적정선만 맞으면 거액의 보험 가입도 수용되는 편이다. 또한 보험 계약 대출이나 부분 해지, 연장 정기보험 전환 등 다양한 옵션 조항들을 계약에 넣을 수 있어 설계의 자유도가 높다. 이를 통해 가입자의 상황 변화에 탄력적으로 대응할 수 있다는 큰 장점이 있다.

과거에 생명보험은 유족을 위한 보장성 상품이라는 인식이 강했지만, 요즘은 투자와 절세로까지 쓰임새가 확장되었다. 기본적인 가족 보호 기능은 물론이고, 현금 가치를 운용해 평생 비과세 소득을 마련할 수 있는 강력한 재무 도구가 된 것이다. 무엇보다 사망보험금에 대한 세금 면제와 현금 가치 운용 시 과세 이연이라는 제도적 혜택 때문에 일반적인 투자 상품들에 비해 절세 효과가 탁월하다.

궁극적으로 생명보험은 죽어서만 이익인 상품이 아니라, 살아 있는 동안에도 경제적 자유를 제공하는 열쇠가 될 수 있다. 불확실성이 커지는 경제 환경 속에서, 가족을 위한 든든한 보장과 나의 노후를 위한 평생 비과세 소득이라는 두 마리 토끼를 함께 잡고 싶다면, 지금이야말로 생명보험을 다시금 주목해 볼 시점이다.

047

100세까지 소득이 지속되는
어뉴이티

1990년대 초 MIT 공학도 출신의 재무 관리사 윌리엄 벤젠(William Bengen)은 다음과 같은 고민에 빠졌다. "은퇴 후 100세까지 자산이 지속되려면 어떻게 해야 할까?" 당시로서는 뾰족한 해답을 찾기 어려웠지만, 그는 자신의 공학자적 분석 능력을 살려 과거 수십 년간 (거의 100년에 가까운)의 금융 시장 데이터를 직접 조사하기 시작했다. 마침내 1994년 그는 방대한 역사적 시장 데이터를 회귀 분석한 끝에 한 가지 간명한 원칙을 제시했다.

4% 법칙의 탄생과 한계

은퇴 시점의 자산에서 첫 해에 4%를 인출하고, 이후 해마다 인플레이션만큼 인출액을 증가시키면, 통상 30년간 자산을 고갈시키지 않고 운용할 수 있다는 내용이었다. 이 '4% 법칙'의 등장은 은퇴자들에게 자신의 자산을 얼마나 인출하며 쓸 것인지에 대한 명확한 가이드라인을 제시했다는 점에서 당시로서는 혁신적인 일이었다. 많은 금융 전문가들과 은퇴자들이 이 법칙을 참고하여, 마치 월급 타 쓰듯 자산의 4%씩을 인출하며 노후 생활비로 사용하는 전략을 활용하게 되었다.

하지만 4% 법칙이 만능은 아니라는 점도 곧 드러났다. 이 법칙에는 몇 가지 현실적인 한계와 위험 요소가 존재했는데, 그 내용은 다음과 같다.

시장 변동성 리스크

역사적 평균에 근거한 4% 법칙이라 해도, 막상 은퇴 직후에 심각한 시장 폭락이나 경기 침체가 오면 계획이 크게 어그러질 수 있다. 포트폴리오가 크게 감소한 상태에서 동일한 인출을 이어가면 자산이 고갈될 위험이 급격히 높아지기 때문이다. 즉 '시퀀스 리스크(수익률 순서 위험)'에 취약하다. 은퇴 직전이나 직후에 몇 해 동안 수익률이 나쁜 순서로 나타나면 같은 평균 수익률이어도 자산 고갈이 빨라질 위험이 있는 것이다. 평균 수익률이 동일하더라도 수익률의 순서가 바뀌는 것만으로도 포트폴리오의 생존이 갈린다는 점이 시퀀스 리스크의 본질이다.

장수 리스크

지금으로부터 거의 40년 전에 만들어진 4% 법칙은 주로 30년 가량의 은퇴 기간을 가정한 것이다. 그런데 예상보다 훨씬 오래, 이를테면 은퇴 후 35년, 40년 이상 살 경우 초기 계획으로는 충분하지 않을 수 있다. 한 연구에서는 초기 자산의 4%를 고정 인출하는 전통적인 방법이 오히려 자금을 다 써버릴 위험을 높일 수 있다고 지적한다. 요컨대 평균 수명보다 더 오래 살 경우 자산 고갈 가능성을 무시할 수 없다는 것이다.

관리의 복잡성과 한계

매년 4%를 인출하는 것이 단순해 보이지만, 실제로는 해마다 인플레이션율을 반영해 인출 금액을 다시 계산하고 포트폴리오를 조정하는 등 손이 많이 가는 방식이다. 또 시장 상황을 전혀 반영하지 않았기 때문에 경기 호황기에는 불필요하게 적게 쓰거나, 불황기에는 너무 많이 인출하게 될 수도 있다. 무엇보다 이 법칙이 현실에서 100% 보장되는 규칙은 아니라는 점이다. 실제로 윌리엄 벤젠의 연구에서도 90% 수준의 성공 확률이 언급되었는데, 그렇다면 이것은 10명 중 1명은 자금이 바닥날 수 있음을 뜻한다. 그뿐 아니라 투자 상품의 수수료나 세금 등에 따라 결과가 달라질 수 있다는 한계도 있다.

이처럼 4% 법칙은 은퇴 자산 인출 전략의 출발점으로는 유용하지만, 절대적인 안전 장치가 아니라는 사실을 유념해야 한다. 특히 장기간에 걸친 시장 변동성과 예상 수명 이상의 장수를 모두 포괄하기에는 한계가 있기 때문에, 이를 보완할 수 있는 추가적인 대책을 함께 고려하는 것이 현명하다.

어뉴이티가 필요한 이유

그렇다면 4% 법칙의 약점을 보완할 방법은 무엇일까? 많은 전문가들이 그 해법 중 하나로 '어뉴이티(Annuity)'를 권장한다. 어뉴이티는 보험회사가 제공하는 금융 상품으로, 일정 금액을 일시에 맡기면 평생 또는 일정 기간 동안 정해진 금액을 지급받는 구조이다. 내 자산의 일부를 보험사에 맡기는 대가로 죽을 때까지 매달 혹은 매년 안정적인 현금 흐름을 약속받는 것이라 할 수 있다. 어뉴이티가 4% 인출 전략의 대안으로 거론되는 이유는 앞서 언급한 시장 변동성 리스크와 장수 리스크를 효과적으로 해결해 주는 특성 때문이다.

평생 지속되는 소득 보장

어뉴이티는 보험사가 계약자의 수명이 다할 때까지 약정된 금액을 지급할 것을 보장한다. 따라서 설령 100세 넘게 장수하더라도 소득이 끊길 걱정이 없어진다. 4% 법칙처럼 자산이 언제 소진될지 노심초사할 필요 없이, 평생 지급이라는 약속 덕분에 장수 리스크를 원천 제거할 수 있다.

시장과 무관한 안정성

어뉴이티의 연금 지급은 계약으로 확정된 것이므로, 매년 주식 시장이나 경기 변동과 무관하게 동일한 지급이 이루어진다. 은퇴 후 경기 침체나 금융 위기가 오더라도 어뉴이티에서 나오는 생활비만큼은 타격을 받지 않으므로, 시장 변동성에 대한 걱정을 상당 부분 덜어주는 안전판이 된다. 다시 말해 어뉴이티는 4% 인출 전략에 노출된 시장 위험과 수익률 변동의 불안을 대신 떠안아 주는 도구인 것이다.

이 두 가지 점만 보더라도 어뉴이티가 왜 은퇴자들에게 매력적인지 알 수 있다. 4% 법칙이 스스로 자산을 운용하며 리스크를 부담해야 하는 전략이라면, 어뉴이티는 그 리스크를 보험사에 넘기고 확정된 소득을 받는 구조이다. 물론 그 대가로 목돈을 맡기고 투자 수익의 일부를 포기하는 셈이지만, 예측 불가능한 수명과 시장 환경에 대해 '소득 보장'이라는 형태로 보험을 들어놓는 것이라고 볼 수 있다. 특히 노후 자산을 스스로 운용하기 번거롭거나 시장 하락기에 생활비 감소를 견딜 자신이 없다면, 어뉴이티가 든든한 해결책이 되어 줄 것이다. 결국 은퇴 생활에서 어뉴이티는 '내가 관리하지 않아도 되는 평생 월급 통장'을 하나 개설하는 것과 비슷한 의미를 지닌다.

어뉴이티의 주요 유형과 특징

048

어뉴이티라고 모두 같은 것은 아니다. 목적과 설계에 따라 여러 유형의 어뉴이티 상품이 있으며, 각기 장단점과 역할이 조금씩 다르다. 일반적으로 고정형 어뉴이티, 변동형 어뉴이티, 인덱스형 어뉴이티, 인플레이션 연동형 어뉴이티의 네 가지로 분류할 수 있다. 하나씩 그 특징과 기능을 살펴보도록 하자.

고정형 어뉴이티

가장 단순한 형태로, 고객의 예치금에 보험회사가 약정한 고정 이율로 이자를 불려서 정해진 지급액을 약속한다. 마치 예금이나 정기예탁금처럼 원금과 일정 이자를 보장받는 셈이다. 원금 손실의 위험이 거의 없고 안정적이라서 보수적인 투자자에게 적합하다. 하지만 고정형 어뉴이티는 인플레이션에 취약하다는 단점이 있다. 즉 일반적인 고정

미국 자산관리 성공전략

형 어뉴이티는 물가 상승에 대한 보호 기능이 없어서 시간이 지날수록 지급액의 실질 가치가 떨어질 수 있다. 일부 상품의 경우 추가 비용을 내고 인플레이션 연동 옵션을 붙이면 지급액을 물가에 맞춰 증액할 수 있지만, 기본적으로는 '정해진 금액'을 꾸준히 받는 구조이다.

변동형 어뉴이티

납입한 돈을 펀드 같은 투자 상품에 넣어 운영하기 때문에 수익률에 따라 연금 지급액이 변동된다. 보험회사가 일정 수준의 최소 지급을 보장하기도 하지만, 최종적인 지급액은 가입자의 투자 선택과 시장 성과에 달려 있다. 투자 경험이 있고 위험을 감내하며 더 높은 수익을 추구하는 투자자에게 적합한 상품이다. 시장 상황에 따라 연금 지급액이 올라갈 수도 있지만, 그만큼 손실 위험도 감안해야 한다.

인덱스형 어뉴이티 (지수 연동형 어뉴이티)

고정형과 변동형의 중간 성격을 가진 하이브리드 상품이다. 납입금을 보험사가 운용하되, 주가 지수 등의 시장 지표에 연동하여 추가 수익을 얻을 기회를 제공한다. 다만 투자 손실로부터 보호해 주기 위해 최소 이율이나 원금 보장을 함께 설정해 둔다. 인덱스형 어뉴이티는 원금은 보호하면서도 주식 시장이 상승하는 경우 일부 수익을 확보할 수 있는 상품이다. 다만 시장 상승 시 얻을 수 있는 이익에 상한선이 있어서 폭발적인 강세장의 과실을 전부 누리지는 못하고, 구조가 조금 복잡할 수 있다.

인플레이션 연동형 어뉴이티

물가 상승에 대비해 연금 지급액이 매년 인플레이션에 맞춰 증가하도록 설계된 어뉴이티이다. 마치 물가 연동 채권처럼 생활비의 실질 구매력을 평생 보장받는 효과가 있다. 일부 즉시연금 어뉴이티 상품에는 향후 인플레이션율에 따라 지급금을 증가시키는 옵션도 있다. 초기에 받는 금액은 동일한 조건의 일반 어뉴이티보다 적지만, 대신 살아 있는 한 물가 상승분만큼 지급액이 불어나기 때문에 고령에 접어들어서도 생활 수준을 유지하는 데 도움이 된다. 다만 이런 상품들은 보험료(가입 비용)가 더 비싸거나 초기 연금액이 낮아지는 트레이드오프(trade-off)가 있으며, 상품 자체가 많지 않은 편이다.

인플레이션 연동형 어뉴이티는 물가 상승 위험을 크게 우려하는 은퇴자나, 매우 긴 은퇴 생활을 예상하는 경우에 고려해 볼 만하다. 특히 젊은 나이에 은퇴해서 30년 이상 은퇴 생활을 해야 하는 사람이라면 인플레이션에 노출되는 기간이 길기 때문에 이 상품이 유용할 수 있다. 반대로 은퇴 시기에 일시적으로 물가가 높고 이후 안정될 것으로 전망된다면 이 옵션이 없더라도 실제 생활에 큰 지장이 없을 수도 있다. 중요한 것은 자신의 은퇴 기간과 물가에 대한 전망을 고려해 필요한 경우 어뉴이티 포트폴리오에 인플레이션 연동형 상품을 섞어두는 것이다. 이렇게 하면 어뉴이티 포트폴리오 내에서 고정형은 안정적인 기본 소득을, 인플레이션 연동형은 미래의 구매력 보전을 담당하는 식으로 역할을 분담할 수 있다.

어뉴이티의 수익성을 보는 관점

049

어뉴이티에 대해 흔히 제기되는 우려 중 하나는 "수익성이 너무 낮은 게 아닌가?" 하는 점이다. 예를 들어 목돈을 어뉴이티에 넣으면 상대적으로 보수적인 수익률이 나오는 경우가 많은데, 이를 두고 "적극적인 투자로 더 높은 수익률을 올릴 수도 있을 텐데 왜 굳이 어뉴이티를 들어야 하지?"라는 말을 하기도 한다. 또한 "나는 자산이 충분하니 굳이 어뉴이티 같은 것 없어도 늙어 죽을 때까지 쓸 돈이 있다."고 자신하는 이들도 있다.

이러한 시각은 어뉴이티의 본질적 가치에 대한 이해 부족에서 생기는 것이다. 어뉴이티는 투자 상품이라기보다 보험 상품이다. 다시 말해, 높은 수익을 올리기 위한 것이라기보다 인생의 위험, 즉 장수, 시장 변동 등에 대비해 안정된 현금을 얻기 위한 것이다. 따라서 어뉴이티를 평가할 때 단순히 '내가 낸 돈에 대비해 얼마나 돌려받나'

하는 점만 볼 것이 아니라, 그 안정성으로 인해 얻는 심리적, 재무적 혜택을 함께 고려해야 한다.

많은 은퇴자들의 가장 큰 걱정은 "혹시 내가 90세, 100세까지 살게 되면 돈이 모자라지 않을까?" 하는 것이다. 현재 자산이 충분해 보여도 예상 수명보다 훨씬 오래 살거나 의료비 등 큰 지출이 생기면 자산이 고갈될 수 있다는 두려움이 있기 때문이다. 실제로도 상당수의 은퇴자들이 자신의 은퇴 자금이 평생 가지 못할 것 같다고 느낀다는 조사 결과가 있다.

이때 어뉴이티는 장수 리스크를 막을 수 있는 유일한 수단으로 꼽힌다. 앞으로 남은 수명을 알 수 없는 상황에서는 보험사의 큰 풀(pool)에서 돌려받는 방식만이 평생 소득의 보장을 확약할 수 있기 때문이다. 내가 맡긴 돈 이상의 금액을 오래도록 받게 될 수도 있는데, 그 부분은 일찍 세상을 떠난 다른 가입자들의 잔여 재원이 쓰이는 것이다. 그러므로 개인으로서는 장수해도 걱정이 없고, 보험사는 여러 가입자들 간의 상호 부조 원리로 운영할 수 있다.

반면 어뉴이티가 없다면 개인 자산을 보수적으로 운용하며 조금씩 꺼내 쓰는 수밖에 없는데, 이 경우 아무리 안전한 채권에 투자하더라도 본인이 오래 살면 결국 원금까지 모두 소진할 수밖에 없다. DPL 파이낸셜 파트너스의 창립자 겸 CEO인 데이비드 라우(David Lau)는 "어뉴이티는 보험회사의 거대한 채권 사다리(bond ladder)를 내 것으로 만들어, 일반 채권 투자보다 훨씬 오랫동안 소득을 지급받을 수 있게 해 준다."고 설명한다. 요컨대 어뉴이티는 동일 자산으로 생성할 수 있는 인출액을 극대화해 준다는 것이다. 일반 포트폴리오라면 언젠가 바닥날 돈인데, 어뉴이티를 활용하면 생애 끝까지 소득이 나오도록 만들어주니 '효율적인 소득 수단'인 셈이다.

어뉴이티가 주는 심리적 안정감 역시 무시할 수 없다. 은퇴 후 자산을 직접 굴리면서 시장 상황에 일희일비하면 소비를 제대로 못 하거나, 반대로 과신하고 쓰다가 곤란을 겪을 수 있다. 어뉴이티를 활용하면 매달 들어오는 생활비가 보장되므로 마음 놓고 은퇴 생활을 즐길 수 있는 심리적 여유가 생긴다. 실제로 연금 수입이 있는 은퇴자들이 더 행복감을 느끼고, 은퇴 생활에 자신감을 보인다는 조사 결과도 있다. 어뉴이티는 과소 지출을 막아주고, 과소비를 제어해 주는 역할을 하면서 금전 이상의 혜택을 제공한다. 결국 어뉴이티의 가치는 단순히 금융적 수익률에만 있는 것이 아니라, 내 노후 자금에 '절대 실패하지 않는 버팀목'이 하나 생긴다는 점에 있다. 평생 지속되는 소득과 거기서 비롯되는 마음의 평화, 그리고 자산 운용의 효율성 등을 두루 고려해야 어뉴이티의 진짜 가치를 이해할 수 있다.

물론 어뉴이티가 만능 전략은 아니다. 여기에도 단점은 있다. 한 번 어뉴이티로 들어간 자금은 유동성이 떨어지고, 물가가 크게 오르면 초기 계약의 실질 가치가 낮아질 수도 있으며, 보험사의 지급 능력에 의존해야 하는 등 고려할 사항이 있다. 또한 어뉴이티 상품에 따라 수수료나 사업비가 높을 수도 있다. 따라서 은퇴 포트폴리오의 일부로 어뉴이티를 활용하되, 다양한 자산과 소득원 간에 적절히 조화를 이루는 것이 중요하다.

어뉴이티와 투자 포트폴리오의 조화

050

어뉴이티와 다른 투자 자산을 어떻게 조화롭게 구성할 수 있을까? 어뉴이티의 가장 큰 미덕은 기본 현금 흐름을 확보해 준다는 점이다. 이를 토대로 나머지 자산을 운용하면 훨씬 안정적인 동시에 성장 잠재력도 키우는 포트폴리오를 구축할 수 있다.

많은 재무 설계 전문가들은 이를 두고 "바닥을 깔아두고 그 위에 상승 여력을 쌓는다(floor-and-upside strategy)"고 표현한다. 쉽게 말해 국민연금, 퇴직연금처럼 매달 일정액을 확정적으로 지급해 생활비를 책임지는 '기본 소득 자산'이 바닥을 받쳐주면, 그 위에 주식, 부동산, 펀드 등 성장 자산을 보다 공격적으로 운용할 수 있다는 뜻이다. 구체적으로 어떻게 조화가 이루어지는지 몇 가지 측면에서 알아보자.

생활비의 '바닥(floor)' 확보

어뉴이티는 사회보장연금이나 기업·공적 퇴직연금 등과 함께 최소한의 고정 생활비를 책임지는 바닥층 소득을 형성한다. 이 바닥이 탄탄하면 설령 경기 침체로 투자 자산이 일시적으로 부진해도 생계에 지장이 없기 때문에 은퇴 생활의 기본 안정감이 높아진다.

남은 자산의 공격적 운용

필수 생활비가 어뉴이티로 충당되면, 보유하고 있는 다른 금융 자산(주식, 부동산 등)에 대해서는 더 높은 위험을 감수할 여력이 생긴다. 포트폴리오의 주식 비중을 높이거나 성장 자산에 투자할 수 있는데, 이는 장기적으로 더 높은 수익을 낼 잠재력을 갖게 해 준다. 어뉴이티가 없다면 보수적으로 운용했을 자산을 좀 더 과감히 굴려볼 수 있는 것이다. 실제로 어뉴이티나 기타 확정 소득(graranteed income), 예컨대 사회보장연금, 기업 연금이 있는 사람은 그렇지 않은 사람보다 투자 포트폴리오에서 성장 자산을 좀 더 과감하게 운용하는 경향이 있다는 분석이 있다. 그만큼 연금이 심리적 안전판 역할을 해 주는 것이다.

시장의 역풍을 견디는 힘

투자 포트폴리오에 어뉴이티라는 안전 장치가 있으면, 시장 변동에 대한 대응이 유연해지게 된다. 가령 주식 시장이 폭락해도 당장 생활비는 어뉴이티에서 나오니 불필요한 저가 매도를 하지 않을 수 있고, 오히려 시장이 회복될 때까지 버틸 시간을 벌어주는 효과가 있다. 이는 은퇴 초반 시퀀스 리스크(166쪽 참조)를 줄이는 데도 도움이 된다. 확정 소득이 없는 경우 시장 상황이 나쁠 때 생활비를 위해 어쩔 수 없이 자산을 팔아야 하지만, 확정 소득이 있으면 그런 인출 압박에서 자유로워지기 때문이다.

여유 자산의 상속 및 활용

어뉴이티로 기본 생활비를 충당할 수 있으면 결과적으로 다른 자산을 건드리지 않고 남겨둘 수 있는 기간이 늘어난다. 만약 투자 성과가 좋아서 자산이 크게 불어나면 그만큼 상속으로 남길 재산이 커질 것이다. 의료비나 자녀의 결혼 등 목돈 지출이 필요할 때 자금을 투입할 여력도 생긴다. 이처럼 어뉴이티 기반 포트폴리오는 안정성과 유연성, 성장 가능성의 균형을 맞추는 데 매우 유리하다.

어뉴이티를 활용한 포트폴리오는 '안정적인 현금 흐름+성장형 투자'의 투 트랙으로 굴러간다. 어뉴이티가 바닥을 단단히 받쳐주므로 나머지 자산은 흔들림 속에서도 장기 성장 전략을 펼칠 수 있다. 이는 은퇴 생활을 영위하면서도 자산을 불려 나갈 수 있는 잠재력을 주며, 결과적으로 은퇴 자금의 수명 연장과 여유로운 노후에 기여한다. 물론 개인의 위험 성향과 재정 상황에 따라 그 조합의 비율은 달라지겠지만, 원리는 동일하다. '어뉴이티로 안정, 투자로 성장'이라는 큰 그림 아래 자신의 맞춤형 전략을 세우면 된다.

051

어뉴이티의 상속 옵션

어뉴이티에 돈을 맡기려다 보면 한 가지 걱정이 생길 수 있다. "만약 내가 어뉴이티를 시작하고 얼마 안 되어서 죽으면, 남은 돈은 어떻게 되지? 보험사가 다 가져가는 건가?" 하는 우려이다.

전통적인 종신연금은 가입자가 오래 살 위험을 보험사가 대신 감수하는 구조이므로, 가입자가 일찍 사망하면 그만큼 보험사가 이득을 보게 된다. 그래서 어뉴이티에 가입했다가 혜택도 못 보고 죽으면 손해라는 인식이 있는 것도 사실이다.

하지만 이런 불안감 때문에 어뉴이티 가입을 망설일 필요는 없다. 대부분의 어뉴이티 상품에는 상속인을 위한 옵션들이 마련되어 있기 때문이다. 계약할 때 약간의 연금액을 포기하는 대신, 사망 시 남은 재원을 가족에게 남길 수 있도록 설계하는 것이 가능하다. 대표적인 방식을 소개하면 다음과 같다.

확정 기간 옵션

'○년 보장' 형태로 불리는 옵션이다. 예를 들어 10년 확정 어뉴이티로 설정하면, 연금 지급이 10년간 보장된다. 이 말은 만약 어뉴이티를 시작하고 가입자가 3년째에 사망하더라도 남은 7년간은 유족에게 연금이 계속 지급된다는 의미이다. 보장 기간 중에 사망했을 때 남은 기간의 연금액을 한꺼번에 현재 가치로 지급하거나, 남은 기간 동안 계속 지급하는 형태가 있다. 이 옵션을 붙이면 동일한 조건의 순수 종신형보다 연금액이 조금 줄어들지만, 일정 기간 이내 조기 사망 시 가족을 위한 재정 보장을 확보할 수 있다. 가족력으로 보아 수명에 대한 불확실성이 크다고 느끼는 경우 고려해 볼 만한 옵션이다.

원금 상환 옵션

가입자가 일찍 사망하면 보험사가 이익을 보는 구조를 상쇄하기 위해, 최소한 가입자가 낸 원금만큼은 돌려준다는 약속을 추가할 수도 있다. 이를 '원금 보장형(Cash Refund)'이라고 부른다. 예를 들어 종신 연금에 원금 보장 조항을 넣으면, 가입자가 사망할 때까지 받은 연금 총액이 처음 맡긴 원금에 못 미칠 경우 그 차액을 일시에 상속인에게 지급한다. 즉 내가 낸 돈에 비해 손해는 보지 않게 해 주겠다는 것이다. 이 옵션 역시 가입자가 받을 연금액은 약간 깎이지만, 일찍 세상을 떠나도 그 돈이 허공에 사라지지 않고 가족에게 가게 된다. 다만 이미 연금으로 받은 금액만큼은 제외하고 남은 부분만 돌려주는 것이므로, 연금을 오래 받다가 사망하면 돌려줄 금액이 없을 수도 있다. 여기에는 변형된 형태로 일부 이자를 더 붙여 환급해 주는 옵션도 있다.

이와 같은 상속 옵션들을 활용하면 어뉴이티에 가입했다가 일찍 죽으면 손해라는 걱정을 상당 부분 덜 수 있다. 물론 그만큼 연금 지급액이 줄어드는 트레이드오프가 있기 때문에, 나의 건강 상태나 가족력, 상속에 대한 의지 등을 종합적으로 고려해 결정해야 한다. 가족에게 재산을 조금이라도 더 남기는 것이 중요하다면 이런 옵션이 붙은 어뉴이티를 선택하고, 반대로 나의 평생 소득의 최적화가 우선이라면 순수 종신형으로 최대 연금을 받는 전략을 택할 수도 있다.

또한 배우자가 있는 경우, 부부 공동 어뉴이티(Joint Life Annuity) 형태로 계약하여 두 사람이 모두 사망할 때까지 연금을 지급받는 방법도 있다. 한 사람이 먼저 사망해도 생존 배우자가 평생 연금을 이어받을 수 있으므로, 부부 중 긴 수명을 가진 쪽까지 소득이 보장된다.

이처럼 어뉴이티 상품은 설정하는 방식에 따라 사망 이후의 재정 처우를 다양하게 조절할 수 있으므로, 가입할 때 본인과 가족의 상황을 잘 따져보고 결정해야 한다.

052

어뉴이티를 활용한
은퇴 소득 설계

이제 어뉴이티에 대해 설명한 개념들을 하나로 모아, 어뉴이티를 활용한 은퇴 소득 전략을 세워보려고 한다. 은퇴를 앞둔 65세 남성을 모델로 삼아 어뉴이티 설계 과정과 투자 포트폴리오를 예상해 보자.

65세 남성의 어뉴이티 설계

홍길동 씨(65세)는 퇴직을 앞두고 총 100만 달러의 은퇴 자산을 모아 두었다. 그는 사회보장연금으로 매달 약 2,000달러를 수령할 예정이지만, 은퇴 후 필요한 생활비를 월 4,000달러로 예상하고 있다. 은퇴 생활 초기에 여유를 두고 싶어서 여행 등 취미 생활도 계획하고 있기 때문이다. 사회보장연금만으로는 계획보다 매달 2,000달러가 부족한 상황이어서, 홍 씨는 부족한 생활비 2,000달러를 안정적으로 마련하는 것을 최우선 과제로 삼고 있다. 동시에 남은 자산은 가능하다면 투자를 통해 자산을 불릴 기회를 가지면서 앞으로 의료비 등 혹시 모를 큰 지출에 대비하고 싶다는 바람도 있다.

홍 씨는 우선 100만 달러 중 50만 달러를 사용해 즉시연금 상품에 가입하기로 했다. 보험사를 여러 곳 비교한 결과, 50만 달러로 가입했을 때 평생 월 2,000달러를 지급해 주는 조건의 어뉴이티를 선택했다. 이는 본인의 기대 수명과 현재 금리 등을 감안한 결과였다. 홍 씨는 만일의 상황을 대비해 '10년 확정' 옵션을 붙여 계약했다. 그래서 만약 본인이 75세 이전, 즉 연금 개시 후 10년 이내에 사망하면 남은 기간의 연금액이 배우자에게 지급되도록 했다. 이로써 홍 씨는 매월 '2,000달러(어뉴이티)+2,000달러(사회보장연금)=총 4,000달러'의 고정 소득을 평생 확보하게 되었다. 이 4,000달러는 시장 상황이나 수명과 무관하게 보장된 생활비이다. 이제 홍 씨 부부의 기본적인 생활비는 절대로 끊길 일이 없게 된 것이다.

이제 남은 50만 달러가 홍길동 씨의 자산 포트폴리오로 남았다. 홍 씨는 이 돈을 이전보다 더 공격적으로 투자하기로 결정했다. 연금으로 기본 생활비는 해결되니, 나머지 50만 달러는 여유 자금 성격이 강해졌기 때문이다. 그는 금융 전문가의 도움을 받아 50만 달러 중 40만 달러는 주식형 펀드와 ETF 등에 투자해 장기 성장을 노리기로 했다. 나머지 10만 달러는 현금성 자산이나 단기 채권에 두어 예기치 못한 큰 지출이나 2~3년치 추가 생활비 예비용으로 확보해 두었다.

주식 시장의 등락에 따라 투자 자산의 가치가 변동하더라도, '어뉴이티+사회보장연금'으로 기본 생활비는 나오고 있으므로, 홍 씨는 비교적 차분하게 투자에 임할 수 있게 되었다. 은퇴 후 초기 몇 년간은 증시 상황이 좋지 않아 투자 포트폴리오 평가액이 줄어들 수도 있지만, 홍 씨의 생활은 전혀 흔들림이 없었다. 필요한 생활비는 연금으로 충당되고, 시장 침체기에 연금 외에는 추가 인출을 하지 않았기 때문에 훗날 시장이 회복될 때까지 투자 자산이 잘 유지될 수 있었기 때문이다.

10년 후 상황

75세가 넘어서자 홍 씨의 투자 자산은 경기 회복과 함께 초기 50만 달러 수준을 회복했고 이후로도 꾸준히 성장했다. 어뉴이티와 사회보장연금으로 생활에 부족함이 없다 보니, 투자 자산에서 나오는 배당금이나 이자는 고스란히 재투자되거나 추가적인 여행 자금으로 활용되었다. 80대에 접어든 홍 씨는 자신과 아내의 건강 상태를 보아 가며 투자 자산의 일부를 써서 고급 요양 시설에 들어갔지만, 여전히 연금 덕분에 매달 생활비는 걱정 없는 상태이다.

만약 그가 어뉴이티를 활용하지 않고 100만 달러 전부를 투자 운용하며 4%씩 인출하는 전략을 썼다면, 은퇴 초반에 시장이 침체되었을 때 자산을 많이 깎아먹고 불안에 시달렸을지도 모른다. 그러나 어뉴이티를 통해 안정적으로 현금 흐름을 확보하는 한편, 나머지 자산을 공격적인 투자로 병행하는 전략 덕분에 홍 씨는 안정과 성장의 두 마리 토끼를 모두 잡으며 은퇴 생활을 보낼 수 있었다. 또한 말년에는 본인이 쓰고도 남은 투자 자산을 자녀들에게 상속으로 남겨줄 수도 있었다.

이 사례에서 보듯, 어뉴이티를 활용하면 은퇴 생활의 기반 안정성이 크게 높아진다. 그리고 그 안정성을 바탕으로 나머지 자산을 보다 효율적으로 운용할 수 있게 된다. 결국 핵심은 연금으로 필요 생활비를 해결하고, 투자 자산은 성장을 위한 여유 자산으로 굴린다는 전략이다. 사람마다 어뉴이티에 할애할 금액이나 투자 성향의 차이가 있겠지만, 이 기본 원리는 모든 은퇴 설계에 응용될 수 있다. 특히 고령일수록, 그리고 자산 규모에 비해 지출 불확실성이 클수록 어뉴이티 활용 전략이 주는 마음의 평화와 재정 안전망의 가치는 더욱 커질 것이다.

어뉴이티의 가치
평생 마르지 않는 현금 흐름

053

어뉴이티는 높은 투자 수익을 노리는 상품이 아니라, 평생 동안 안정적인 현금 흐름을 보장받기 위한 도구이다. 1990년대에 탄생한 4% 인출 법칙은 은퇴 재정 전략에 큰 혁신을 가져왔지만, 오늘날의 장기화된 수명과 불확실한 시장 환경 속에서는 한계가 있었다. 어뉴이티는 이러한 빈틈을 메워주는 안전망 역할을 훌륭하게 수행할 수 있다. 사회보장연금(국민연금)과 함께 어뉴이티를 적절히 활용하면, 은퇴 생활에 필요한 기본 생활비를 평생 커버하는 든든한 현금 흐름 기반을 마련할 수 있다. 이렇게 기본이 탄탄하면 남은 자산을 어떻게 운용하든 최악의 상황에도 생활 자체는 안전할 것이다.

어뉴이티에 돈을 넣는다는 것은 현재 자산의 일부를 포기하는 것처럼 느껴질 수 있지만, 그 대가로 미래의 불안을 크게 덜어내는 것이다. 특히 예상보다 장수하게 될 경우에 대한 보험을 들어두는 것이고, 시장 상황이 나쁠 때도 내 손에 들어올 월급을 하나 확보해 두는 것이다. 젊었을 때 보험에 돈을 납입하듯이, 은퇴 시점에는 내 자산에 대한 보험(guarantee)을 들어놓는 셈이다. 이런 관점에서 보면 어뉴이티는 은퇴 후 돈 걱정을 줄여주는 현명한 선택임을 알게 될 것이다.

물론 모든 자금을 어뉴이티에 넣을 필요는 없다. 어뉴이티와 투자, 현금성 자산을 적절히 배분하여 자신만의 밸런스를 찾는 것이 중요하다. 하지만 사회보장연금 등으로 충분하지 않은 필수 생활비 부분만큼은 어뉴이티를 통해 안정적으로 마련해 두는 것을 권장한다. 그렇게 해 두면 인생 90세, 100세까지도 경제적으로 든든한 버팀목을 확보하게 되는 것이고, 그 위에서 남은 자산을 운용하며 노후를 즐기면 된다.

마지막으로 강조하고 싶은 것은 은퇴 설계의 궁극적인 목표는 '자신이 원하는 삶을 안정적으로 영위하는 것'이지, 숫자상의 최대 수익을 내는 것이 아니라는 점이다. 그런 의미에서 어뉴이티는 내 삶의 질을 지키는 안전 장치로서 큰 가치를 갖는다. 남은 평생 동안 월급처럼 들어오는 연금 소득이 있다면, 은퇴 후에도 마음 편히 내가 하고 싶은 일을 하며 보낼 자유를 누릴 수 있을 것이다. 돈이 주는 자유를 극대화하는 데에 연금만큼 확실한 방법도 드물지 않을까? 은퇴를 앞두고 있다면, 지금부터 어뉴이티에 대해 진지하게 고민해 보기를 권한다. 평생토록 이어지는 안심 소득원을 손에 넣는 것은 앞으로 찾아올 수십 년의 노후에 대비하는 최고의 선물이 될 것이다.

IV

개인과 사업체를 위한
개인은퇴계좌(IRA)

미국 사회보장제도의
한계와 개인은퇴계좌의 역할

054

미국의 사회보장제도(Social Security)는 오랜 기간 국민 은퇴 소득의 기본 안전망 역할을 해왔지만, 은퇴 후 생활비 전체를 감당하기에는 역부족인 것이 사실이다. 일반적으로 사회보장연금은 은퇴 전 소득의 약 40% 정도만 대체하는데, 재무 전문가들은 은퇴 생활에는 은퇴 전 소득의 70~80% 정도가 필요하다고 본다. 특히 소득 수준이 높을수록 사회보장연금이 대체해 주는 비율이 더욱 낮아져서 이것만으로는 원하는 생활 수준을 유지하기가 어렵다.

더욱이 인구 고령화로 인해 사회보장기금의 재정 부담이 커지면서, 미래에 연금 지급액이 줄어들 가능성도 제기되고 있다. 제도가 현재대로 유지된다면 2030년대 중반쯤에는 연금 지급액이 현재의 약 75% 수준으로 삭감될 수 있다는 전망이 나온다. 이는 지금의 젊은 세대가 나중에 더 많은 세금을 내면서도 오히려 더 적은 연금을 받을 수 있음을 의미한다.

　이런 배경에서 정부 주도 연금만으로는 노후를 대비하기에 한계가 있음이 분명하므로, 개인이 직접 은퇴 자금을 마련할 필요성이 점점 커지고 있다. 이를 위해 미국 정부는 국민과 기업이 자발적으로 은퇴 저축을 늘릴 수 있도록 다양한 세제 혜택을 제공하고 있다. 은퇴 저축에 대한 세금 우대 조치를 통해, 국민들이 현재 소득의 일부를 노후 자금으로 비축하도록 유도하는 것이다.

　뿐만 아니라 정부는 사업체가 직원들을 위한 '개인은퇴계좌(Individual Retirement Account; IRA)'를 제공하도록 장려하고 있다. 이를 통해 기업과 근로자가 함께 혜택을 받도록 설계하는 것이다. 사업체 입장에서는 직원을 위한 은퇴 저축 지원금이 세법상 비용으로 처리되어 세금 공제를 받을 수 있고, 직원은 추가적인 은퇴 자금을 마련할 수 있어서 고용주와 근로자 모두에게 유리한 구조가 만들어진다. 이렇듯 미국의 개인은퇴계좌 제도는 단순한 개인 저축 차원을 넘어, 기업과 개인이 함께 참여하는 형태로 운영된다는 점이 특징이다.

개인은퇴계좌의 세금 혜택

미국의 소득세는 총소득에서 법정 공제 항목을 뺀 과세 소득(순소득)에 세율을 적용해 산출된다. 결국 세금을 줄이기 위해서는 과세 소득 자체를 낮추는 게 핵심이다. 이를 위한 방법은 크게 두 가지로, 첫째는 버는 돈 자체(총소득)를 줄이는 것이고, 둘째는 공제 가능한 지출을 늘려서 신고 소득에서 뺄 금액을 키우는 것이다. 현실적으로 보면 첫 번째 방법은 의도적으로 실행하기 어렵기 때문에, 주로 공제 항목을 확대해서 과세 대상 소득을 낮추는 전략이 일반화되어 있다.

그런데 개인은퇴계좌는 이 두 가지 절세 전략을 동시에 실현할 수 있다. 개인은퇴계좌에 불입하는 금액은 '조정 후 총소득(Adjusted Gross Income; AGI)'을 낮추는 특별 공제로 인정되고, 계좌 내에 발생하는 투자 소득에 대한 과세는 연기되거나 면제된다. 즉 동일한 소득이라도 개인은퇴계좌를 활용하면 과세 소득이 크게 줄어들고, 미래의 세금 부담 시기도 조절할 수 있다. 이런 식으로 개인과 기업이 함께 세제 혜택을 누리면서 노후 자금을 마련하도록 설계된 것이 바로 개인은퇴계좌이다.

미국의 개인은퇴계좌는 세금 처리 시기에 따라 크게 트래디셔널(Traditional)형과 로스(Roth)형으로 구분된다. 트래디셔널형은 세전 소득으로 불입한다. 월급에서 세금을 떼기 전에 계좌로 옮기므로 해당 연도의 과세 소득이 줄어들어 소득세 절감 효과가 있다. 이에 비해 로스형은 세금을 먼저 내고 나서 세후 소득을 사용하여 불입한다. 트래디셔널형은 나중에 은퇴 후 계좌에서 돈을 인출할 때 세금을 내고, 로스형은 이미 세금을 낸 자금이기 때문에 이후 자금 운용 수익이나 은퇴 후 인출할 때 세금을 내지 않는다. 어떤 형태의 계좌를 선택할지는 개인의 현재 소득 수준, 향후 세율 전망, 그리고 은퇴 시점의 재정 상태 등에 따라 결정하면 된다.

사회보장제도만으로는 부족한 은퇴 자금을 개인이 직접 마련해야 한다는 점은 이제 대부분 공감하는 현실이다. 다행히 미국 정부는 이런 필요성을 인지하고, 각종 개인은퇴계좌에 세제 혜택을 부여해 은퇴 저축을 적극적으로 장려하고 있다. 잘 설계된 개인은퇴계좌는 현재의 소득세 부담을 줄이면서 미래를 위한 자금을 모으는 방법이 될 수 있어서 일거양득의 전략이라고 할 수 있다.

앞으로도 정부 정책과 자신의 재무 상황을 수시로 점검하면서, 세금 혜택을 동반한 은퇴 저축 전략을 꾸준히 실행해 나가는 것이 안정된 노후 생활의 열쇠이다. 이어지는 글에서는 미국의 대표적인 개인은퇴계좌 9가지를 소개하고, 각각의 특징, 운영 방식, 세제 혜택과 활용법을 살펴본다.

TIP BOX

미국의 대표적인 개인은퇴계좌

1. **트래디셔널 IRA**(Traditional IRA): 전통적인 세전 불입형 개인은퇴계좌
2. **로스 IRA**(Roth IRA): 세후 불입형 개인은퇴계좌
3. **401(k)**: 확정기여형 직장 연금
4. **솔로 401(k)**: 1인 사업자용 401(k)
5. **SEP IRA**: 간이 직원 연금 제도
6. **SIMPLE IRA/SIMPLE 401(k)**: 소규모 기업용 간이 IRA/401(k)
7. **Defined Benefit Plan**(DB 플랜): 확정급여형 연금 제도
8. **HSA**: 건강저축계좌. 은퇴계좌는 아니지만 노후 의료비 준비에 유용.
9. **529 플랜**: 교육비 목적 계좌이지만 세제 혜택에서 유사성을 보임.

055

미국 개인은퇴계좌 정보 1
트래디셔널 IRA

개념

트래디셔널 IRA(Traditional IRA)는 세전 불입형 개인은퇴계좌이다. 개인이 은행이나 증권사 등 금융 기관에 개설하여 은퇴 자금을 적립할 수 있다. 여기서 '전통적(Traditional)'이라는 명칭은 세법상 '불입시 공제, 인출 시 과세'되는 형태를 가리킨다. 이 제도는 1974년에 근로 소득이 있는 사람들이 별도로 은퇴 저축을 할 수 있도록 도입되었다.

불입 한도

불입 한도는 비교적 낮은 편이다. 2025년 기준으로 연 7,000달러 또는 근로 소득액 중 적은 쪽이 한도이며, 50세 이상은 추가로 1,000달러의 캐치업(catch-up; 추가 불입)이 허용되어 연 8,000달러까지 불입할 수 있다. 그런데 이 한도는 트래디셔널 IRA와 로스 IRA를 합해 적용되는 금액이다.

트래디셔널 IRA 불입을 위한 자격 요건은 근로 소득(earned income)이 있어야 한다는 것뿐이다. 2019년 이전까지는 70½세 이하여야 한다는 제약이 있었으나 현재는 나이 제한 없이 불입 가능하다. 소득이 없는 배우자를 위해 '배우자 IRA(Spousal IRA)' 불입도 허용된다.

세제 혜택

불입 단계에서 납세자는 트래디셔널 IRA에 불입한 금액에 대해 세금 공제를 받을 수 있다. 다만 본인이나 배우자가 401(k) 같은 직장 연금에 참여 중이면, 소득 수준에 따라 공제 가능 여부가 제한된다. 2025년 기준으로 직장 연금 가입자가 있는 경우, 조정 후 총소득(AGI)이 일정 금액을 넘으면 IRA 불입액이 전액 또는 일부만 공제된다. 이 제한 범위는 매년 미국 국세청(IRS)이 발표하는데, 공제를 받을 수 있는 경우에는 IRA 불입액 전체가 과세 소득에서 차감된다. 예를 들어 트래디셔널 IRA로 7,000달러를 불입하면, AGI가 7,000달러 낮아져서 과세 소득과 세금이 줄어드는 효과가 있는 것이다. 공제를 받지 못 하더라도 트래디셔널 IRA 불입 자체는 가능하며, 이 때는 비공제(non-deductible) IRA로 간주되어 나중에 계좌 내에서 투자 운용하여 얻은 수익에 대해서만 과세된다. 원금 부분은 인출할 때 면세 처리되는데, 이때 양도성 예금으로 본인이 기여한 원금을 추적해야 한다.

운용 단계에서는 트래디셔널 IRA 계좌 내 투자에 대한 이자, 배당, 시세 차익 등에 과세가 이연된다. 매년 해야 하는 세금 보고에 IRA 계좌 내 운용 이익을 반영할 필요가 없으므로, 세금 없이 복리 투자가 가능해진다.

인출 단계에서는 59½세 이후 인출하는 금액은 전액 일반소득으로 과세된다. 세율은 인출 시점의 소득세율을 따르게 된다. 59½세 이전에 인출하면 10%의 조기 인출 페널티가 부과되는데, 공제받지 않은 원금 인출 등 일부 예외 상황(첫 주택 구입 시 1만 달러, 교육비, 의료비 등)에 한해 페널티가 면제될 수 있다.

트래디셔널 IRA는 '필수 인출(Required Minimum Distribution; RMD)' 규정이 적용된다. 현행법상 73세부터, 2033년 이후는 75세부터 매년 IRS가 정한 최소 금액 이상을 인출해야 한다. 이를 지키지 않으면 미인출액에 벌과금이 부과된다. RMD는 개인은퇴계좌의 자금을 무기한으로 세금 없이 두지 못하게 하기 위한 장치이다.

투자 옵션

IRA는 개인 계좌이므로, 계좌를 보유한 금융 기관에서 제공하는 거의 모든 투자 상품에 자유롭게 투자할 수 있다. 은행 보통예금, 정기예금, 주식, 채권, 뮤추얼펀드, ETF, 심지어 부동산펀드도 가능하다. 그러나 IRA 자산으로는 일부 예외적인 상황을 제외하면 부동산 직접 거래가 금지되어 있고, 또한 IRA 자산을 담보로 차입하는 것도 불가능하다.

장점

① 세액 공제를 통한 절세 효과 : 자격 요건만 충족되면 불입 시점에 즉각적인 소득세 절감이 가능하다.

② 과세 이연과 투자 성장 : 운용 수익에 세금이 붙지 않아, 과세 계좌에 대비하여 더 빠른 자산 증식이 가능하다.

③ 개인적 통제와 유연성 : 고용주의 개입 없이 개인이 직접 개설하고 관리하기 때문에 투자 선택의 폭이 넓다.

④ 쉬운 개설 : 금융 기관에서 간편하게 개설할 수 있으며, 소득만 있으면 누구나 가입 가능하다.

⑤ 롤오버(Rollover; 전환) 수용 : 직장에서 운용하던 401(k)를 IRA로 전환하거나, 기존의 다른 IRA 계좌들과 합쳐서 운용할 수 있기 때문에 은퇴 자금의 허브(Hub) 역할을 한다.

단점

① 낮은 불입 한도 : 연 7,000~8,000달러 수준의 불입 한도가 있기 때문에 고액 자산 형성에는 한계가 있다. 투자를 위해 다른 수단을 병행해야 할 필요가 있다.

② 공제 제한 : 소득이 높고 직장 연금이 있으면 세금 공제 혜택을 못 받을 수 있다. 이 경우 세제 혜택은 자금 운용 이익의 과세 이연에 한정된다.

③ 인출 제약 : 은퇴 전에 인출하면 세금과 페널티가 부과되어 중도 사용이 어려우므로 유동성이 낮다.

④ RMD 부담 : 고령에는 원치 않아도 돈을 인출해야 하므로, 세금 계획이 필요하다. 로스 IRA와 달리 사망 전까지 계좌 내에 돈을 계속 보유하는 것이 불가능하다.

⑤ 과세 부담 : 이연된 세금이 결국 인출할 때 한꺼번에 과세되므로, 은퇴 후에도 상당한 세금 부담이 발생할 수 있다. 다만 은퇴 후에 소득이 낮아지면 세율이 낮아지는 이점은 기대할 수 있다.

적합한 대상

트래디셔널 IRA는 직장 연금이 없는 자영업자나 소규모 기업 직원, 또는 추가로 노후 자금을 마련하려는 근로자 모두에게 기본적인 은퇴 저축 수단이 된다. 특히 현재 소득세율이 높아서 세금 부담을 줄이고 싶은 경우, 그리고 은퇴 후 소득이 줄어들 것으로 예상되는 경우에 유리하다. 또한 직장 퇴사 후 401(k) 자금을 옮겨 관리하기 위한 계좌로도 많이 활용된다.

056

미국 개인은퇴계좌 정보 2
로스 IRA

개념

로스 IRA(Roth IRA)는 1997년 세제 개혁으로 도입된 IRA의 한 형태로, '세후 불입, 비과세 인출' 구조를 가진 개인은퇴계좌이다. 불입 시점에 세금 공제를 받지 않는 대신, 계좌 내 운용 수익과 인출금에 과세되지 않는다. 로스라는 명칭은 입법 주도자인 상원의원 윌리엄 로스(William Roth)의 이름을 따서 지어졌다.

불입 한도

로스 IRA의 불입 한도는 트래디셔널 IRA와 합산 적용되며, 금액은 동일하다. 2025년 기준으로 연 7,000달러, 50세 이상은 연 8,000달러까지 불입할 수 있다. 그러나 로스 IRA는 트래디셔널 IRA와 달리 소득 제한이 있다. 로스 IRA에 불입하려면 납세자의 MAGI(Modified

AGI)가 일정 수준 이하여야 한다. MAGI는 조정 후 총 소득(AGI)을 정부 기준에 맞게 조정(modify)한 값으로 주로 세액 공제나 IRA 불입 자격을 판정하는 기준으로 사용된다. 2025년 기준으로 한 해 소득이 개인의 경우 16만 1,000달러(부부 합산 24만 달러) 이상이면 로스 IRA를 전액 불입할 수 없다. 이 소득 기준에 가까워질수록 불입할 수 있는 금액이 점점 줄어들고, 일정 수준을 넘으면 아예 불입이 불가능해지는 것이다. 이러한 소득 제한 때문에 고소득자는 직접적인 로스 IRA 신규 불입이 차단되지만, '백도어 로스(Backdoor Roth)'라 불리는 우회 전략으로 이용하는 경우도 있다. 백도어 로스는 세후 돈으로 비공제 트래디셔널 IRA에 불입한 뒤 곧바로 로스 IRA로 전환해 고소득자도 로스 IRA의 비과세 성장, RMD 면제 혜택을 누리는 우회 전략이다.

세제 혜택

불입 단계에서 로스 IRA의 불입액은 세법상 어떠한 공제도 없다. 전액을 세후 소득으로 불입하기 때문이다. 이는 현재의 세금 부담을 감소시키지 않음을 의미한다.

운용 단계에서는 계좌 내 투자 수익에 대해 과세가 이연될 뿐 아니라, 일정 요건을 충족하면 영구 면제될 수도 있다. 즉 로스 IRA 자금 운용으로 인해 발생한 이익에 대해서는 매년 세금이 없고, 나중에 계좌에서 인출할 때도 과세되지 않는다.

인출 단계에서 적격 인출(Qualified Distribution) 조건을 만족하면 인출금 전액이 비과세된다. 그 조건은 첫째, 첫 번째 불입 후 5년이 경과할 것, 둘째, 가입자가 59½세에 도달할 것이다. 다만 사망이나 장애, 주택 구입 시에는 예외가 인정된다. 이 요건을 갖추면 원금뿐 아니라 운용 이익도 세금 없이 인출 가능하다. 비적격 인출의 경우, 운용 이익 부분에 한해서 세금 및 10%의 페널티가 적용된다.

특징

로스 IRA는 계좌 보유자의 생존 기간 동안 RMD 규정이 없다. 즉, 원한다면 평생 인출하지 않고 둘 수도 있다. 이 점이 트래디셔널 IRA와 큰 차이이며, 자산을 더욱 장기간 성장시킬 수 있게 해 준다.

또한 원금(contribution)에 대한 인출 규제가 없다는 독특한 장점 때문에 로스 IRA에 불입한 원금은 언제든, 어떤 목적으로든, 세금과 페널티 없이 인출할 수 있다. 이는 이미 세금 납부를 마친 돈이기 때문에 제한을 두지 않는 것이다. 다만 이렇게 인출한 원금을 다시 재납입(redeposit)할 수는 없으며, 연간 불입 한도 내에서만 신규 불입이 가능하다.

투자 옵션

트래디셔널 IRA와 동일하게 로스 IRA도 다양한 투자 상품에 투자할 수 있다. 두 종류 모두 IRA이므로 운용상의 제약은 유사하며, 차이는 세금 처리뿐이다.

장점

① 미래 수령액 비과세 : 은퇴 후 계좌에서 인출할 때 세금을 전혀 내지 않으므로, 세후 실수령액 측면에서 유리하다. 특히 은퇴 후에도 일정 수준 이상의 소득이 있거나 세율이 오를 경우, 세금 없이 돈을 쓸 수 있다는 장점이 크다.

② RMD 없음 : 강제 인출 규정이 없어서 원한다면 70대, 80대에도 계속 세금 없이 운용할 수 있다. 필요하지 않으면 안 써도 되므로 상속 계획에서도 유연성이 높다.

③ 원금 인출의 유연성 : 비상 시에 자신이 불입한 원금은 언제든 찾아 쓸 수 있다. 일종의 최후의 긴급 자금 역할을 할 수 있는 셈이지만, 웬만하면 그대로 두는 것이 좋다.

④ 세제의 다양성 : 은퇴 자산 포트폴리오 내에 과세 계좌, 세금 연기형(트래디셔널 IRA), 세금 면제형(로스 IRA)을 고르게 보유하면, 미래에 자금을 인출해야 할 때 세금 상황에 맞춰 선택할 수 있다. 그중에서도 로스 IRA는 매우 가치 있는 옵션으로, 세금 영향을 걱정하지 않고 인출 규모를 조절할 수 있다.

⑤ 상속에 유리 : 계좌 소유자 사후에 상속인에게 이전되면, 상속인은 10년 내에 인출 규정에 따라 RMD를 해야 한다. 하지만 소유자 생전에는 RMD가 없고, 상속인도 인출할 때 세금은 없으므로 상속 재산으로 매우 효율적이다.

단점

① 현재 세금 부담 : 불입액에 대한 소득세를 이미 납부한 후이므로, 동일한 금액을 저축하려면 세후 소득이 더 많이 필요하다. 예를 들어 22% 세율을 적용받는 납세자가 7,000달러를 로스 IRA에 넣으려면 7,000달러 전액이 세후 돈이어야 하는데, 이는 세전 금액으로 약 8,974달러가 된다. 반면 트래디셔널 IRA는 정확히 7,000달러를 세전 소득으로 충당할 수 있다.

② 소득 제한으로 인한 가입 장벽 : 고소득자는 직접적으로 로스 IRA 불입을 할 수 없기 때문에 번거로운 우회 절차(백도어 전환)를 거쳐야 한다. 이에 따른 세무 신고가 복잡해질 수 있다.

③ 즉각적인 혜택 부재 : 현재로서는 세금 공제가 없기 때문에, 일부 납세자는 심리적인 면이나 현금 흐름 측면에서 덜 매력적으로 느낄 수 있다. 특히 세율이 높고 현금 여력이 부족한 경우 트래디셔널 IRA를 선호할 수 있다.

④ 정책 리스크 : 법 제도가 변경되어 먼 미래에 로스 IRA 인출에도 과세를 하게 될 가능성을 완전히 배제할 수는 없다. 다만 이는 추측에 불과하며, 현행법상으로는 완전 비과세가 보장된다.

적합한 대상

현재 상대적으로 낮은 세율 구간에 있고, 앞으로 소득이 증가하거나 세율이 높아질 것으로 예상되는 젊은 근로자에게 적합하다. 또한 은퇴 후 상당한 연금 소득이나 기타 소득으로 인해 세율이 유지될 고액 자산가들도 미래의 세금 부담을 줄이기 위해 로스 IRA를 활용한다. 세금을 미리 내고, 자금을 마음 편히 운용하고자 하는 사람들이 선호하는 것이다.

또한 은퇴 후에 많은 금액을 과세 없이 인출해서 쓰고 싶은 경우 (예: 집 구매, 사업 투자 등 큰 지출)에도 로스 IRA 자금이 있으면 세금 폭탄을 피할 수 있다. 상속을 염두에 두고, 자녀에게 세금 없는 유산으로 남기기를 원하는 경우에도 로스 IRA는 유용한 선택이 될 것이다.

057

미국 개인은퇴계좌 정보 3
401(k)

개념

401(k)는 미국 기업들이 직원들에게 제공하는 대표적인 '확정기여형(Defined Contribution; DC) 직장 연금'이다. 고용주가 스폰서가 되어 직원들이 급여의 일부를 트래디셔널 혹은 로스 형태로 적립할 수 있도록 하는 제도이다. 401(k)라는 명칭은 세법(IRC) 401조 k항에서 유래되었다. 1980년대 이후 빠르게 확산되어, 현재 민간 부문의 표준적인 은퇴 플랜으로 자리잡았다.

불입 구조

직원은 자신의 급여에서 일부를 이 연금 계좌로 이연(salary deferral)한다. 트래디셔널 401(k)의 경우 세전 급여에서 공제되어 불입되고, 로스 401(k)의 경우 세후 급여에서 공제된다. 불입 비율은 보통 급여의 몇 %로 지정하며, 한도 내에서 자유롭게 설정과 변경이 가능하다.

고용주 기여 측면을 살펴보면 많은 기업들에서 직원 불입액의 일정 비율을 회사에서 추가로 적립해 준다. 이를 '매칭(matching)'이라고 한다. 예를 들어 '6%까지 50% 매칭'이라고 하면, 직원이 급여의 6% 이상을 불입하면 회사는 3%(6의 50%)를 지원해 주는 것이다. 방금 예시처럼 '6%까지 50% 매칭' 혹은 '4~5%까지 100% 매칭'이 흔히 볼 수 있는 구조이다. 미국 기업들의 평균 매칭 수준은 급여의 4~6% 정도로 집계된다. 매칭 외에도 기업은 선택적으로 이윤 분배 (profit-sharing) 형태의 추가 기여를 할 수 있다. 그리고 세이프 하버 (Safe Harbor) 401(k)의 경우, 고용주가 의무적으로 매칭을 제공해야 하는 플랜인데, 결과적으로 모든 직원에게 동일한 고정 비율로 기여가 이루어진다.

불입 한도

401(k)는 세법상 연간 불입 한도가 높게 설정되어 있다. 2025년 기준으로 직원 개인이 트래디셔널 또는 로스 형태로 불입할 수 있는 한도는 연 2만 3,500달러이다. 50세 이상은 7,500달러의 추가 불입이 허용되어 총 3만 1,000달러까지 가능하다. 이 한도는 개인당 한도이므로, 한 사람이 여러 직장에서 401(k)를 가질 경우 모두 합산 적용된다.

직원 불입과 고용주 불입을 합친 총 불입 한도는 별도로 존재한다. 2025년의 경우 7만 6,000달러(50세 이상은 8만 3,500달러)까지 한 계좌에 넣을 수 있다. 여기에는 직원의 트래디셔널/로스 불입과 고용주의 매칭/기여, 그리고 직원이 '사후 세후 불입(after-tax contribution)'하는 것까지 모두 포함된다.

참고로 401(k)의 사후 세후 불입은 개인 한도 금액까지 모두 넣고 난 뒤, 이미 세금을 낸 돈을 추가로 납입하는 방식이다. 불입할 때는 별도의 세금 혜택이 없지만, 같은 해 안에 그 금액을 플랜 내 로스 계좌로 전환하거나 로스 IRA로 롤오버하면 이후 운용 수익이 전부 비과세로 성장할 수 있다. 이를 최대한 활용한 전략이 '메가 백도어 로스(Mega Backdoor Roth)'이다. 먼저 사후 세후 불입으로 연간 총 불입 한도까지 돈을 채운 뒤 곧바로 로스 계좌로 옮겨 버리는 방식으로, 이렇게 하면 직원 개인 한도를 훨씬 넘어서는 자금을 한 번에 로스로 이전해 고소득자도 대규모 비과세 성장 자산을 마련할 수 있다. 다만 이 절차가 가능한지 여부는 회사의 401(k) 플랜 문서에서 사후 세후 불입과 롤오버를 허용하는지 미리 확인해야 한다.

투자 및 운용

401(k)는 고용주가 선정한 금융 기관을 통해 관리·운영된다. 직원은 해당 플랫폼 내에서 제시된 투자 선택지를 고르게 된다. 일반적으로 10~30개의 뮤추얼 펀드(주식형, 채권형, TDF 등)가 제공되며, 그 중에서 배분을 결정한다. 계좌 내 운용 수익은 모두 세금 이연 또는 면제되는데, 가입 유형에 따라 트래디셔널 부분은 이연, 로스 부분은 면제된다.

세제 혜택

직원의 세전 불입액(트래디셔널 부분)은 그 해 근로 소득에서 제외되어 과세되지 않는다. W-2 임금명세서에도 과세 대상 임금에서 빠지게 된다. 결과적으로 AGI와 과세 소득을 줄여서 소득세를 절약하게 되는 것이다. 또한 급여 공제 방식이므로 연말 정산 때까지 기다릴 필요 없이 즉시 매월 원천 징수되는 세금이 줄어들면서 순급여가 결정된다.

직원의 세후 불입액(로스 부분)은 현재 시점에 과세된다. 그 대신 별도로 구분된 계좌에서 운용되고, 향후 인출할 때 비과세된다. 이는 로스 IRA와 동일한 원리이다.

고용주 기여분은 매칭이든 비매칭이든, 직원 입장에서는 전액 세전 금액으로 계좌에 들어가게 된다. 고용주 기여는 세법상 직원의 소득이 아니므로, 불입 시점에 과세하지 않는 것이다. 로스 401(k)의 경우도 고용주 기여분은 트래디셔널 부분으로 처리된다. 로스형에는 매칭 제도가 없기 때문에 고용주 기여분은 나중에 과세될 트래디셔널 몫으로 적립되는 것이다.

운용 단계에서는 IRA와 마찬가지로, 401(k) 계좌 내 투자는 매년 과세가 이연된다. 가입자가 59½세가 된 후 인출할 때, 트래디셔널 부분은 과세, 로스 부분은 비과세된다. 직장에서 퇴직하지 않고 중도 인출을 하는 것은 제한되며, 일반적으로 퇴직하거나 또는 59½세 이후에 인출 가능하다. 하지만 가입자가 재직 중에 59½세를 넘으면 퇴직 전 인출(In-service withdrawal)이 허용되는 경우도 있다.

대출 및 인출 규정을 보면, 401(k)는 제한적이나마 대출 기능이 있다. 규정상 최대 5만 달러 또는 계좌 잔액의 50% 중에서 적은 금액에 준하여 대출이 가능하며, 5년 내에 원리금을 상환해야 한다. 상환할 때는 자신의 계좌로 상환하므로 이자도 자기 계좌로 지급된다. 다만 이자 납입은 세후 돈으로 하며, 미상환 시에는 인출로 간주되어 세금과 페널티가 발생한다. 정말 급한 개인적 사정이 있을 때 예외적으로 돈을 인출할 수 있는 하드십 인출(hardship withdrawal) 제도도 있다. 의료비나 주택 구입 등 규정된 사유에 한해 허용되는데, 이는 필요한 자금만큼 세금, 벌금을 감수하고 인출하는 제도이다.

401(k)에도 강제 인출 규정이 적용된다. 보유자는 73세 이후부터는 최소 인출을 해야 한다. 단 그때까지도 현직으로 근무 중인 경우, 그 직장의 401(k)에 대해서는 RMD가 유예된다. 하지만 회사 지분을 5% 초과하여 소유하고 있는 오너급 인력에 대해서는 나이와 무관하게 RMD 유예가 주어지지 않는다. 로스 401(k) 계좌는 원칙적으로 RMD 대상이지만, 많은 은퇴자들이 퇴직 후에 로스 IRA로 롤오버하여 RMD를 회피한다.

장점

① 높은 적립 한도 : 401(k)의 적립 한도는 연 2만 달러 이상으로, IRA보다 훨씬 많은 저축이 가능하다. 401(k)를 적극 활용하면 은퇴 자산 축적이 빨라질 수 있다.

② 고용주 매칭 : 직장에서 매칭을 제공할 경우, 즉각적으로 50~100%

의 수익을 올리는 것과 같다. 이는 직원 보상의 일부로 매우 가치 있는 혜택이며, 이 제도 덕분에 저축 효과는 배가된다.

③ 자동 저축의 편의 : 급여 공제를 통해 강제 저축을 하므로, 일단 401(k)를 설정하면 직장에 다니는 동안 매월 자동으로 적립된다. 개인의 저축 의지에 좌우되지 않고 지속성을 확보할 수 있다.

④ 세금 혜택 : 트래디셔널형은 세전 불입으로 당장의 세금을 줄여주고, 로스형을 선택할 경우 미래의 비과세 자금을 마련할 수 있어서 세금 측면에서 융통성이 매우 크다.

⑤ 자산 보호 : ERISA* 법에 따라 401(k) 자산은 개인 파산 시 채권자 압류로부터 강한 보호를 받게 된다. IRA도 주별로 보호가 되긴 하지만, 401(k)는 연방법에 의해 거의 절대적인 보호를 받을 수 있다.

⑥ 급여세(payroll tax) 절감 : 401(k)를 고용주를 통해 세전 불입하게 되면, 연방 및 주 소득세뿐 아니라, FICA(사회보장 부담금)의 과세 기반도 줄여준다. 즉, 급여 중 401(k) 공제액에는 사회보장세와 메디케어세가 붙지 않으므로 소득세 외에 추가적인 절세 효과가 있다.

단점

① 제한된 투자 선택 및 수수료 : 401(k)는 IRA보다 투자 옵션이 적

● ERISA(Employee Retirement Income Security Act): 근로자 퇴직소득보장법. 1974년에 제정된 미국 연방법으로 직장 연금이 제대로 운영되고, 참여자의 자산이 안전하게 보호받도록 한다.

다. 플랜에 따라 수수료가 높거나 운용사가 제한된다. 특히 소규모 기업일수록 높은 펀드 보수, 관리 수수료 등이 문제될 수 있다.

② 인출 유연성 부족 : 원칙적으로 은퇴 전에는 돈을 뺄 수 없다. 대출이나 하드십 인출 외에는 중도에 계좌 접근이 어려워서 긴급 상황이 발생했을 때 제약이 크다. 이것은 은퇴 자금을 지키기 위한 본래 취지에 맞긴 하나, 유동성에서는 단점으로 보일 수 있다.

③ 복잡성 : 고용주 입장에서 401(k)는 상당한 행정 관리가 필요하다. 매년 고소득자(임원)와 일반 직원 사이에 불공평한 혜택이 편중되지 않도록 점검하는 '비차별 테스트'와 보고 의무가 있기 때문이다. 다만 이것은 직원보다는 고용주 측에서 느끼는 단점이다.

④ RMD 규정 : 로스 401(k) 잔액에도 RMD가 적용되므로, 별도 조치를 하지 않으면 73세 이후 비과세 계좌에서도 출금 의무가 생긴다. 하지만 롤오버로 해결 가능하므로 큰 문제는 아니다.

⑤ 도입 비용 : 일부 소규모 사업체는 401(k)의 도입 비용을 부담스러워할 수 있다. 그러나 현재는 소기업 대상으로 세액 공제를 제공하여 기업의 부담이 완화되는 추세이다.

적합한 대상

401(k)는 직장인이라면 누구나 우선적으로 활용해야 할 연금 수단이다. 특히 매칭 지원이 있을 경우 반드시 가입할 것을 권장한다. 401(k)는 세전 저축을 통해 세금을 줄이고 노후 자금을 마련하려는 대부분의 근로자에게 유용하다. 고소득 전문직이라도 401(k)를 최대

한 활용하는 것이 일반적이며, 로스 401(k) 옵션이 있으면 일부를 로스로 배분하여 세금 다변화 전략을 쓰기도 한다.

중소기업 경영자나 자영업자라면 직원을 영입, 유지하기 위해 401(k)를 도입하고, 본인도 고액을 불입하는 혜택을 누리는 경우가 많다. 특정 업계에서는 경쟁사와 복리후생을 맞추기 위해 401(k) 제공이 필수가 되기도 한다.

058

미국 개인은퇴계좌 정보 4
솔로 401(k)

개념

솔로(Solo) 401(k)는 개인 사업자 전용 401(k) 플랜이다. 직원이 없는 자영업자나 1인 사업체가 대상이 된다. 공식적인 명칭으로는 'One-Participant 401(k) Plan' 또는 'Individual 401(k)'라고 부른다. 기본 구조는 일반 401(k)와 동일하지만, 참여하는 사람이 사업주 본인 및 배우자뿐이라는 점이 다르다.

가입 대상

솔로 401(k)는 풀타임 직원이 없는 1인 사업체를 대상으로 한다. 만약 배우자 이외에 일반 직원이 한 명이라도 있으면 솔로 401(k)를 유지할 수 없다. 이때에는 일반 401(k)로 전환하거나 솔로 401(k) 플랜을 종료해야 한다. 고용주와 피고용인이 동일 인물인 구조여야 하는 것이다.

불입 구조

솔로 401(k)의 장점은 한 사람이 두 가지 역할을 할 수 있다는 점이다.

먼저 '직원'으로서 본인의 급여(혹은 자영업 순이익)에 대해 일반 401(k)와 같은 한도로 급여 이연 불입을 한다. 2025년 기준으로 최대 2만 3,500달러(50세 이상은 7,500달러 추가)까지 불입 가능하다.

직원 신분으로 불입하는 금액에 추가해서, '고용주'로서는 최대 순이익의 25%(자영업자는 실질적으로 약 20%)를 사업주 기여로 불입할 수 있다. 불입 금액 한도는 직원/고용주 합해서 총 7만 6,000달러까지 허용된다(50세 이상은 8만 3,500달러).

예를 들어 40세 자영업자가 순이익 10만 달러를 벌었다면, 직원으로서 2만 3,500달러를 불입하고, 고용주로서 2만 5,000달러(순이익의 25%)를 불입할 수 있기 때문에 총 4만 8,500달러까지 저축할 수 있게 된다. 만약 50세 이상이라서 추가 불입을 적용할 수 있으면, 직원으로 3만 1,000달러에 고용주의 2만 5,000달러를 합해서 연 5만 6,000달러까지 불입할 수 있다. 다음에 나올 SEP IRA(간이 직원 연금 제도)의 기준을 적용해 보면 순이익 10만 달러의 20%인 2만 달러가 불입 한계이므로, 동일한 조건하에서는 솔로 401(k)의 납입 액수가 훨씬 많아진다.

세제 혜택

직원 불입 부분은 세전(트래디셔널) 혹은 세후(로스)로 처리되며, 고용주 불입 부분은 항상 세전으로 경비 처리된다. 세전 불입 시 해당 금액만큼 사업 소득이 감소하여 소득세가 줄어든다. 로스 불입분은 불입할 때는 세금을 내지만, 이후 계좌 안에서 발생한 수익과 인출액은 과세되지 않는다.

사업주로서 납입하는 기여금은 자영업자의 경우 'Schedule C(사업 소득·경비 보고서)'에 비용으로 기록해 순이익을 줄일 수 있다. 운용과 인출 규칙은 일반 401(k)와 동일하다. $59\frac{1}{2}$세 이후에는 트래디셔널 부분은 과세, 로스 부분은 비과세로 인출할 수 있고, 그보다 일찍 꺼내면 10%의 조기 인출 페널티라는 제약을 받는다. 또한 계좌를 그대로 두면 만 73세부터는 최소 인출(RMD) 의무가 시작되므로, 필요한 경우 은퇴 전에 로스 IRA로 롤오버해 RMD를 피하는 방법도 고려할 수 있다.

관리

솔로 401(k)는 증권사, 은행 등 금융 기관을 통해 개설한다. 기본적으로 401(k) 플랜의 표준 양식을 작성해야 하지만, 대부분의 기관이 서류를 미리 준비해 주므로 절차가 간단하다. 자산이 25만 달러 이하일 때는 정부 보고 의무가 없고, 이를 초과하면 Form 5500-EZ(1인·부부 경영 플랜을 위한 간편 보고서)를 매년 제출해야 한다. 이러한 규정은 직원이 없는 소규모 사업주에게 과도한 행정 부담이 지워지지 않도록 401(k) 관리 절차를 대폭 단순화한 것이다.

장점

① 높은 불입액 : 소득 수준에 따라 동일 소득 구간의 SEP IRA보다 더 많은 금액을 불입할 수 있다. 특히 순이익이 크지 않은 자영업 자의 경우, 직원 불입분으로 2만 3,500달러가 가능하다는 점 때 문에 적립액이 SEP IRA 대비 크게 앞서게 된다.

② 캐치업과 로스 옵션 : 솔로 401(k)는 50세 이상 대상자의 추가 금 액 불입과 로스 불입을 허용한다. 이것은 SEP IRA에는 없는 기능 이다. 이를 통해 고령 사업주도 세전/세후 균형을 맞추거나 부족 한 저축을 보충할 수 있다.

③ 대출 기능 : 일반 401(k)처럼 자신의 계좌에서 대출을 할 수 있다. SEP IRA는 대출이 불가능하다.

④ 유연한 설계 : 원한다면 트래디셔널과 로스를 혼합하여 불입할 수 있고, 불입액은 연간 소득 상황에 따라 조절 가능하다. 이때 직 원 부분 불입은 연내에 결정해야 하고, 고용주 부분의 불입은 세 금 보고 시한까지 결정하면 된다.

⑤ 세금 절감 : 고소득 1인 사업자는 솔로 401(k)를 통해 상당한 금 액의 소득을 세전으로 전환시켜서 당해 세금을 낮출 수 있다. 또한 이연된 금액에 대해 사회보장 부담금도 감소하는 효과가 있다.

단점

① 직원 고용 제한 : 만약 사업이 성장해서 직원을 채용하게 되면 플랜을 변경해야 한다. 직원이 생기면 해당 시점부터 솔로 401(k)에는 더 이상 불입할 수 없고, 일반 401(k) 도입을 검토해야 한다.

② 행정 관리 : SEP IRA에 비하면 관리해야 할 서류가 있고, 한도 계산도 조금 복잡하다. 그러나 증권사, 은행 등 플랜을 개설해 주는 금융 기관이 대부분 자동으로 한도를 계산해 주고, 보고 지원 서비스를 제공하므로 큰 부담은 아니다. 하지만 정확한 소득 계산과 불입 한도는 알고 있어야 한다. 또한 자산이 25만 달러를 넘으면 Form 5500-EZ를 제출해야 한다는 것을 잊지 않아야 한다.

③ 비용 : 대부분의 기관에서 솔로 401(k) 설정 수수료는 없거나 저렴하지만, 전문 플랜업체를 이용한다면 비용이 발생할 수 있다.

④ 기타 : 예전에는 전문 서비스업 자영업자(의사, 변호사 등)가 별도로 키오(Keogh) 플랜(1960년대에 도입된 자영업자 전용 연금)을 활용해야 했지만, 현재는 세법이 통합되어 솔로 401(k)로 가입하는 것이 가능하다.

적합한 대상

직원 없이 고소득을 올리는 컨설턴트나 프리랜서, 1인 법인 대표 등에게 이상적인 플랜이다. 연 15만 달러의 소득을 올리는 50대 미만의 프리랜서 디자이너가 있다고 가정해 보자. 그가 SEP IRA를 이용하면 25% 규칙으로 3만 7,500달러까지 저축할 수 있는데, 솔로

401(k)를 선택하면 '2만 3,500달러+3만 7,500달러=6만 1,000달러'까지 저축액을 크게 늘릴 수 있다.

이렇듯 솔로 401(k)는 은퇴 자금을 최대한으로 적립하기를 원하는 1인 기업에게 가장 적합한 플랜이다. 반면에 순이익이 30만 달러를 초과하는 고소득자에게는 SEP IRA나 솔로 401(k)나 어차피 최대 6만 6,000~6만 9,000달러로 저축할 수 있는 금액이 비슷해지기 때문에 더 단순한 SEP IRA를 선택하기도 한다. 그러나 로스나 대출의 필요성이 있으면 솔로 401(k)가 선호된다.

059

미국 개인은퇴계좌 정보 5
SEP IRA

개념

SEP IRA는 'Simplified Employee Pension(간이 직원 연금 제도)'을 말하는 것으로, 소규모 사업주가 자기 자신 및 직원들을 위해 기여금을 납입할 수 있는 간소화된 연금 제도이다. 1978년에 도입되었으며, 가장 큰 특징은 전적으로 고용주 불입금에 의해 운영되는 구조라는 점이다. 종업원에게 일일이 별도의 연금 계좌를 개설해 주는 대신, 고용주의 기여금이 각 개인의 IRA 계정으로 들어가는 형태이다.

가입 대상

근로자 수와 관계없이 도입할 수 있으나, 대체로 1인 기업 또는 10명 내외의 작은 기업에서 활용된다. 고용주는 간단한 양식(IRS Form 5305-SEP)만 작성하면 되기 때문에 행정 부담이 거의 없다.

불입 구조 및 한도

고용주 기여금(employer contribution)만 들어가면 되고, 직원이 불입해야 하는 돈은 없다. 고용주는 매년 임의로 자신을 포함한 모든 직원들의 급여에 비례한 기여금을 납입할 수 있다. 법정 한도는 직원별로 연간 급여의 25% 또는 6만 9,000달러 중에서 낮은 금액에 해당한다. 다만 자영업자의 경우에는 세법상 산정 방식이 달라서 실질적으로는 순이익의 약 20%가 된다.

고용주는 모든 직원에게 동일한 비율로 기여금을 납입해야 한다. 예컨대 자신에게 급여의 10%를 불입하려면, 다른 직원들에게도 각각 그들의 급여의 10%를 불입해야 하는 것이다. 고용주의 기여금 불입은 해마다 선택 사항이다. 원하는 해에는 하고, 원치 않으면 기여금이 0달러인 것도 가능하다. 고용주에게는 기여금을 불입해야 하는 의무가 없기 때문이다.

적격한 직원 기준

SEP IRA의 대상이 되는 직원에 대해 법에서 정한 최소 기준은 첫째, 21세 이상일 것, 둘째, 해당 기업에 최근 5년 중 3년 이상 근속할 것, 셋째, 연 750달러 이상의 보수를 받을 것 등이다. 보수 측면에서 보면 아주 낮은 기준을 채택하고 있다. 고용주는 이보다 더 완화된 기준(예를 들면 1년 근속)을 채택할 수 있지만, 기준을 더 까다롭게 제한할 수는 없다. 다만 파트타임이나 단기 근무 직원에 대한 일부 제외 옵션이 있어서 이러한 조건하에 있는 직원들을 제외할 수는 있다.

세제 혜택

고용주가 불입한 SEP IRA 기여금은 법인세 또는 소득세상의 비용으로 처리된다. 직원 입장에서는 그 금액이 그대로 트래디셔널 IRA 불입으로 간주되므로, 세금 보고 시 과세 소득에 포함되지 않는다. 즉, 세전 불입 효과를 얻을 수 있다. 계좌 내 자금을 운용할 때 세금이 이연되거나, 인출할 때 과세되는 점은 트래디셔널 IRA의 규정과 동일하다. SEP IRA에 속한 자산은 트래디셔널 IRA와 합쳐 RMD 대상이 되며, $59\frac{1}{2}$세 이전에 인출하게 되면 페널티가 나오는 것도 같다.

장점

① 단순성 : 별도의 연금 신탁 설립이나 복잡한 신고가 필요 없으므로 관리가 매우 간단하다. 고용주는 금융 기관에서 각 직원의 명의로 IRA만 열어주면 되고, 연례 보고 의무 같은 것도 없다.

② 유연한 기여 : 사업 성과에 따라 불입 여부와 비율을 매년 다르게 결정할 수 있다. 수익이 낮은 해에는 쉬고, 좋은 해에는 많이 넣는 등 융통성이 크다.

③ 높은 불입 한도 : 불입 한도액이 6만 9,000달러까지 가능하다. 사실상 401(k)와 동일한 최대치이다. 만약 직원이 거의 없거나 적어서 대부분의 기여가 고용주 본인에게 돌아온다면, 401(k)만큼의 저축을 할 수 있는 것이다.

④ 즉시 베스팅(vesting) : 베스팅은 회사 돈이 내 돈으로 확정되는 시점을 말한다. 401(k)의 경우에는 '3년 후 100%' 같은 베스팅 기간

이 존재하는데, 이 경우 직원이 3년 안에 퇴사하면 회사 기여금을 몰수할 수 있다. 그러나 SEP IRA는 베스팅 기간이 없다. 직원 입장에서는 회사가 준 금액이 곧바로 본인의 IRA에 속하게 되므로, 퇴사할 때 바로 가져갈 수 있어서 유리하고, 고용주 입장에서도 관리상의 편의가 있다.

⑤ 인사적 측면 : SEP IRA는 직원 입장에서 자기 불입은 못하지만, 고용주가 대신 노후 자금을 마련해 주는 것이므로, 일종의 보너스, 복지 혜택으로 인식될 수 있다. 고용주로서는 이윤의 일부를 직원들과 공유한다는 의미를 가질 수 있다.

단점

① 비용 부담 : 고용주는 자신을 위해 높은 비율의 기여금을 불입할수록 직원들에게도 동일한 비율로 줘야 하기 때문에 비용 부담이 커진다. 예를 들어 10명의 직원이 각각 5만 달러씩 받고 있고 사업주가 10만 달러의 소득이 있을 때, 본인이 소득의 25%인 2만 5,000달러를 불입하려면 직원들에게도 각 1만 2,500달러씩, 총 12만 5,000달러를 불입해야 한다. 이런 경우 본인 몫보다 직원들 몫으로 더 많은 금액을 불입해야 하는 상황이 발생한다.

② 직원 불입 불가 : 직원들이 스스로 자신의 급여에서 추가 적립을 할 수 없다는 제약이 있다. 만약 직원들이 자발적으로 은퇴 저축을 원하면, SEP IRA에서는 더 못 하고, 따로 트래디셔널 IRA를 이용해야 한다. 그러나 직장 플랜이 존재하기 때문에 세액 공제

제한이 걸리는 등 불편한 점이 있다.

③ 로스 불가 : SEP IRA 구조상 전부 세전 기여이므로, 로스 옵션이 전혀 없다. 원한다면 개인이 나중에 로스 IRA로 전환하는 수밖에 없다.

④ 캐치업 없음 : 50세 이상 대상자의 추가 불입 개념이 없다. 25% 산식으로 동일하게 적용되기 때문에 고령 사업주에게는 401(k)에 비해 아쉬운 점이다.

⑤ 인출 규제 : SEP IRA도 형태만 고용주가 불입하는 것일 뿐 실질적으로는 개인 트래디셔널 IRA와 동일하므로, $59\frac{1}{2}$세 이전에 인출 시 페널티가 있고, 73세 이후에는 RMD 규정에서 자유롭지 않다. 401(k)의 대출 같은 편의도 없다.

적합한 대상

직원이 없거나 극소수인 사업체에서 고용주(사업주)가 자신의 은퇴 저축을 비교적 간편히 적립하고 싶을 때 유용하다. 특히 고용주 입장에서 직원들에게 일정 정도의 성과급을 주고 싶지만, 플랜 유지 비용은 들이고 싶지 않을 때 SEP IRA로 일괄 해결할 수 있다. 예를 들어 가족 경영 기업에서 가족 구성원들에게 소득에 비례하여 보너스를 주듯이 적립해 주거나, 프리랜서가 본인의 SEP IRA로 세금 공제를 받는 식으로 활용하는 것이다.

또한 연속성 없는 일시적 소득에 대응하기에도 적당하다. 어떤 해에는 큰 이익이 생겨도 다음 해에는 없을 수 있는 업종의 경우, 이익이 생긴 해에만 SEP IRA 불입을 하고 이후 중단할 수 있다. 401(k)나 SIMPLE IRA는 일단 시작하면 매년 관리를 해야 하지만, SEP IRA는 회사를 존속시키는 한 큰 비용 없이 유지할 수 있다.

고용주가 주된 고소득자이고 직원들은 보조적인 역할을 하는 경우에도 SEP IRA가 괜찮은 선택이 된다. 예를 들어 의사 한 명과 간호사 두 명으로 구성된 개인 병원이라면, 의사가 매년 SEP IRA로 본인에게 20%, 직원들 몫으로 20%를 주더라도 총액 기준으로 의사 몫이 훨씬 클 것이다. 반면에 직원 수가 많으면 고용주의 부담이 기하급수적으로 늘어나기 때문에 이 플랜을 활용하기 어려워진다.

060

미국 개인은퇴계좌 정보 6
SIMPLE IRA / SIMPLE 401(k)

개념

SIMPLE은 'Savings Incentive Match Plan for Employees(직원들을 위한 저축 장려 매칭 제도)'의 약자로, 100인 이하 소규모 사업장을 위한 단순형 연금 제도이다. 작은 사업체 종업원의 은퇴 저축을 돕기 위해 고안된 매칭 기반 플랜이라고 보면 된다. 형태는 IRA 기반인 SIMPLE IRA와 401(k) 기반인 SIMPLE 401(k)가 있는데, 대부분 SIMPLE IRA 형태로 운용된다. 1996년에 도입되어 소기업들에게 401(k)의 대안으로 인기가 있다. 구조상 직원과 고용주 모두 돈을 불입하고, 복잡한 테스트가 면제되는 것이 특징이다.

가입 대상

직전 연도에 100인 이하의 직원을 두고 있고, 해당 연도에 다른 은퇴 플랜을 운영하지 않는 조건하에 가입할 수 있다. 직원이 100인을 초과하면 그 해에는 유지할 수 있지만, 2년 내에 플랜을 전환해야 한다.

불입 구조

직원은 급여의 일부를 선택적으로 SIMPLE IRA에 불입한다. 방식은 401(k)와 유사하게 급여 공제로 이뤄지는데, 불입 한도는 일반 401(k)보다 낮다. 2025년 기준으로 연 1만 6,500달러이고, 50세 이상은 3,500달러를 더 추가해서 총 2만 달러를 불입할 수 있다. 이는 모든 SIMPLE 참여자에게 동일한 한도이다.

고용주는 반드시 '매칭 기여'나 '비선택적 기여(Nonelective)' 중에 하나를 선택해야 한다. 매칭 기여는 직원 불입액에 대해 최대 3% 한도로 1:1 매칭을 한다. 직원의 불입액이 없으면 고용주도 매칭 기여를 할 필요가 없어진다. 다음으로 비선택적 기여란 직원의 불입 여부와 무관하게 직원 급여의 2%를 전 직원에게 기여하는 방식이다. 직원이 SIMPLE에 아무것도 불입하지 않아도 급여의 2%는 지급된다. 일반적으로 기업들은 매칭 기여를 선호한다. 3% 매칭을 부담하기 어려운 해에는 1%로 낮출 수 있으나 5년 중에 2년을 초과해서는 안 된다는 규정이 있다. 비선택적 기여 방식은 고용주의 부담은 확실하지만, 직원 참여를 요구하지 않아도 된다는 차이가 있다.

계좌 구조

SIMPLE IRA는 각 직원 명의의 IRA 형태 계좌로 운영되며, 거기에 급여 불입과 회사 기여가 들어간다. SIMPLE 401(k)는 구조만 401(k)일 뿐 불입 규칙은 같은데, ERISA 법(209쪽 참조)이 적용되기 때문에 복잡성이 높아서 잘 사용되지 않는다. 그래서 SIMPLE이라고 하면 대부분 SIMPLE IRA를 가리킨다.

세제 혜택

직원 불입은 세전으로 처리되어 근로 소득에서 제외된다. 예전에는 로스 옵션이 없었지만, 2023년에 만들어진 SECURE 2.0법으로 인해 향후 SIMPLE에도 로스 불입이 허용될 예정이다. 고용주의 기여분은 경비로 공제된다. 그렇기 때문에 직원 입장에서는 전액 세전 불입이다.

운용 이익에 대해 과세 이연되고, 인출 시 트래디셔널 IRA와 동일한 과세, 페널티 규칙이 적용된다.

운용 및 인출

SIMPLE IRA 자산은 트래디셔널 IRA와 합산해 RMD가 산정되며, $59\frac{1}{2}$세 이전에 인출하게 되면 10%의 페널티가 적용된다. 주의할 점은 설립 후 2년 이내에 계좌에서 인출하면 페널티가 25%로 상향되는 규정이 있다. 이것은 SIMPLE을 초반에 이탈하지 않도록 하려는 목적에서 생긴 규정이다. 설립 후 2년 이내에는 롤오버를 하더라도 트래디셔널 IRA로는 불가하고, 다른 SIMPLE IRA로만 가능하다. 2년이 지나면 일반 IRA와 동일한 조건을 갖는다.

장점

① 간편한 관리 : 401(k)와 달리 비차별 테스트, 복잡한 Form 5500 보고 등이 면제된다. 고용주의 행정 부담이 적고, 관리 비용이 저렴하다.

② 고용주 비용 예측 가능 : 매칭 기여 비율이 반드시 3% 또는 2%로 정해져 있어서, 플랜 설계가 단순하고 이해하기 쉽다. 세이프 하버 401(k)와 유사한 구조인데 훨씬 간단하게 만들어진 것이다.

③ 즉시 베스팅 : SEP IRA처럼 SIMPLE IRA에 들어간 돈은 곧바로 직원 소유가 된다. 따라서 퇴사할 때 자신이 보유한 IRA로 가져갈 수 있다.

④ 의미 있는 불입 한도 : 1만 6,500달러라는 불입 한도는 트래디셔널 IRA의 7,000달러보다는 훨씬 커서, 직원들이 보다 많은 노후 자금을 적립할 수 있다.

⑤ 인센티브 구조 : 매칭 방식일 경우, 직원이 저축을 해야만 회사도 매칭 지원금을 내주므로 직원들이 개인은퇴계좌에 자발적으로 참여하도록 유도하게 된다. 이는 근로자의 은퇴 준비를 장려하는 효과가 있다.

단점

① 불입 한도 낮음 : 401(k)에 비하면 불입 한도가 절반 정도에 불과하여, 고소득 직원에게는 충분치 않을 수 있다. 개인 IRA까지 합쳐도 401(k)의 한도를 못 따라간다.

② 고용주 의무 부담 : 경기가 나쁜 해에도 최소 1%의 매칭 기여 또는 2%의 비선택적 기여를 해야 한다. 고용주에게 완전한 재량이 주어진 SEP IRA와 달리 한번 도입하면 매년 일정한 부담이 있다.

③ 다른 플랜과 동시 운영 불가 : SIMPLE이 있는 해에 SEP IRA나 401(k) 등 다른 플랜을 병행할 수 없다. SIMPLE을 시작하고 중간에 401(k)로 전환하려면 다음 해 1월 1일까지 기다려야 하는 제약이 있다.

④ 이직 시 번거로움 : SIMPLE IRA는 나중에 직장을 옮겼을 때 기존 401(k)로 바로 롤오버가 되지 않는다. 2년이 지나면 일단 트래디셔널 IRA로 롤오버 후 가능한데, 이럴 때 관리 계좌가 흩어지는 문제가 생긴다.

⑤ 저축액의 한계 : 직원 입장에서는 저축액을 더 늘리고 싶어도 1만 6,500달러 이상은 막혀 있다. 추가로 개인 IRA에 불입하는 것은 가능하나, SIMPLE 참여로 인해 트래디셔널 IRA 공제는 소득에 따라 제약되고, 로스 IRA는 소득 상한 초과 시 납입 자체를 제한 받을 수 있다.

⑥ 로스 제한 : 지금까지는 로스 불입을 할 수 없었고, 2023년 법 개정으로 로스 옵션이 생겼으나 아직 상품이나 급여 시스템이 보편

화되지 않았다.

적합한 대상

중소기업에서 가장 간단한 형태로 직원의 퇴직 연금을 제공하고자 하는 경우에 적당하다. 401(k)는 복잡하고, SEP IRA는 직원 참여가 안 되어 고민일 때, SIMPLE은 그 절충안이 될 수 있다. 예를 들어 직원이 20명 내외인 회사에서 고용주가 은퇴계좌에 돈을 많이 넣을 여력은 없지만 직원 복지를 위해 3% 매칭 정도는 부담하려 한다면 SIMPLE IRA가 가장 적당한 선택이 될 것이다. 특히 저임금 근로자가 많은 사업장에서는 401(k)를 채택하면 비차별 테스트에 걸려 고액 연봉을 받는 임원이 불입 제한을 받을 수 있는데, SIMPLE은 그런 문제에서 자유롭다. 다만 회사의 규모가 커지고 직원들이 SIMPLE 불입 한도에 만족하지 못하게 되면, 그 시점에 401(k)로 업그레이드하는 것이 일반적이다. 예컨대 회사의 핵심 직원들이 "은퇴계좌에 불입액을 더 늘리고 싶다."고 하면, 그것이 401(k) 도입의 시그널이다.

061

미국 개인은퇴계좌 정보 7
Defined Benefit(DB) Plan

개념

Defined Benefit Plan(DB 플랜)은 '확정급여형 연금 제도'를 말한다. 흔히 전통적 연금(Pension)이라 불리는 제도이다. 급여 수준을 사전에 정의하고, 그 급여를 지급하기 위해 기여금이 계산, 적립되는 방식이다.

20세기 중반에는 미국의 많은 사기업들이 직원들에게 근속 연수와 임금에 비례한 종신연금을 제공했으나, 현재 민간에서는 상당히 축소되었다. 그러나 자영업자, 소기업주가 자신의 은퇴 자금을 대폭 적립하기 위해 DB 플랜을 설정하는 경우가 있는데, 이를 개인연금 또는 캐시 밸런스 플랜(Cash Balance Plan) 등으로 부르기도 한다. 여기서는 주로 후자인 소규모 DB 플랜에 초점을 맞추어 설명한다.

원리

DB 플랜에서는 은퇴 후 지급할 연금액을 확정해 준다. 예를 들면 '퇴직 시 연봉의 50%를 평생 지급할 것'을 약속하는 것이다. 그리고 그 약속을 이행하기 위해 현재 얼마씩 적립해야 하는지를 보험계리인이 산출해 준다. 매년 투입할 금액은 임직원의 연령, 현재 임금, 예상 투자 수익률 등에 따라 결정된다. 투자 결과가 좋든 나쁘든, 약속된 급여를 지급할 책임은 고용주(플랜 스폰서)에게 있다. 반면, 401(k) 등의 DC 플랜(Defined Contribution; 확정기여형 연금 제도)은 불입만 보장하고, 나중에 지급액은 투자 성과에 따라 달라진다는 차이가 있다.

기여 및 한도

DB 플랜의 기여금은 개별적으로 산정되므로 정형화된 일률적인 한도는 없다. 다만 법으로 지급 가능한 최대 연금액이 정해져 있는데, 2025년 기준으로 연 28만 달러(또는 최고 3년 평균 임금의 100%)이다. 이를 연금 시작 시점에 맞춰 등가의 현재 가치로 보면, 62세에 약 380만 달러의 적립금이 필요한 수준이다. 이 범위 내에서라면, 연 수십만 달러씩 불입하는 것도 허용된다. 특히 나이가 많을수록 남은 적립 기간이 짧기 때문에 연간 적립 한도가 매우 높아질 수 있다. 예를 들어 60세의 고소득자가 5년간 DB 플랜을 운용한다면 매년 20만 달러 이상의 불입이 필요하다고 계산되기 때문에 그만큼의 불입이 허용된다. 일반적으로 DB 플랜의 도입을 논의하려면 연 25만 달러 이상의 안정적 수입이 있어야 타당하다고 한다.

세제 혜택

DB 플랜에 대한 불입금은 회사의 비용 또는 자영업 경비로 전액 공제된다. 규정에 따라 최소/최대 적립 금액이 있는데, 보통 최대 한도로 넣어서 공제받는 방향으로 운용한다.

운용 수익은 플랜 내에서 비과세 이연된다. 지급(수령) 단계에서 퇴직자에게 연금 또는 일시금으로 지급될 때 소득세가 과세된다. 일시금으로 받는 경우에는 IRA로 롤오버해서 과세를 더 이연하기도 한다.

소규모 DB 플랜과 401(k) 병행

법적으로 동일 사업체가 DB 플랜과 DC 플랜(401(k) 등)을 동시에 운영할 수 있다. 다만 고도로 복잡한 '커버리지 테스트(Coverage Test)'를 통과해야 하는데, 이는 플랜이 얼마나 넓게 직원을 포괄(cover)하고 있는지 점검해서, 고소득자에게만 유리하게 설계되지 않았는지 확인하는 것이다. 따라서 현실적으로는 세이프 하버 401(k)와 DB 플랜을 결합하는 형태로 설계한다. 이 경우 오너는 401(k) 최대 불입과 DB 플랜 최대 불입을 모두 누릴 수 있어서 한 해에 20만 달러 이상도 적립 가능해진다.

장점

① 압도적인 적립 규모 : DB 플랜은 세법상 가장 많은 금액을 연금으로 적립할 수 있는 수단이다. 특히 50대 이상인 고소득자가 은

퇴를 몇 년 앞두고 몰아서 세전 저축을 할 때 유리한 방법이다. 예를 들어 55세의 의사가 DB 플랜을 설정한다면 매년 15만 달러 이상을 불입해서 10년간 150만 달러 이상을 누적하는 것이 가능해진다. 만약 401(k)로 불입한다면 연 3만 달러씩 10년을 누적해도 30만 달러에 불과하다.

② 세금 공제 효과 : 대규모 불입은 곧 대규모 소득 공제라는 의미이다. DB 플랜은 과세 소득을 크게 낮춰 세금 절감 효과가 매우 크다. 최고 소득세율 37% 구간의 납세자가 10만 달러를 DB 플랜에 넣으면 약 3만 7,000달러의 세금을 줄이는 셈이다. 이러한 절세 자원을 투자하여 운용 수익까지 올릴 수 있다.

③ 은퇴 소득 보장 : 종신연금 형태로 받으면 수령자에게 평생 소득이 보장된다. 개인에게 투자 위험을 떠넘기는 DC 플랜과 달리, 계획한 만큼의 기금이 부족하면 고용주가 채워야 하므로 수급자의 안전이 상대적으로 높다. 다만 고용주가 파산할 경우에 대비해 의무적인 정부 보험 가입이 필요하다.

④ 자산 보호 : DB 플랜의 자산도 ERISA 법(209쪽 참조) 보호 대상이어서 채권자로부터 안전하다. 특히 의사나 변호사처럼 소송의 리스크가 높은 전문직에게 DB 플랜은 자산 피난처 역할도 한다.

⑤ 고용주/임원 혜택 : 본래 DB, DC 플랜은 법적으로 회사의 특정인(예: 오너)에게 혜택을 몰아줄 수 없고, 모든 직원들에게 차별 없이 제공되어야 한다. 하지만 설계를 적절히 하면, 불입액의 80~90%를 오너에게 귀속시키면서도 커버리지 테스트를 통과

하게 만들 수 있다. 직원에게 최소한의 혜택만 주고, 오너 위주로 운영이 가능하다는 의미이다.

⑥ 상속 및 롤오버 : 가입자가 연금 개시 전에 사망하면 상속인에게 일시금으로 상속 가능하고, 은퇴 후에도 원하면 일시금으로 IRA 롤오버가 가능하므로 필요할 때 자금을 통제할 수 있다.

단점

① 설계와 운영의 복잡성 : 보험계리사, TPA(사외수탁관리자), 투자가 등 전문가의 지속적인 관리를 받아야 한다. 서류도 복잡하고, IRS 규정을 준수해야 하며, 매년 보고/감사가 필요하다. 즉, 계리 수수료를 비롯하여 운영 비용이 401(k)보다 높다.

② 유연성 부족 : 한번 약정하면 매년 상당한 금액을 납입해야 하는 의무가 생긴다. 회사 사정이 나빠져도 일정 부분은 넣어야 한다. 중간에 플랜을 동결하거나 종료할 수 있지만, 그러면 그동안 받은 세금 혜택의 일부를 리캡처(환원)당할 위험도 있다.

③ 직원 대상 혜택 제공 : 피고용자 커버리지 규정 때문에 오너만을 위한 플랜은 허용되지 않는다. 직원에게도 최소 수준의 연금을 약속하고 적립해줘야 하기 때문에, 이는 곧 오너 비용으로 작용한다. 고용주/임원 혜택 설계로 비용을 최소화하는 것은 가능하지만, SEP IRA나 401(k) 매칭보다 일반적으로 비용이 더 발생한다. 그럼에도 모든 직원이 아닌, 일정 기간 이상 근속한 직원들에게만 제공되는 혜택이므로, 장기 근속을 유도하고, 장기 근속에 대한

보너스를 지급하는 제도로 활용될 수 있으므로 나쁘지 않다.

④ 투자 위험 : 목표 수익률보다 실제 운용 수익이 낮으면, 그 부족분을 메우기 위해 다음해에 스폰서 측의 불입액이 증가하게 된다. 즉, 시장 위험을 회사가 지는 것이다. 반대로 초과 수익이 나면 불입액을 줄일 수 있다. 이것은 투자 변동성을 회사가 흡수해야 한다는 의미이다.

⑤ 규모의 경제 필요 : 보통 한 해 불입 가능한 금액이 5만 달러 이하로 계산된다면 DB 플랜의 의미가 크지 않다. 401(k)로도 충분한 규모이기 때문이다. DB 플랜을 활용하기 위해서는 보통 오너의 연봉이 높고 직원 수가 적거나, 오너의 연령이 높아야 한다. 그리고 플랜을 검토할 때 이미 비즈니스에 상당한 수익성과 현금 흐름이 있어야 한다. 준비가 안 된 기업이 이 플랜을 도입했다가 부담을 감당하지 못 해서 실패하는 경우도 있다.

적합한 대상

고소득 전문직 1인 기업 또는 소수 파트너 기업에 적합하다. 은퇴를 앞둔 고령의 오너들이 과거에 연금 저축을 못 한 부분을 만회하려는 니즈가 강할 때, DB 플랜은 후반 집중 저축 전략으로 적당하다. 일반 근로자로서는 DB 플랜은 본인이 결정할 수 있는 것이 아니므로, 고용주가 제공하면 그 혜택을 누리는 정도이다. DB 플랜에 적합한 경우의 예를 들면 다음과 같다.

50대 의사 1~2명이 간호사와 직원을 몇 명 두고 운영하는 작은 클리닉이라면, 의사들은 은퇴할 때 필요한 몇 십만 달러의 연금을 적립하면서, 직원들에게 약소한 연금을 제공할 수 있다. 또한 50대 변호사 3명으로 구성된 파트너 로펌의 경우에도 파트너들의 DB 플랜으로 연 20만 달러씩 불입하고, 직원들에게도 약간의 혜택을 줄 수 있다. 다음 세대에 승계 예정인 가족 기업도 DB 플랜에 적합하다. 60대 부모가 DB 플랜으로 최대 기여 후 은퇴하면, 플랜은 '표준 종료(Standard Termination)' 절차로 해지하고 일시금을 분배한 후 부모와 자녀 모두 각자 명의의 트래디셔널 IRA로 직접 롤오버하는 것이다. 이로써 플랜 자산 전부가 개인 계좌로 이동하고, 기업 차원의 DB 플랜은 소멸하게 된다.

062

미국 개인은퇴계좌 정보 8
HSA(Health Savings Account)

개념

HSA(Health Savings Account; 건강저축계좌)는 엄밀히 말하면 은퇴 연금 계좌는 아니지만 의료비를 위한 특수 목적 저축으로서 뛰어난 세제 혜택 때문에 노후 의료비 혹은 일반 은퇴 비용 보조에 활용되는 계좌이다.

HSA는 고액 공제 건강보험(High Deductible Health Plan; HDHP) 가입자만 개설할 수 있으며, 이 플랜의 자기 부담 의료비를 충당하기 위해 마련된 제도이다. 고액 공제 건강보험이란 보험료는 낮은 대신 병원비 등 의료비를 일정 금액까지는 본인이 먼저 부담해야 하는 구조의 보험이다. 즉, 자기 부담금이 높은 대신 보험료를 절약할 수 있고, 이러한 플랜에 가입한 사람에게는 HSA라는 별도의 세제 혜택 계좌를 활용할 수 있는 자격이 주어지는 것이다.

세제 혜택

HSA는 '트리플 택스 어드밴티지(3중 세제 혜택)'를 갖는다. 불입할 때 세금 절감, 운용 중에 비과세 성장, 사용할 때 비과세 소비가 모두 가능한 유일한 계좌가 바로 HSA이다.

　HSA 불입액은 과세 대상 소득에서 차감되어 소득세가 줄어든다. 고용주를 통한 급여 공제 시에는 세전으로 처리되고, 개인 납입 시에는 세액 공제(deduction)로 처리된다. 그뿐 아니라 사회보장 부담금(FICA)도 면제된다. 계좌 내 예금 이자, 투자 이익 등 운용 수익에 대해서도 비과세된다. 트래디셔널 IRA나 401(k)의 경우에는 인출할 때 과세되지만, HSA는 조건부 면제이므로 이 단계에서도 사실상 영구 면세 가능성이 있다. 적격 의료비(qualified medical expenses)에 사용한 인출액은 소득세를 한 푼도 내지 않는다. 적격 의료비란 광범위한 건강 관련 지출(보험 본인 부담액, 약값, 치과, 안과 등)을 포함한다.

불입 한도

2025년 기준으로 불입 한도는 개인 가입자 4,300달러, 가족 가입자 8,550달러이다. 55세 이상은 여기에 1,000달러를 추가할 수 있다. 이 한도는 연간 한도이고, 해마다 물가에 따라 약간씩 올라간다. HSA 불입은 본인, 배우자, 또는 고용주 등이 할 수 있으며, 총액은 불입 한도를 넘지 못한다.

투자

대다수의 HSA 제공 기관들은 일정 금액(예: 1,000~2,000달러)을 현금으로 남겨두고, 초과분은 투자할 수 있게 하고 있다. 뮤추얼펀드 등에 투자하여 사실상 IRA처럼 운용하는 것이 가능하고, 운용 수익도 면세되므로 적극적으로 투자하면 나중에 상당한 자산이 될 수 있다.

인출 및 사용

의료 목적으로 사용 시에는 언제든 인출 가능하며 소득세도 면제된다. 단, 비보험 의료비에 한한다. 비의료 목적으로 사용하면, 65세 이전에는 20%의 페널티와 소득세가 부과된다. 65세 이후에는 페널티 없이 일반소득세만 부과된다. 65세라는 기준은 메디케어 가입 연령에 맞춰 설정된 것인데, 65세 이후부터는 사실상 트래디셔널 IRA처럼 취급된다. 그러나 HSA에는 필수 인출 규정이 없어서 가입자가 원하는 기간 동안 보유하는 것이 가능하다.

전략적 활용

현재 지불해야 하는 의료비는 일반 자금으로 지불하고, HSA로는 돈을 투자하며 키운다. 대신 현재의 의료비 영수증을 보관했다가 나중에 HSA에서 돈을 찾아 쓸 때 과거 의료비로 쓰였다고 청구하면 언제든 세금 없이 돈을 인출할 수 있다. 예를 들어 40세에 1,000달러의 의료비를 자기 돈으로 냈다면, 20년 후 그 1,000달러를 HSA에서 세금 없이 인출할 수 있다. 이미 20년 전에 발생한 의료비로 간주하는 것이다. HSA 인출과 관련하여 IRS에 세금 신고를 할 때 영수증 제출이 필수적인 것은 아니지만, 추후 감사가 들어왔을 경우 제출할 수 있도록 영수증을 꼭 보관해 두어야 한다.

　노년에 가장 큰 지출 중 하나가 의료비이다. HSA를 꾸준히 적립, 투자해서 은퇴할 무렵에 몇 만~몇 십만 달러로 키워두면 메디케어 보조 보험, 약값, 장기요양 등의 재원으로 유용하게 쓸 수 있다. HSA 이기 때문에 의료 목적이면 인출 시 세금도 없다.

　은퇴 후 예상보다 의료비가 적게 든다면, 65세 이후부터는 HSA 자금을 의료비가 아닌 용도로 인출할 수 있다. 결과적으로 65세 이후 HSA 인출은 401(k)나 트래디셔널 IRA와 동일하게 일반소득세만 과세되므로, 최악의 경우라도 HSA가 트래디셔널 IRA처럼 기능하게 되는 것이다. 이러한 이유로 금융 전문가들은 'HSA는 최고의 은퇴 계좌'라고까지 부른다. 의료 목적용 계좌이지만, 결과적으로 은퇴 자금으로도 쓸 수 있기 때문이다.

장점

① 최강의 세제 혜택 : '공제+비과세+비과세'의 삼중 혜택을 받는 유일한 계좌이다. 가능한 모든 세금 혜택을 부여받게 된다.
② 유연성 : 의료비로 쓰면 최고이고, 안 쓰면 나중에(65세 이후) 일반 은퇴 자금으로 전환 가능하다. 용도에 따른 과세만 다를 뿐, 미사용액이 소멸하지 않고 이월된다.
③ 롤오버/이월 : 회사가 제공하는 의료비 복지 계좌인 Health FSA

(Flexible Spending Account)와 달리 연간 미사용액이 이월되고, 고용주가 바뀌어도 HSA는 개인 계좌로 유지된다. 또한 1회에 한해 IRA에서 HSA로 한도만큼 이체도 허용된다.

④ 투자 성장 : 장기간 굴릴 경우 IRA 못지 않게 자금을 불릴 수 있다. 일부는 현금으로 두어 의료비 지급에 대비하고, 나머지는 투자하는 식으로 운용하는 것이 가능하다.

⑤ 노후 의료 재정 준비 : 장기요양 등 메디케어가 안 되는 비용도 HSA로 지불 가능하기 때문에 은퇴 재정 계획의 빈틈을 메워준다.

단점

① 가입 요건 : 반드시 고액 공제 건강보험(HDHP)을 가져야 한다. 2025년 기준으로 본인 부담금 최소 1,650달러, 가족 합산 부담금 3,300달러 등이 조건이다. HDHP는 보험 혜택이 적기 때문에 모든 사람에게 적합한 것은 아니다. 만성질환이 있어서 의료비가 많이 드는 사람은 'HDHP+HSA' 조합이 불리할 수도 있다. 그러므로 '월 보험료를 얼마나 줄일 수 있는가'와 '이로 인해 늘어날 수 있는 본인 부담금을 감당할 수 있는가'를 저울질해 보아야 한다.

② 낮은 불입 한도 : 4,000~8,000달러 수준으로, 은퇴계좌치고는 그리 높지 않다. 다만 가족 플랜 기준으로 연 8,550달러씩 20년을 저축하면 원금만으로도 적은 돈은 아니다.

③ 비의료 사용 시 페널티 : 65세 이전에 의료비 이외의 목적으로 사용하게 되면 20%의 페널티를 지불해야 한다. 비교적 벌금이 큰

편이므로 응급 상황이 아니라면 건드리지 않는 게 좋다.

④ 투자 옵션 제한 : HSA 제공자에 따라 투자 옵션과 수수료가 천차만별이다. 어떤 은행은 이자를 거의 안 주고 투자 옵션이 없는 경우도 있다. HSA 제공자를 잘 고르는 게 중요하다.

⑤ 보험 연계 : HDHP를 중단하면 더 이상 추가 불입은 하지 못하고, 기존 자금의 운용, 사용만 가능하게 된다. 또한 65세부터 메디케어에 등록되면, 그 시점부터는 HSA 불입 자격이 상실된다. 그러나 불입 자격이 상실되어도 기존의 자금은 계속 유지할 수 있다.

적합한 대상

HDHP 의료보험을 선택할 수 있을 만큼 건강한 직장인이라면 반드시 HSA를 활용하는 것이 좋다. 특히 중산층 이상에게는 세액 공제효과도 크고, 어차피 본인이 부담할 의료비에 대해 세금을 안 낼 수있어서 이득이 된다. 노후의 의료비 대비를 중시하는 금융 계획을세우는 경우, HSA 극대화가 핵심 전략 중 하나이다. 한편 현재 지출해야 하는 의료비가 많아서 HSA를 바로 써야 한다면, 당장 투자 효과는 없지만, 그래도 세전 돈으로 의료비를 쓰는 이점이 있다.

요약하면, HSA는 가능하면 최대한 불입하고, 가능하면 쓰지 않고굴려서 키운 뒤, 필요할 때 꺼내 쓰는 것이 최적의 전략이다. 이로써은퇴 후 의료비와 일반 생활비 모두에 대비할 수 있게 된다.

063

미국 개인은퇴계좌 정보 9
529 플랜

개념

529 플랜(529 Plan; 교육비 저축계좌)은 대학 등록금 등 교육비를 준비하기 위해 고안된 세제 혜택 저축 계좌이다. 주 정부가 운영하며, 주마다 하나 이상씩의 플랜이 있다. 은퇴 자금을 위한 계좌는 아니지만, 부모 세대의 중요한 재정 목표인 자녀 교육 자금을 마련하는 수단으로 널리 쓰이며, 세금 우대 구조가 로스 IRA와 유사하다.

세제 혜택 구조

원칙적으로 세후 불입이므로 불입액이 연방세 차원에서 공제되지 않는다. 그러나 대부분의 주에서 529 플랜 불입액에 대한 주 소득세 공제 또는 세액 공제를 제공하고 있다. 예를 들어 뉴욕주는 부부 합산으로 최대 1만 달러까지 주 소득세 공제를 허용한다. 이는 주에 따라 규정이 다른데, 일부 주는 공제를 아예 제공하지 않지만, 일부 주는 불입액의 일정 비율(상한액 내)을 세액 공제로 환급해 준다.

운용 수익은 과세 이연되며, 적격 교육비로 사용된 인출액은 연방 및 주 소득세 모두 면제받는다. 이것이 529 플랜의 핵심 혜택으로, 대학 등록금, 수수료, 교재비, 기숙사비 등이 적격 교육비에 해당된다. 2017년부터 K-12 사립학교(유치원부터 고등학교까지 전 학년을 운영하는 사립학교) 학비도 연 1만 달러까지 포함되고, 최근에는 직업 훈련 비용과 1만 달러까지의 학생 대출 상환도 허용되었다.

즉, 529 플랜은 교육비 목적의 로스 계좌라고 할 수 있다. 세후 불입하고, 운용 수익을 면세로 성장시킬 수 있으며, 교육비로 사용할 경우 면세로 인출하게 된다.

불입 한도

연간 불입 한도는 없다. 다만 증여세 규정에 따라 2025년 현재 1인당 1만 9,000달러(부부 합산 3만 8,000달러)까지 무신고 증여가 가능하다. 5년치를 한 번에 불입하는 '5-year election'도 가능해서, 1인당 9만 5,000달러(부부 합산 19만 달러)를 한 번에 넣는 것도 허용된다. 각 주는 529 플랜에 총 불입 한도를 두고 있는데, 보통 30만~55만 달러 수준이며 그 이상의 금액은 과도한 것으로 간주한다.

투자

각 주의 529 플랜에는 여러 가지 투자 포트폴리오 옵션이 있다. 자녀의 나이가 어릴 때는 주식 비중을 높이다가 대학에 들어갈 시점에는 안전 자산으로 이동하는 연령 기반 옵션이 흔하다. 이 외에 개별 펀드를 고를 수도 있는데, 자산 운용은 전문 운용사(예: Vanguard, Fidelity 등)에 위탁되어 있고, 수수료는 플랜마다 다르다. 주(州) 간 이동은 자유로우며, 연 2회의 투자 전환이 가능하다.

인출 및 유연성

적격 교육비에 사용하는 경우 원금과 이익이 모두 면세된다. 이때 적격 비용을 대학 등 교육 기관에 지출하고 영수증을 보관하여 증빙해야 한다.

비적격 사용의 경우는 이미 세후 불입한 돈이므로 인출한 원금은 비과세되지만, 자금 운용으로 얻은 이익 부분은 소득세와 10%의 페널티가 부과된다. 다만 자녀의 장학금으로 커버된 금액은 예외적으로 페널티가 면제되는 등 몇 가지 완화 규정이 있다.

장점

① 수혜자 변경 : 계좌의 소유자는 언제든 수혜자를 가족 내 다른 사람으로 변경할 수 있다. 예를 들어 첫째 아이의 교육비로 쓰고 남은 돈을 둘째의 교육비로 쓰도록 바꿀 수 있는 것이다. 가족의 범주는 매우 넓어서 조카, 손자, 본인까지 변경 가능하다.

② 소유와 재산권 : 529 플랜은 소유자가 일반적으로 부모이며, 수혜자는 자녀가 된다. 소유자는 자금을 통제하고, 언제든 인출하거

나, 수혜자를 바꾸거나, 계좌를 폐쇄할 권리가 있다. 따라서 부모의 자산으로 간주되며, 완전 증여(complete gift)로 간주되면 일정 요건 충족 시 상속세 과세 대상에서 제외될 수 있다.

③ 목적 자금 마련에 최적 : 교육비는 규모가 큰 지출이므로 미리 대비해 두면 가계 재정 안정에 도움이 된다. 529 플랜은 지정된 용도로만 쓰게 되어 있기 때문에 교육비 목돈 마련에 효과적이다.

④ 세제 혜택 : 운용 수익에 과세가 되지 않으므로, 18년 이상 장기 투자하게 되면 상당한 세금 절약 및 높은 순수익을 올릴 수 있다. 특히 장기 투자 시 면세 효과가 매우 크다.

⑤ 주 세금 공제 : 본인이 거주하고 있는 주의 529 플랜에 넣으면 절세 효과를 약간 더 볼 수 있다. 주에 따라 수백~수천 달러 수준이다.

⑥ 고액 불입 가능 : 한 번에 큰돈(예: 유산의 일부)을 불입하고 증여세 없이 운용할 수 있어서 할아버지가 손주의 대학 학자금을 미리 넣어주는 것 같은 전략이 가능하다.

⑦ 재산 보호 : 대부분의 주에서 529 플랜은 채권자 압류로부터 부분 보호된다. 물론 주법에 따라 다르게 적용된다. 또한 상속세를 계산할 때도 미리 증여한 것으로 간주되어, '5-year election'을 이용하면 고액의 자산을 미리 넘기는 효과도 있다.

⑧ 남은 돈 활용 : 529 플랜의 자금이 쓰이지 않고 남으면 다른 가족의 교육비로 돌릴 수 있고, 30년 이상 장기적으로 유지하는 것도 가능하다. 2023년 법 개정으로 529 플랜 잔액을 로스 IRA로 롤

오버할 수 있는 길도 열렸다. 평생 3만 5,000달러 한도, 15년 이상 유지한 계좌라는 조건 하에 플랜을 폐기하지 않고 다른 은퇴 자금으로 전환하는 길이 생긴 것이다.

단점

① 용도 제한 : 반드시 교육비로 써야 최적의 혜택을 받을 수 있다. 자녀가 장학금을 받거나 대학 진학을 하지 않으면 초과 자금의 활용이 애매해질 수 있다. 다른 용도로 쓰게 되면 페널티를 부담해야 하기 때문이다.

② 투자 제한/수수료 : 플랜마다 운영 보수가 있고, 타 주 플랜 선택 시 주 공제를 포기해야 할 수 있다. 투자 상품이 마음에 안 들 수도 있다.

③ 학자금 지원(FAFSA) 영향 : 529 플랜은 부모 자산으로 포함되기 때문에 학비 보조금/저리 융자 한도가 어느 정도 줄어들게 된다. 하지만 영향은 크지 않은 편이며, 대안을 고려할 수준은 아니다. 조부모 소유의 529 플랜은 부모 자산으로는 잡히지 않지만, 인출액이 손주의 소득으로 간주되어 다음 학년도의 지원금에 악영향을 주는 단점이 있었다. 2024/2025년부터는 FAFSA 양식 개편으로 조부모 인출을 보고하지 않게 될 예정이어서 이 문제가 해소될 전망이다.

④ 과잉 납입 위험 : 교육비 예측이 어렵기 때문에, 너무 많이 넣어두었다가 교육비로 쓰이지 않게 되면 나중에 돌려받기가 번거롭다.

그러므로 융통성을 가지고 너무 과하지 않게 적립하는 것이 좋다.

⑤ 세금 공제가 없는 주 : 캘리포니아주 등 몇몇 주는 불입 공제가 없다. 해당 주의 거주자는 순수하게 연방 비과세 혜택만 보고 운용해야 한다.

적합한 대상

자녀를 대학까지 보낼 계획이 확실한 가정에 권장된다. 아이가 어릴 때부터 적립하기 시작하면 좋고, 아이가 고등학생이 된 후 시작해도 늦지는 않다. 특히 고소득층 부모는 자녀의 학자금 지원 혜택을 못 받는 경우가 많으므로, 529 플랜으로 스스로 교육비 자금을 준비해 두는 것이 필요하다. 반대로 학비 보조금이 많이 나오는 저소득층은 오히려 529 플랜이 보조금을 줄이는 역효과를 낳을 수 있지만, 보통 부모 자산의 5% 정도로 반영되기 때문에 크게 걱정할 필요는 없다. 또 조부모가 손주의 학자금을 지원하는 경우에도 529 플랜은 좋은 방법이다. 요컨대 교육비를 미리 준비하고자 하는 사람에게 529 플랜은 최선의 선택이 될 것이다. 다만 교육비에 쓰지 않으면 손해이므로, 용도가 확실히 있을 때만 활용하는 것이 원칙이다.

064

근로자 관점에서 본
은퇴계좌 선택 전략

지금까지 미국의 주요 개인은퇴계좌들을 모두 살펴보았다. 이제 이러한 여러 가지 옵션 중 상황별로 어떻게 선택하고 조합할지 전략을 세울 차례이다. 은퇴계좌를 선택하고 활용하는 전략은 개인의 소득, 직업 상황, 재무 목표에 따라 다를 것이다. 먼저 개인(근로자) 관점에서 은퇴계좌 선택 방법을 살펴보도록 하자.

고용주 매칭 우선

직장인이 401(k) 매칭을 제공받는다면, 매칭 한도까지 최우선적으로 불입할 것을 권장한다. 이것은 즉시 50~100%의 이익을 얻는 것과 동일한, 확실한 투자이기 때문이다. 예컨대 회사가 근로자의 '적격 보수(연간 총 급여 또는 W-2 임금)'의 5%까지 1:1 매칭을 해 준다면, 적어도 5%는 저축해야 보너스로 5%를 더 받을 수 있는 것이다. 이 혜택을 놓치는 것은 곧 자신의 연봉 일부를 포기하는 셈이다. 따라서 재무상 어떤 일이 있더라도 고용주 매칭을 다 받을 때까지는 401(k) 납입을 우선 순위 1번으로 삼아야 한다.

비상 자금 확보

은퇴계좌는 중도에 인출하게 되면 제약이 크므로, 적절한 긴급 자금(예: 6개월치 생활비)을 별도로 예치해 두는 것이 필요하다. 이것은 은퇴계좌 전략이라기보다는 전제 조건에 가깝다. 비상 상황이 생겼을 때 401(k) 대출이나 IRA 인출에 의존하기보다는 안전한 예금, 즉 원금 손실 위험이 사실상 없고, 예금자 보호(또는 이에 준하는 안전 장치)가 되는 예금을 통해 필요할 때 즉시 현금화할 방법을 마련해 두고 연금 적립을 진행해야 장기적인 전략이 흔들리지 않게 된다.

401(k) 추가 불입 vs. IRA

고용주 매칭 한도까지 채웠다면, 다음으로 고려할 것은 추가 세전 불입과 IRA 불입이다. 일반적으로 401(k)를 계속 불입하여 연 한도까지 채우는 것이 좋다. 직장 플랜이 양호하고, 고용주 매칭 외에도 본인이 부담할 여력이 있다면, 이를 계속 늘려보는 것이다.

한편으로, IRA 불입도 병행할 수 있다. IRA는 401(k)보다 한도가 낮지만, 투자 선택이 자유롭고, 로스 IRA를 활용할 수 있다는 이유로 선호된다. 예를 들어, 소득이 상대적으로 낮아서 트래디셔널 IRA 공제가 가능하거나 로스 IRA 자격이 된다면, IRA 최대 불입

(7,000~8,000달러)을 우선적으로 활용해 볼 만하다. 특히 로스 IRA는 젊은 근로자들에게 미래의 비과세 자산을 마련한다는 측면에서 유용하다. 이미 401(k)를 통해 많은 세전 저축을 하면서 공제 효과를 누리고 있다면, IRA는 로스형으로 선택하여 세금 다양화를 추구하는 것이 좋은 전략일 것이다.

매칭을 채운 뒤에 로스 IRA를 먼저 최대 불입하고 그 다음으로 401(k)를 채울지, 또는 그 반대로 할지는 전문가마다 의견이 갈린다. 그러나 순서는 각자의 세율과 개인적 선호에 좌우될 뿐, 가급적으로 양쪽 모두 한도까지 불입하는 것이 이상적이다.

HSA 최대 불입

HDHP 건강보험이 있는 경우, HSA를 연간 한도까지 맥스아웃, 즉 최대 한도까지 불입하는 전략이 효과적이다. HSA는 보통 401(k) 매칭이나 로스 IRA의 다음 순위로 권장된다. 왜냐하면 HSA 불입은 세금 공제와 면세 인출 혜택을 모두 가지고 있어서 다른 은퇴계좌에 비할 수 없는 절세 수단이기 때문이다. 현재 써야 하는 의료비가 있다면 HSA로 세금 없이 처리하고, 당장 필요한 의료비가 없더라도 HSA에 자금을 두어 노후를 대비할 수 있다. 특히 HSA는 부부 합산 한도가 연 8,000달러 이상이라 그만큼 추가적인 저축 여력이 생긴다.

추가 여력 투자

401(k), IRA, HSA를 모두 최대 한도까지 채웠는데도 자금에 여유가

있다면, 과세 계좌(일반 투자)에 투자할 차례다. 더 이상은 세금 우대 계좌 한도가 없으므로, 배당/이자에 대한 세율이 낮은 상품이나 장기 성장주 투자, ETF 등으로 포트폴리오를 확장한다. 아니면 모기지 상환, 부동산 투자 등 다른 재무 목표로 자금을 돌릴 수도 있다. 이 단계까지 갔다면 이미 상당한 저축률을 달성한 것이므로, 본인의 라이프스타일과 균형을 맞춰 선택하면 된다.

자산 배분 및 절세 관리

개인은퇴계좌들을 잘 활용하면, 세전 401(k), 로스 IRA, HSA, 일반 계좌 등 여러 통로에 자산이 쌓이게 될 것이다. 포트폴리오 전체를 보는 관점에서 적절히 자산을 배분하고, 수수료를 최소화하며, 세금 최적화를 도모해야 한다.

예를 들면, 채권은 세율이 높으니 401(k) 안에 담고, 주식은 장기 보유로 과세가 적은 일반 계좌에, REIT* 같은 고배당 자산은 IRA 에 넣는 식의 자산 위치 전략(asset location)을 구사하는 것이다. 로스 IRA는 가장 오래 마지막까지 보유하면서 성장시키고, 세전 계좌는 RMD나 필요한 생활비만 인출하는 식으로 인출 전략을 세우는 것이 현명하다.

● REIT(Real Estate Investment Trust): 다수의 투자자로부터 자금을 모아 부동산을 보유·운영하거나 부동산 담보 대출에 투자하여 임대료·이자 수익을 배당 형태로 돌려주는 부동산 집합투자기구.

특수 전략

고소득자 중 트래디셔널 IRA 공제를 못 받는 경우, 백도어 로스 IRA를 활용하거나, 401(k)에 세후 불입 허용 시 메가 백도어 로스 IRA로 추가 전환하는 방법이 있다. 이는 연 2만 3,500달러의 401(k) 외에 추가로 4만 달러까지 로스 IRA로 넣는 고급 기법이다. 이런 전략은 기본 수단을 다 활용하고도 추가 저축 능력이 있을 때 검토한다.

교육 저축 병행

자녀가 있다면 지금까지 설명한 은퇴 저축을 하면서 529 플랜도 고려하길 바란다. 다만 일반적으로 자신의 은퇴 준비가 최우선이므로, 충분한 여력이 있을 때 529 플랜에 자금을 배분해야 한다. 학자금은 융자를 받을 수 있지만, 은퇴 비용은 융자가 안 된다는 점을 유념해야 한다.

　요약하면, 개인은 최우선적으로 고용주 매칭 혜택을 활용하고, 그 다음으로는 세제 우대 한도액까지 저축(IRA, 401(k), HSA)한 다음, 추가적인 여력이 있으면 기타 투자를 하는 식으로 순차적인 접근을 하는 것이 바람직하다. 또한 세전 불입과 세후 불입의 두 가지 유형의 계좌를 모두 보유하여 미래의 세금 환경에 대비하는 것도 중요하다.

065

고용주 관점에서 본
은퇴계좌 선택 전략

사업체(고용주) 관점에서 은퇴계좌를 선택하기 위한 전제 조건은 먼저 사업장의 직원 구성과 사업주의 저축 목표를 파악하는 것이다.

직원이 없으면 솔로 401(k)나 SEP IRA가 후보가 되고, 직원이 있으면 SEP IRA, SIMPLE IRA, 401(k), DB 플랜 등의 선택지로 좁혀진다. 또한 사업주의 소득 수준과 은퇴 저축 의지가 중요하다. 예를 들어 "나 혼자서 월 1만 달러를 벌고 있으니 솔로 401(k)로 최대한도로 저축하고 싶다.", "직원이 5명이고, 그들에게도 어느 정도 복지를 제공하면서 내 세금을 줄이고 싶다." 등 시나리오별로 접근이 달라지게 될 것이다.

직원이 없는 사업체: 솔로 401(k) vs. SEP IRA

소득이 높지 않다면 솔로 401(k)가 유리하다. 예를 들어 순이익이 5만 달러일 때 SEP IRA는 1만 달러까지 불입 가능하지만, 솔로 401(k)는 1만 9,000달러 이상 불입 가능해 차이가 크다. 그리고 추가 불입이나 로스를 희망할 경우에도 솔로 401(k)가 유일한 방법이다. SEP IRA는 이를 지원하지 않기 때문이다.

행정을 간소화하는 것이 우선이라면 SEP IRA를 택할 것을 권장한다. 불입금이 크지 않고 절차를 최소화하고 싶다면 SEP IRA가 그 조건을 충족시킬 수 있을 것이다.

일반적으로 절세액과 적립액의 극대화가 목표라면 솔로 401(k), 절차의 단순성이 목표라면 SEP IRA를 선택한다. 두 플랜은 동시에 실행할 수도 있지만, 실익이 없으므로 하나만 선택하는 것이 바람직하다.

직원 100인 이하의 사업체: SEP IRA vs. SIMPLE IRA vs. 401(k)

직원 수가 적고 오너의 소득이 높은 사업체의 경우 SEP IRA로 가능하긴 하지만, 직원의 사기 고양과 우수 인재 채용이라는 측면에서 SIMPLE IRA나 401(k)가 더 권장된다. 특히 직원도 불입하게 하려면 SEP IRA는 선택에서 제외할 수밖에 없다. SEP IRA는 직원이 스스로 저축할 수 없으므로 직원들이 원한다면 SIMPLE IRA나 401(k)를 선택해야 한다.

관리의 용이성과 낮은 관리 비용을 본다면 SIMPLE IRA가 좋은 출발점이 될 것이다. 직원 수가 10명 내외로 적고, 사업주 역시 과도한 적립이 필요 없을 때 알맞은 선택이다. 3% 매칭으로 세이프 하버 효과도 얻고, 운영하기도 쉽다.

　사업주가 은퇴계좌에 적립을 많이 하고 싶은 경우도 있을 것이다. 사업주 본인이 401(k)에 연 2만 2,000달러 이상 넣고 싶고, 직원들도 고르게 혜택을 주고 싶다면, 세이프 하버 401(k)를 고려할 수 있다. 이는 매칭 기여 4% 혹은 비선택적 기여(Nonelective)* 3%를 통해 별도의 제약 조건 없이 불입금을 늘리는 방식으로, SIMPLE IRA보다 고용주 비용은 약간 크지만, 직원들이 401(k) 한도까지 저축할 수 있고, 로스 옵션도 제공된다. 또한 401(k)는 임직원들에게도 인기 있는 베네핏(benefit)이다.

　그러므로 기업의 성장 단계에 따라 단계적으로 접근해가는 것이 필요하다. 사업 초기에 직원 수가 많지 않을 때는 SIMPLE IRA로 시작해서 운영하다가, 사업의 규모와 직원들의 수요가 커지면 401(k)로 전환하는 것이 적절한 순서이다.

DB 플랜 도입

오너의 나이가 상대적으로 많고, 소득이 높고 안정적이며, 단기간에 고액의 은퇴 자금 불입을 희망할 때는 DB 플랜이 적합하다. 주로 50대 이상의 고소득 파트너십 사업체나 S-Corp** 오너들이 DB 플랜

● 직원의 401(k) 불입 여부와 상관없이 고정적으로 고용주가 직원 급여의 3%를 적립해 주는 것.
●● 미국 세법(Internal Revenue Code Subchapter S)에 따라 패스 스루 과세(Pass-through taxation)를 선택한 법인. S-Corp이 DB 플랜 불입액을 법인 비용으로 처리하면, 패스 스루 소득이 그만큼 줄어 연방·주 소득세를 즉시 절감할 수 있다.

을 활용한다. 직원이 거의 없거나, 있더라도 직원들의 나이가 젊고 임금이 낮은 경우에 DB 설계가 용이하기 때문이다. 예를 들어 55세 의사 한 명과 30대 간호사 두 명으로 운영되고 있는 개인 클리닉이라면, 의사의 은퇴 급여를 크게 설정하고 직원들에게는 적은 금액의 급여 약속으로 설계함으로써 DB 플랜 전체 불입액의 대부분이 의사 몫으로 가게 할 수 있다.

　DB 플랜은 고용주가 비용을 감당할 수 있는지 미리 고려해야 한다. 연 관리비로 최소 수천 달러가 들고, 직원이 있으면 그들에게도 최소 기여 금액이 필요하며, 그것을 수년간 지속할 의무가 있다. 따라서 안정적인 수익 전망과 장기간의 실행 의지가 필수적이다. 오너가 '60세 은퇴를 목표로 10년 동안 DB 플랜을 운영하겠다'는 식의 확고한 계획이 있을 때 효율적이다.

　보통 DB 플랜을 단독으로 운영하기보다 401(k)와 DB 플랜을 병행하는 방식이 많이 활용된다. 401(k)는 직원들도 함께 불입하고, 추가로 오너가 DB 플랜을 통해 더 적립하는 구조가 되는 것이다. 이경우 연 20만 달러 이상의 공제도 가능해진다. 다만 관리하기가 복잡해지기 때문에 자산 관리 전문가의 도움을 받아야 한다.

전문가 상담

사업체 연금은 세법, 노동법 문제가 얽혀 있으므로, 플랜 도입 전에 연금 전문가(계리사나 연금 컨설턴트)와 상의하는 것이 현명하다. 특히 세이프 하버 401(k)나 DB 플랜 세팅은 규정 준수 조건이 많다. 세무사, 재무 설계사와 함께 세금 절감액과 플랜 비용, 직원 급여 비용 등 도입 효과를 분석해 보는 것이 좋다.

또한 세액 공제뿐 아니라 직원 유지와 채용 효과도 고려해야 한다. 좋은 연금 플랜은 우수 인재 영입에 도움이 되고, 직원들의 만족도를 높인다. 그렇다고 나중에 감당 못 할 약속을 하게 되면 회사 재정에 해가 된다.

정기적인 재평가

일단 사업체 은퇴 연금 플랜을 도입하면 매년 잘 운영되는지 점검을 해야 한다. 직원들의 활용도, 불만 여부, 비용 대비 효과 등을 살펴보고, 필요한 경우에는 플랜을 변경해야 한다.

예컨대 SIMPLE IRA를 시행하고 있는 사업체에서 어느 해 90%의 직원이 최대치를 불입하려고 한다면, 바로 401(k) 전환을 고민해야 하는 신호이다. 반대로 401(k)를 도입했는데 직원들의 참여율이 저조하다면 자동 등록 제도*를 도입하거나, 기업의 부담을 낮추기 위해 세이프 하버 중단 등을 고려할 수도 있다. DB 플랜은 사업 여건에 변화가 있을 때 동결하거나 조기 종료할 수 있지만, 그와 관련한 잔여 자산, 세무 처리에 유의해야 한다.

● 근로자가 별도 선택(Opt-out)을 하지 않는 한, 급여에서 자동으로 401(k)·403(b)·SIMPLE IRA 등에 불입하도록 설정해 두는 제도.

사업체 유형별 은퇴계좌 선택

1. **1인 기업:** 솔로 401(k)(고적립) vs. SEP IRA(간편) 중 선택.

2. **직원 10인 이하:** SIMPLE IRA(간단/저비용)로 시작 후 사업체 성장에 따라 401(k)로 전환.

3. **직원 100인 이하:** 세이프 하버 401(k)로 매칭 제공(복지 향상/고적립).

4. **오너 고소득(고령), 직원 적음:** 401(k)+DB 플랜 조합(전문가 설계 필요).

5. **오너 고소득(중년), 직원 적음:** SEP IRA 또는 401(k)+DB 플랜 조합.

6. **시즌별 일용직이 많은 업종:** SEP IRA로 단기 고용자를 제외하고 오너만 불입.

7. **스타트업:** 초기 3년간은 SEP IRA+이익 공유. 이후 인원이 늘어나면 401(k) 도입.

은퇴계좌 플래닝 사례 분석

066

이제 다양한 상황별로 실제 인물들이 어떻게 자신의 개인은퇴계좌를 설계하고 활용하는지 분석해 보려고 한다. 각각의 사례는 앞서 설명한 플랜들이 현실 속에서 어떤 의사 결정 과정을 거쳐 선택되는지 보여주며, 독자 여러분이 자신의 상황에 비추어 은퇴계좌 전략을 세우는 데 도움을 줄 것이다.

직원 없는 개인 사업주의 솔로 401(k)

김민수 씨(35세)는 프리랜서 웹 개발자로 개인 사업을 운영하고 있다. 직원은 없는 1인 기업 형태로 본인의 노동 소득이 주요 수입인 상황이다. 몇 년째 사업이 성장하여 연 소득이 상당히 늘게 되자, 민수 씨는 세금 부담을 줄이고 노후 자금을 마련할 방법을 찾기 시작했다. 처음에는 IRA에 불입하는 것을 고려했지만, IRA의 연 불입 한도(7,000달러)가 자신의 여유 자금에 비해 너무 낮았다. 세무사와 상담한 결과, 민수 씨에게 가장 적합한 플랜은 솔로 401(k)라는 것을 알게 되었다.

민수 씨는 즉시 금융 기관을 통해 솔로 401(k) 플랜을 개설했다. 그는 사업주이자 유일한 직원 자격으로, 두 가지 형태의 불입을 모두 활용했다. 우선 한 해 동안 직원 불입으로 2만 3,500달러를 세전 소득에서 떼어 자신의 솔로 401(k) 계좌에 넣었다. 이렇게 하자 과세 소득이 그만큼 줄어들어 당장의 소득세가 감소했다. 그리고 추가로 사업주 자격으로 고용주 불입을 실시하여, 자신의 사업 순이익의 20%에 해당하는 금액을 더 넣었다. 그렇게 1년 총 불입액이 약 5만 달러에 달했고, 이는 만약 IRA만 활용했다면 불가능했을 금액이다. 민수 씨는 솔로 401(k)를 통해 높은 한도의 불입과 동시에 투자 수익에 대한 세금도 이연받는 효과를 누리고 있다.

이 과정에서 민수 씨는 트래디셔널 방식과 로스 방식 중 어느 것으로 불입할지도 고민했다. 현재 소득이 높아서 세율이 꽤 높기 때문에, 일단 대부분의 금액은 세전 불입으로 공제 혜택을 받기로 했다. 다만 미래에 세금 없이 찾을 수 있는 돈도 매력적이라 판단하여, 솔로 401(k) 내 일부 금액은 로스 옵션을 통해 세후 불입으로 넣기로 했다. 이렇게 혼합 전략을 사용함으로써 세제 혜택과 미래의 비과세 소득을 균형 있게 추구했다.

민수 씨는 솔로 401(k)를 운영하면서 연말에 계좌 잔액이 늘어남에 따라, 잔액이 25만 달러를 초과하면 IRS에 간단한 보고(Form

5500)를 해야 한다는 점도 알게 되었다. 아직 저축액이 그 수준은 아니지만, 빠른 시일 내에 도달할 것으로 예상되어 이 부분을 미리 인지하고 있었다. 민수 씨는 "직원이 없는 1인 기업도 이런 훌륭한 은퇴 플랜을 갖출 수 있다니 다행"이라며 만족하고 있다. 만약 향후에 직원을 채용하게 되면 솔로 401(k)를 일반 401(k)로 전환하거나 다른 플랜을 고려해야겠지만, 현재 상황에서는 솔로 401(k)가 세제 혜택과 저축 한도 면에서 최적의 선택이었다.

직원이 있는 소규모 법인 사업주의 SIMPLE IRA

박영희 씨(45세)는 5명의 직원과 함께 작은 마케팅 회사를 운영하는 법인 사업주이다. 직원들에게 보너스 대신 장기적인 복지 혜택을 제공하고, 본인의 세금도 절감할 방법으로 은퇴 연금 플랜을 고려하고 있었다. 401(k) 도입도 고민했지만, 전문 운용사와 계약하고 매년 관리비를 부담하기에는 회사 규모상 부담이 되는 측면이 있었다. 게다가 복잡한 규정을 관리할 인사팀 여력도 부족했다.

여러 옵션을 검토하던 영희 씨는 SIMPLE IRA가 자신들의 상황에 가장 잘 맞는다는 결론을 내렸다. SIMPLE IRA는 도입이 비교적 간단하고, 직원 수도 100명 이하라는 자격 요건에 부합했기 때문이다. 우선 직원들에게 이 제도를 안내하고, 희망자 모두 자신의 급여에서 일정 비율을 SIMPLE IRA 계좌로 불입하도록 했다. 일부 직원들은 월 급여의 5%를, 다른 직원들은 3%를 불입하는 식으로, 각자 결정한 금액을 불입하기 시작했다. 이 불입금들은 세전 급여에서 공제되었기 때문에 직원들의 소득세도 줄어들었다. 박영희 씨 본인도 매달 최대 한도까지 월급에서 약 1,375달러(연간 1만 6,500달러에 해당)를 자신의 SIMPLE IRA에 넣었다.

그리고 고용주로서 그녀는 매칭 불입 3%를 선택하여, 직원이 불입한 금액과 동일한 액수(단, 급여의 3%까지만)를 회사 비용으로 각자의 SIMPLE IRA 계좌에 입금해 주었다. 예를 들어 직원의 월 급여가 1만 달러이고, 그 직원이 급여의 3%인 300달러를 SIMPLE IRA에 불입하면, 회사도 그에 상응하는 300달러를 추가로 넣어 매달 총 600달러가 적립되는 식이다. 이렇게 함으로써 직원들은 본인의 불입액과 같은 금액의 추가 이익을 얻게 되어 더욱 동기 부여가 되었고, 영희 씨는 상대적으로 적은 비용으로 직원 복지를 제공할 수 있었다.

SIMPLE IRA를 도입한 후, 직원들의 반응은 매우 긍정적이다. 모두들 자신의 이름으로 된 은퇴계좌에 매달 돈이 쌓이는 것을 보며 뿌듯해했고, 회사에 대한 만족도도 높아졌다. 영희 씨 역시 본인의 은퇴 자금을 매년 적립하면서 동시에 세금을 절약하고 있음을 실감했다. 세무 보고를 통해 예년에 비해 소득세 부담이 감소한 것을 확인했기 때문이다. 또한 401(k)에 비하면 해야 하는 행정 업무가 적기 때문에, 매년 IRS Form 5500을 제출할 필요도 없이 간단한 직원 통지와 금융 기관 보고만으로 이 플랜을 운영할 수 있다.

영희 씨는 앞으로 회사가 성장하여 직원 수가 크게 늘거나 불입 여력이 더 커지면 401(k) 플랜으로 전환하는 것을 고려해 볼 수도 있

〈PART 2〉 IV. 개인과 사업체를 위한 개인은퇴계좌

다. 401(k)를 통해 더 높은 한도로 불입하고 고용주 매칭도 늘리면, 고소득 직원들을 영입하는 데 도움이 될 수 있기 때문이다. 그러나 현재로서는 SIMPLE IRA가 회사 규모와 재정 상황에 꼭 맞는 실용적인 선택이며, 직원들과 고용주 본인 모두 윈윈(win-win)하는 결과를 얻고 있다.

고소득 개인사업주의 DB 플랜

이준호 씨(50세)는 전문의로 자신의 개인 클리닉을 운영하고 있다. 다년간 쌓은 경력 덕분에 클리닉은 매우 성공적이었고, 최근 몇 년 동안 순이익이 크게 증가하여 연 소득이 상당히 높은 수준에 이르렀다. 하지만 그만큼 세금 부담도 만만치 않았다. 준호 씨는 이미 솔로 401(k)를 통해 은퇴계좌에 최대 한도로 불입하고 있었지만, 여전히 과세 소득이 많아서 더 적극적인 절세 방안을 찾고 있었다. 재무 컨설턴트와 상의한 끝에, 그는 DB 플랜(확정급여형 연금)을 도입하기로 결정했다.

준호 씨의 상황에 맞춰 설계된 DB 플랜은 그가 은퇴 후 매년 일정 금액의 연금을 수령할 수 있도록 목표를 설정했다. 예를 들어 62세부터 연 15만 달러의 연금을 받는 것을 목표로 삼고, 이를 위해 12년 동안 필요한 적립을 하는 식이다. 계리사의 계산 결과, 준호 씨는 첫 해에 약 18만 달러를 불입해야 했다. 이는 어마어마하게 큰 금액이었지만, 그 해 그의 과세 소득을 그만큼 줄여주는 효과가 있었다. 실제로 DB 플랜에 넣은 금액은 사업 운영 비용으로 인정되어 해당 연도의 소득세를 크게 경감시켰다. 준호 씨는 "세금으로 낼 돈을 내 은퇴계좌에 쌓는 셈"이라며 크게 만족했다.

DB 플랜 운용을 위해 준호 씨는 전문 연금 운용사와 계약을 맺었다. 매년 말이 되면 계리사가 그의 나이, 계좌 수익률, 목표 연금액 등을 재검토하여 다음 해에 불입해야 할 최소 금액을 산출해 준다. 소득이 높은 해에는 추가 불입을 통해 플랜을 초과 기금하는 것도 가능했다. 2년차에는 사업 이익이 더 늘어나서 무려 20만 달러 이상을 불입했고, 이는 모두 세전 불입으로 처리되었다. 그 결과 몇 년 사이에 준호 씨의 연금 계좌에는 수십만 달러의 자산이 쌓였다. 이 자산들은 주식과 채권 등에 투자되어 세금 없이 불어나는 중이다.

물론 이렇게 큰 혜택에는 책임과 제약도 따른다. 준호 씨는 경기가 어떻든 매년 계산된 최소 불입금을 꼭 납입해야 하는 의무가 있다. 어느 해는 클리닉 건물 리모델링으로 지출이 많아져서 자금 사정이 빠듯했지만, 연금 플랜 불입은 우선 순위로 두고 예산을 짜야 했다. 또한 직원인 간호사 한 명에 대해서도 별도의 작은 연금 혜택을 제공했는데, 이는 법적으로 요구되는 부분이기 때문이다. DB 플랜은 차별이 불가하므로 모든 적격 직원을 포함해야 한다. 준호 씨는 매년 이러한 부담이 있음을 알지만, 세금을 납부하느니 차라리 자신의 은퇴 자금으로 쌓는 것이 낫다고 생각하며 꾸준히 실행했다.

10년 후, 준호 씨는 60세가 되었다. 그의 DB 플랜에는 이미 충분한 자산이 쌓여 있었고, 계리사는 앞으로 2년만 더 불입하면 목표 연금액을 달성할 수 있다고 조언했다. 준호 씨는 62세에 플랜을 종료

하고, 그 자금을 IRA로 롤오버하여 자율적으로 운용하거나, 혹은 예정된 대로 연금 형태로 수령할 계획을 세우고 있다. 그는 이 플랜을 통해 세금을 크게 절감하고 은퇴 자금을 신속히 마련한 것에 크게 만족하며, "고소득 사업자에게 DB 플랜은 최고의 절세 방법"이라고 주변 동료들에게도 조언하고 있다.

이상의 사례들을 통해 살펴보았듯이, 각 개인이나 사업주의 상황에 따라 최적의 은퇴 연금 플랜은 달라질 수 있다. 직원 유무, 소득 규모, 장래 세율 예상, 행정 관리 능력 등의 요소들을 고려해야 하기 때문이다. 중요한 것은 자신의 상황을 객관적으로 파악하고, 필요하다면 재무 전문가의 조언을 구해 세제 혜택을 극대화할 수 있는 방향으로 은퇴계좌를 활용하는 것이다. 앞서 정리한 개인은퇴계좌 정보와 실제 사례 분석을 함께 참고하여, 독자 여러분도 자신만의 현명한 은퇴 연금 전략을 세울 수 있길 바란다.

로스 IRA vs. 트래디셔널 IRA

로스 IRA는 트래디셔널 IRA에 비해 세금과 인출 측면에서 여러 가지 이점을 제공한다. 두 계좌의 가장 큰 차이는 세금을 내는 시점인데, 이로 인해 로스 IRA가 은퇴 재정을 계획할 때 더욱 유리한 선택이 될 수 있다. 이 글에서는 로스 IRA가 트래디셔널 IRA에 비해 더 유리한 점들을 모두 정리해 보려고 한다.

세후 불입으로 인한 실질적인 불입액 차이

로스 IRA의 첫 번째 장점은 동일한 한도의 금액을 불입하더라도 실질적으로 더 많은 금액을 투자하는 효과가 있다는 점이다. 이것은 로스 IRA가 세후(after-tax) 자금으로 불입되는 반면, 트래디셔널 IRA는 세전(pre-tax) 자금으로 불입된다는 차이에서 비롯된다. 두 계좌의 연간 불입 한도는 동일하지만, 불입 단계의 세금 처리 방식 때문에 로스 IRA를 최대 한도로 채울 경우 동일한 금액을 불입한 트래디셔널 IRA보다 실질적으로는 더 큰 투자금이 마련된다.

예를 들어 연간 불입 한도가 7,000달러이고, 현재 소득세율이 20%라고 가정해 보자. 로스 IRA에 7,000달러를 불입할 때는 이미 세금을 납부한 세후 소득에서 돈을 넣기 때문에 7,000달러 전액이 세금 없이 성장할 수 있는 순수 투자금이 된다. 반면 트래디셔널 IRA에 동일하게 7,000달러를 불입하면, 이는 세전 소득으로 넣은 금액이므로, 은퇴 후 인출 단계에서 20%의 세금을 떼게 되어 실제로 손에 쥐는 금액은 약 5,600달러에 불과하게 된다.

결국 명목상 동일한 7,000달러 불입이라도 로스 IRA 쪽이 세금 공제 후 더 많은 금액을 운용하게 되는 셈이며, 이러한 차이는 시간이 지날수록 투자 수익에도 영향을 주어 은퇴 자산 규모의 격차를 벌릴 수 있다. 즉 로스 IRA는 같은 한도를 최대치로 활용할 때 더 많은 자금을 세금 없이 굴릴 수 있다는 점에서 전략적 이점을 제공한다.

세금에서 안전한 피난처

현재보다 은퇴 후에 세율이 더 오르거나 본인의 소득 수준이 높아질 가능성에 대비할 수 있다는 것도 로스 IRA의 강점이다. 현재 시점의 세율로 미리 세금을 내고 저축해 두면, 나중에 세율이 인상되더라도 로스 IRA에서 인출할 때는 추가 세금을 내지 않는다. 이는 미래의 세금 위험을 미리 차단하는 효과가 있다. 또한 은퇴 후에 연금이나 투자 소득 등으로 예상보다 높은 소득을 올리게 되어도, 로스 IRA

인출분은 과세 대상 소득에 포함되지 않으므로 전체 세금 부담을 증가시키지 않는다. 요컨대 로스 IRA는 미래의 세법 변화나 은퇴 생활에서 생길 수 있는 예기치 않은 소득 증가에도 세금 면에서 안전한 피난처가 되어 준다.

최소 인출 규정(RMD)

트래디셔널 IRA의 경우, 일정 연령(만 73세 이후)이 되면 세법상 정해진 최소 금액을 매년 반드시 인출해야 하며 그에 따른 세금을 내야 한다. 그러나 로스 IRA는 계좌 소유자가 살아 있는 동안 RMD 규정이 적용되지 않는다. 소유자 본인이 원하지 않으면 은퇴 후에도 계좌에서 돈을 빼지 않고 계속 둘 수 있다. 그 결과 필요 없는 인출로 인한 세금 발생을 피하고, 계좌의 자산을 더 오래 투자하여 운용할 수 있다. 다시 말해 RMD 의무가 없다는 것은 로스 IRA 자금을 본인의 계획에 따라 유연하게 활용할 수 있고, 원하면 상속으로 남겨줄 수도 있다는 뜻이다.

사회보장연금 및 메디케어 보험료 산정

은퇴 후 총소득 규모는 사회보장연금 수령액의 과세 여부와 메디케어 보험료 산정에도 영향을 준다. 트래디셔널 IRA에서 인출하는 금액은 과세 소득으로 잡히기 때문에, 많이 인출할수록 연 소득이 높아져서 사회보장연금 수령액 중 과세 대상 비율이 높아지고, 메디케어 보험료가 상승할 가능성이 있다. 반면 로스 IRA 인출액은 세금이 부과되지 않아 과세 소득으로 계산되지 않는다. 따라서 로스 IRA를 활용하면 사회보장연금에 대한 세금 부담을 줄이고, 메디케어 보험료에서 고소득자에 대한 할증 부담을 피할 수 있다. 즉, 과세되는 소득을 줄여줌으로써 은퇴 후 받는 혜택들을 온전히 유지할 수 있는 것이다.

원금 인출의 유동성 확보

로스 IRA는 불입한 원금을 언제든지 페널티 없이 인출할 수 있다는 유연성이 있다. 이미 세금을 내고 넣은 돈이기 때문에, 계좌에 넣은 원금에 한해서는 시간이나 나이에 관계없이 필요할 때 찾아 쓸 수 있다. 살다보면 갑작스럽게 자금이 필요한 상황이 생길 수 있는데, 이럴 때 로스 IRA에 불입했던 원금 부분은 추가 세금이나 페널티 없이 꺼낼 수 있어서 재정 유동성에 큰 도움이 된다. 다만 원금에서 발생한 투자 수익을 은퇴 전에 찾으려면 세금이나 페널티가 부과될 수 있으므로 주의해야 한다. 결국 처음 넣은 원금 자체는 언제든 자유롭게 꺼낼 수 있다는 점이 중요하다. 이러한 특징 덕분에 로스 IRA는 은퇴 자금이면서도 비상시에 활용할 수 있는 예비 자금의 역할도 일부 수행한다.

세금 없는 유산 상속

로스 IRA는 상속 측면에서도 매우 유리한 수단이다. 계좌를 상속받는 자녀나 배우자는 로스 IRA의 자금을 인출할 때 세금을 내지 않아도 된다. 트래디셔널 IRA를 상속하게 되면 상속자가 그 돈을 인출할 때 소득세를 부담해야 하지만, 로스 IRA는 이미 세금이 납부된 자금이므로 상속인에게 세금 부담을 전가하지 않는다. 또한 로스 IRA에는 RMD 의무가 없기 때문에, 원한다면 계좌를 은퇴 기간 내내 그대로 두고 더 키워서 큰 금액을 상속으로 남길 수도 있다. 즉, 로스 IRA는 은퇴 자금을 쓰고 남았을 때 자녀에게 세금 없이 물려줄 수 있는 자산이 된다.

계좌의 모든 금액이 순자산

트래디셔널 IRA의 경우 계좌에 보이는 금액이 모두 내 돈처럼 보여도, 인출할 때 세금을 떼고 나면 실제 손에 쥐는 금액은 줄어들게 된다. 반면 로스 IRA의 계좌 잔액은 처음부터 세금을 처리한 금액이므로 계좌에 있는 돈이 곧 내 순자산이다. 세금으로 빠져나갈 몫이 숨어 있지 않다는 점에서, 재무 상황을 더 명확하게 파악하고 계획할 수 있다. 로스 IRA 계좌에 들어 있는 모든 돈은 온전히 내 것이며 미래에 세금으로 일부를 잃게 될 걱정이 없는 것이다. 이러한 투명성은 은퇴 계획을 세울 때 예측 가능성을 높이고, 은퇴 생활에 안정을 주는 요소가 된다.

고소득자에게 유리한 선택지

소득이 높은 사람들에게는 로스 IRA가 특히 매력적인 선택이 될 수 있다. 고소득자의 경우 트래디셔널 IRA에 불입하더라도 이미 직장에서 은퇴 플랜을 가지고 있다는 이유로 세액 공제 혜택을 받지 못하거나 매우 제한적으로 받게 된다. 공제를 받지 못하는 트래디셔널 IRA는 불입 시점에 세금을 부담하고도 은퇴 후 다시 과세되는 이중과세가 될 수 있어 세금 측면에서 비효율적이다. 그러므로 차라리 로스 IRA에 불입하여 현재 세금을 내고, 앞으로의 수익을 비과세로 키우는 편이 유리하다. 또한 소득이 너무 높아서 로스 IRA에 직접 불입할 수 없는 경우에도 백도어 로스 등 우회 전략을 통해 로스 IRA의 혜택을 받을 수 있다. 이렇게 로스 IRA를 활용하면 고소득자도 세제 혜택을 최적화하여 은퇴 자금을 효과적으로 마련할 수 있다.

은퇴 시 인출 전략의 유연성 증가

로스 IRA를 가지고 있으면 은퇴 후 인출 전략을 세우는 데 있어서 더 큰 유연성을 확보할 수 있다. 은퇴 자금이 모두 과세되는 계좌에만 들어 있다면, 필요한 자금을 인출할 때마다 세금 부담을 먼저 고려해야 한다. 그러나 로스 IRA 같은 비과세 계좌와 트래디셔널 IRA 같은 과세 계좌를 함께 보유하고 있다면, 그 해의 소득 상황을 감안하여 어느 계좌에서 인출할지 선택함으로써 세금의 영향을 조절할 수 있게 된다. 예를 들어 어떤 해에 과세 소득이 많아서 높은 세율이 예상된다면, 그 해에는 로스 IRA에서 돈을 인출하여 세금을 피하는 것이다. 반대로 다른 해에는 트래디셔널 IRA에서 인출하는 식으로 상황에 맞게 조절이 가능하다. 이렇게 로스 IRA는 은퇴 재정 관리에 있어서 전략적인 인출 결정을 도와주는 도구가 될 수 있다.

장기적인 투자 효율성 극대화

로스 IRA는 장기 투자 측면에서 효율성이 매우 높다. 계좌 내 투자 수익에 대해 평생 세금이 부과되지 않으므로 투자 수익을 재투자할 때 세금으로 인한 자금 유출이 없다. 그 결과 복리 효과를 최대한 누릴 수 있어서 오랜 기간에 걸쳐 자산을 크게 불릴 수 있다. 특히 은퇴 후에도 RMD 규정에 구애받지 않으므로, 원하는 동안 계속 계좌에 둔 채 투자를 할 수 있다는 점은 장기적 관점에서 자산 증식에 유리하게 작용한다. 한마디로 로스 IRA는 세금으로 인한 마찰 비용 없이 투자 성과를 온전히 누적시킬 수 있어서, 시간에 따른 투자의 효율을 극대화한다.

지금 세금을 내고 미래에 누리는 비과세 혜택

여러 가지 이점을 종합해 보면, 로스 IRA는 현재 세금을 부담하더라도 장래에 비과세 혜택으로 보상을 받는 탁월한 은퇴 저축 수단이다. 복잡한 세금 계산이나 논리를 일일이 따질 필요 없이, 지금 열심히 일하고 세금을 낸 후 로스 IRA에 저축하여 은퇴 후 '100% 내 돈을 세금 걱정 없이 마음껏 쓰자'는 것이 핵심 메시지이다. 지금 세금을 조금 더 내고 미래에 대비함으로써 은퇴 생활을 위한 가장 확실한 세금 면제 수입원을 마련하는 것이다. 그러므로 현재 소득이 있을 때 로스 IRA를 최대한 활용해 둘 것을 권장한다. 그렇게 하면 은퇴 후에 진정한 비과세 재정의 자유를 누리게 될 것이다.

V

사회적 기여와 부의 상속

가족재단 설립의 장점

068

가족재단(Family Private Foundation)은 개인 또는 가족이 출연한 자산으로 설립되어 사익이 아닌 공익을 목적으로 운영되는 사립재단을 말한다. 미국 연방법상 국세청(IRS) 규정 501(c)(3)에 따라 면세 혜택을 받는 비영리 법인의 한 형태로, 소수의 기부자가 자금을 조성하고 통제한다는 점에서 대중으로부터 폭넓게 기부금을 받는 공익재단(public charity)과 구별된다.

가족이 재단에 돈이나 주식을 기부하면 그 돈은 재단의 기금(endowment)이 되고, 재단은 그 돈을 투자하거나 불려서 나온 수익으로 매년 자선 활동을 한다. 물론 재단을 세운 가족은 이 돈을 어떤 좋은 일에 쓸지 직접 결정할 수 있는 권한을 갖게 된다. 일반적으로 가족재단은 비영리 주식회사 형태로 조직되며, 가족 구성원이 이사회를 구성하여 재단의 자산 운용 및 기부 활동을 직접 감독한다. 규모에 따라 차이는 있지만, 가족재단은 출연된 기금을 투자하여 발생한 수익 또는 원금을 활용해 장학금, 연구비, 비영리 단체 지원금 등 다양한 형태로 공익 사업을 수행하게 된다.

그렇다면 왜 그냥 바로 기부를 하지 않고 굳이 가족재단을 만들까 궁금할 것이다. 가족재단을 설립하고 활용함으로써 얻을 수 있는 주요한 장점은 다음과 같다.

체계적인 기부 및 전략적 운영

가족재단은 설립자가 출연 자산에 대한 지속적인 통제권을 유지하면서도 법적으로는 자선을 행할 수 있는 구조이다. 가족재단을 통해 체계적으로 기부 계획을 세우고, 자산을 효율적으로 관리하며, 장기적인 자선 활동을 펼칠 수 있다. 단순한 기부를 넘어 기부자가 사업 기획자처럼 참여해 사회적 효과를 극대화할 수 있다.

평생 남는 유산과 지속 가능성

재단은 보통 설립자의 생애를 넘어 영속적으로 운영되도록 만든다. 그래서 본인이 죽은 후에도 재단을 통해 가문의 이름으로 꾸준히 사회에 공헌하는 유산을 남길 수 있다. 예컨대 록펠러 재단, 카네기 재단 등은 설립자의 이름을 역사에 남기는 동시에 해당 이름이 자선과 공익의 상징으로 인식되도록 하는 역할을 했다. 반대로, 원한다면 기부자의 신분을 드러내지 않고 재단 명의로 익명성을 유지하면서 조용히 기부할 수 있어서 대외 노출을 조절할 수 있다는 장점도 있다.

가족의 가치 전수 및 유대감 강화

가족재단을 운영하면 그냥 기부금만 쓰는 것이 아니라, 어떤 문제를 해결할지 직접 고민하고 참여하게 된다. 가족 구성원이 재단 이사로 적극 참여함으로써 가문의 사회 공헌 전통을 확립할 수 있다. 특히 재단이 영속성을 갖는 경우, 2세, 3세에 걸쳐 세대 간에 공공선에 대한 가치관을 공유하며 협력하게 된다. 이는 부의 대물림 과정에서 흔히 나타나는 세대 갈등을 완화하고, 가문의 공동 목표를 제공함으로써 가족의 결속을 다지는 효과도 기대할 수 있다. 한편 가족 구성원이 재단 운영을 통해 경영 역량을 함양하는 부수적 이익도 있다. 실제로 젊은 세대가 재단에 참여함으로써 투자 운용, 의사 결정, 사회 문제에 대한 식견을 쌓는 기회가 된 사례가 많다.

광범위한 기부 범위와 유연성

가족재단을 활용하면 법적 제한 없이 다양한 형태의 기부가 가능하다. 일반 개인은 공익 법인이 아닌 곳이나 해외 단체, 또는 개인에게 직접 기부하면 세제 혜택을 받을 수 없지만, 재단은 IRS의 승인을 거쳐 개인에 대한 장학금 지급이나 해외 자선단체에 대한 보조금도 집행할 수 있다. 또한 미술품, 부동산, 주식 등 다양한 유형의 자산을 출연받아 관리할 수 있기 때문에, 현금이 아닌 형태의 자산으로도 효율적인 기부가 가능해진다.

069

가족재단의 세제 혜택

가족재단을 활용하면 미국 세법상 다양한 세제 혜택을 누릴 수 있다. 가족재단은 미국 국세청의 501ⓒ(3) 조항에 따라 세금 면제 비영리 단체로 인정되므로, 이 규정을 적절히 활용하여 소득세, 자본이득세, 상속세 등의 절세를 도모할 수 있다.

소득세 공제 혜택

개인이 가족재단에 자산을 기부할 경우, 소득세 공제를 통해 세금 부담을 줄일 수 있다. 현금 기부의 경우 과세 소득의 최대 30%까지 세액 공제를 받게 된다. 예를 들어, 연 소득이 100만 달러인 사람이 30만 달러를 가족재단에 기부하면 그 금액만큼 소득이 공제되어 세금 산정 대상 소득이 줄어든다. 주식같이 장기 보유한 평가 차익 자산(고평가된 자산)을 재단에 기부하는 경우에도 공제 혜택이 있으며,

이때는 과세 소득의 20%까지 공제가 가능하다. 이러한 공제 한도는 일반 공익재단에 기부할 때의 한도(현금 기부 시 소득의 60% 공제)보다는 낮지만, 가족재단을 통해 기부하면 기부자가 기부금 사용에 대한 직접적인 통제권을 갖는다는 장점이 있다. 또한 공제 한도를 초과한 기부 금액에 대해서는 최대 5년까지 이월하여 향후 과세연도의 공제로 사용할 수 있으므로, 계획적으로 소득세 절감을 도모할 수 있다.

증여 · 상속세 절감

가족재단은 상속세 측면에서 강력한 절세 도구로 작용한다. 자산을 가족재단에 출연(기부)하면 그 자산은 더 이상 기부자의 개인 재산이 아니므로 상속세 과세 대상에서 제외되는 것이다. 다시 말해, 재단에 기부된 금액에 대해서는 주 및 연방 차원의 상속세가 부과되지 않는다. 현행 미국의 상속세율이 최고 40%에 이르는 점을 감안하면, 재단을 통해 자산을 이전함으로써 막대한 상속세를 합법적으로 회피(절감)할 수 있다. 예를 들어 5,000만 달러 상당의 주식을 가족재단에 이전하면, 이 금액은 더 이상 상속 재산으로 간주되지 않으므로 향후 상속인들에게 부과될 수 있었던 세금을 절약하게 된다. 증여세의 경우도 마찬가지로, 재단에 대한 기부는 자선 목적으로 인정되어 증여세 면제 한도를 넘어서는 금액도 과세를 피할 수 있다. 즉, 가족재단을 이용하면 생전에 자산을 재단으로 이전함으로써 자녀에게 직접 증여하는 경우에 비해 세금 부담 없이 재산을 물려주는 효과를 얻을 수 있다.

자본이득세 및 투자 소득에 대한 면세 혜택

고액 자산가들이 가족재단을 선호하는 또 하나의 이유는 투자 소득에 대한 세제 혜택 때문이다. 개인이 보유한 고평가 자산, 즉 낮은 가격에 매입하여 가치가 크게 오른 주식이나 부동산을 매각하면 상당한 자본이득세를 내야 한다. 하지만 이런 자산을 가족재단에 기부하면, 기부 시점에 자본이득세를 내지 않아도 되고, 재단은 해당 자산을 처분하거나 운용하면서 발생하는 이익에 대해 세금을 거의 부과받지 않는다. 재단은 기본적으로 연방 소득세가 면제되고, 순투자 소득에 대해서만 약 1~2% 정도의 미미한 연방 소비세(Excise Tax)만 부담하면 된다. 결과적으로 재단의 자산은 과세 부담 없이 투자 수익을 재투자하여 더 크게 성장할 수 있게 된다. 이는 장기적으로 더 많은 금액을 자선 활동에 투입할 수 있게 만든다는 점에서 큰 이점이다. 예를 들어 시가 1,000만 달러 상당의 주식을 재단에 기부하고, 재단이 이를 매각하여 현금화하는 경우를 가정해 보자. 개인이 그만큼을 매각했다면 수백만 달러에 달했을 자본이득세가 가족재단에서는 거의 발생하지 않으므로, 그만큼의 금액이 고스란히 자선 자금으로 남게 된다.

고소득자들의 유일한 대규모 절세 수단

고소득자들이 활용하는 대표적인 항목별 공제(Itemized Deduction)들은 법적 한계로 인해 실질적인 세금 절감 효과가 크지 않다. 미국의 세법 구조상 고소득자일수록 항목별 공제를 통해 세금을 크게 줄이기가 어렵게 되어 있다. 주 정부에 납부하는 세금에 대한 공제는 1만 달러 상한으로 묶여 있고, 모기지 이자도 제한적이며, 의료비 공제는 요건을 충족하기가 쉽지 않다. 이런 상황에서 가족재단에 대한 기부는 고소득자가 활용할 수 있는 거의 유일한 대규모 절세 수단으로 꼽힌다. 가족재단에 대한 기부는 곧바로 과세 소득을 크게 감소시켜 주며, 고소득자가 단기간에 세 부담을 크게 낮출 수 있는 방법이다. 예컨대 소득이 매우 높은 해에 가족재단에 거액을 기부하면, 기부금은 높은 공제 한도의 적용을 받으므로 해당 연도의 과세 소득을 대폭 줄여 세금을 절감할 수 있다. 공제 한도를 초과한 기부금에 대해서도 최대 5년간 이월하여 향후 소득에 대해 공제를 계속 받을 수 있다. 또한 기부금은 재단을 통해 천천히 집행하면 되므로, 이러한 재량권을 통해 필요한 때에 맞춰 큰 금액을 기부하는 등 세제 혜택을 최적화하는 계획적인 자금 운용이 가능해진다.

종합적으로 볼 때, 가족재단은 세법에 있는 공익 법인에 대한 우대 조항들을 적극 활용하여 부를 사회에 환원하면서 세금 부담을 합법적으로 줄이는 도구이다. 하지만 세제 혜택만을 목적으로 남용할 경우 IRS의 엄격한 감시와 제재를 받을 수 있으므로, 공익 실현이라는 본연의 목적을 최우선에 두고 설계해야 한다.

가족재단의 운영 방식과 한계

070

가족재단의 운영은 기본적으로 '기금 관리'와 '공익 지출'이라는 두 축으로 이루어진다. 먼저 설립자는 현금, 유가증권, 부동산 등의 자산을 재단에 기부하여 재단의 기본 자산을 형성한다. 이러한 출연 자산은 재단의 고유 목적 자산으로서 투자 운용되며, 여기에서 발생하는 이자, 배당, 자본 이득 등은 재단의 재원으로 축적된다.

미국 세법상 사립재단은 투자 소득에 대해 1.39%의 연방 소비세를 납부해야 하지만, 이를 제외하면 일반 법인세나 자본이득세를 부과받지 않으므로 사실상 재단 내 자산이 세금 부담 없이 운용되는 효과가 있다. 그러나 가족재단이 항상 최선의 선택인 것은 아니며, 몇 가지 제약이 있다는 사실을 고려해야 한다.

5% 의무 지출 규정

가족재단은 법적으로 매년 최소한의 의무 지출 요건을 충족해야 한다. 현재 규정에 따르면, 사립재단은 매년 반드시 전년도 순자산 평균 가치의 5% 이상을 자선 목적에 사용해야 한다. 의무 지출에는 승인된 공익 목적의 지출, 즉 비영리 단체에 대한 보조금, 장학금 지급 등과 재단 운영을 위한 합리적 경비가 포함되지만, 출연자나 특정 사익을 위한 지출은 제외된다.

공익 실현 외의 개인적 효용 제한

가족재단은 본질적으로 공익을 위한 기금이므로, 출연한 재산은 설립자 개인이나 상속인에게 경제적 이익을 환원하지 않는다. 일부 허용된 보수나 경비 상환을 제외하면 가족이 재단 자금을 사용하는 것은 불가능하다. 따라서 재단에 자금을 출연하는 순간, 해당 자산은 사실상 영원히 사회에 기부된 것이며 설립자 본인도 돌이킬 수 없다. 이런 점에서 가족재단은 가족 기업이나 가문의 자산을 운용하는 패밀리 오피스와 달리, 오로지 공익 목적에 한정된다. 의사 결정권은 남아 있지만, 그 자산을 가계 재정에 활용할 수 없다는 점을 명확히 이해하고 결정해야 한다. 가족재단의 운영은 공익을 위한 지출, 가족에 의한 지배라는 특징을 가지며, 동시에 법령에 따른 투명성과 공익성 유지 의무를 동반한다. 이러한 요건을 충족하며 재단을 운영하는 것이 가족재단의 핵심 과제이다.

빌 게이츠 재단의 거대한 영향력

071

빌 게이츠는 가족재단을 가장 효과적으로 활용한 대표적인 인물이다. 빌 & 멜린다 게이츠 재단(Bill & Melinda Gates Foundation)은 빌 게이츠의 막대한 부를 사회에 환원하는 창구이며, 동시에 그의 영향력을 전 세계에 확산하는 기반이 되고 있다. 이 재단은 현재 약 750억 달러(한화 약 100조 원)에 달하는 기금을 보유한 세계 최대 규모의 자선재단 중 하나로, 게이츠 부부는 2000년 재단 설립 이래 2024년까지 약 602억 달러(한화 약 82조 원)를 재단에 출연했다. 이렇게 거대한 자금을 재단에 출연함으로써 빌 게이츠는 공중 보건, 빈곤 퇴치, 교육 등 다양한 공익 분야에 막대한 기여를 하고 있다.

그러나 이를 단순히 남들에게 돈을 준 '선행'으로만 볼 수는 없다. 빌 게이츠는 이 재단을 통해 공익을 실현하면서도 법적으로 허용된 최대한의 절세 효과를 누리고 있기 때문이다. 특히 그가 재단에 출연한 자산의 대부분은 마이크로소프트 주식의 형태였다. 그는 보유 주식을 재단에 기부함으로써 개인이 그 주식을 처분할 때 발생했을 막대한 자본이득세를 영구히 면제받은 것이다. 실제 분석에 따르면, 빌 게이츠가 수십억 달러 상당의 주식을 자신의 재단에 기부한 덕분에 미 연방 정부가 거두지 못한 세금만 5~14억 달러(한화 약 7,000억 ~2조 원)에 달한다는 평가까지 있다. 이는 그만큼 빌 게이츠가 세제 혜택을 극대화하며 자신의 자산을 재단으로 이전했다는 의미이다. 포브스(Forbes)지는 이러한 주식 기부를 두고 "역사상 가장 큰 세금 감면 혜택이었다."고 평한 바 있다.

또 한 가지 눈여겨볼 점은 게이츠 재단의 자산은 비영리 재단의 형태로 계속 투자 운용되며 성장하고 있다는 사실이다. 앞서 언급한 절세 효과 덕분에 게이츠 부부가 출연한 602억 달러는 세금으로 소모되지 않고 재단 기금으로 온전히 남아 있다. 재단은 매년 그 자산의 일부만을 사용하면서 남은 자금을 투자를 통해 불리고 있다. 게이츠 재단은 자선단체 법규에 따라 매년 자산의 약 5% 이상만을 의무적으로 기부하면 되는데, 실제로 자산 운용 수익이 그 이상으로 발생하면 차액은 재단 내에 재투자되어 기금을 더욱 늘릴 수 있는 것이다. 이러한 구조하에서 게이츠 재단은 출연금 이상의 규모로 성장했고, 거액의 기금을 지속적으로 활용하면서도 재단의 수명은 창립자 사후에도 반영구적으로 유지될 수 있다.

법적으로 가족재단은 창립자 개인의 소유물이 아니며, 별도의 비영리 법인이다. 그러나 빌 게이츠의 사례에서 보듯이, 창립자가 재단

이사회의 의장으로서 재단의 투자 방향과 지원 사업을 결정하기 때문에, 실질적으로는 자신의 또 다른 조직을 운영하듯 영향력을 행사할 수 있다. 실제로 가족이 세운 사립재단들은 대부분 설립자 본인이나 가족이 재단을 통제하는 구조이며, 빌 게이츠 재단 역시 전형적인 가족재단으로 창립자 부부가 재정 지원과 의사 결정에 핵심적인 영향력을 행사하고 있다. 빌 게이츠는 이 재단을 통해 자신의 가치관과 문제 의식에 따라 세계 공중 보건과 교육 정책 등에 거대한 영향을 미쳐왔다. 한 평론에 따르면 빌 게이츠는 개인 재산과 재단 기금을 합쳐 약 1,840억 달러에 달하는 자금을 통솔하고 있는데, 이는 사실상 한 국가만큼의 재정을 움직이는 셈이다. 이것은 가족재단을 통해 창립자의 영향력이 얼마나 증폭될 수 있는지를 단적으로 보여주는 예이다.

요약하면, 빌 게이츠는 가족재단을 활용하여 공익 실현과 세금 절감, 그리고 개인적 영향력의 연장을 모두 달성하고 있다. 그는 자신의 재산 대부분을 기부하면서도, 그 자산을 재단이라는 틀 안에 묶어 두고 지속적으로 운영함으로써 결과적으로 정부에 냈을지도 모를 세금을 재단의 힘으로 전환시켰다. 동시에 재단을 통해 미래 세대까지 이어질 자신만의 유산을 구축한 것이다.

072

가족재단을 통한 절세와 유산 승계

가족재단이 여러 가지 이점을 제공함에도 불구하고, 일부 부유층이나 잠재적 기부자들은 '재단에 돈을 넣으면 법적으로 내 것이 아닌 게 되니 꺼려진다'는 인식을 갖고 있다. 실제로 가족재단에 출연된 자산은 더 이상 개인 재산이 아니며, 공익을 목적으로 사용되어야 한다. 창립자라 하더라도 개인적으로 유용할 수 없는 것이다. 겉보기에는 힘들게 모은 재산을 모두 남에게 넘겨주는 것처럼 보일 수 있기 때문에, 이러한 심리적 장벽이 존재하는 것도 사실이다.

그러나 현실적으로 가족재단은 창립자의 의지에 따라 움직이므로, 관점에 따라 '내 것'이라고 할 수도 있다. 비록 자산의 법적 소유권은 재단에 귀속되지만, 창립자는 이사회 구성과 운영 방향을 결정함으로써 실질적인 통제권을 행사할 수 있다. 이 과정에서 가족 구성원들이 임직원이나 이사진으로 참여해 가족 사업처럼 재단 운영에 기여하면서 그 과정에서 합당한 보수를 받을 수도 있다. 또한 이러한 활동은 대를 이어 계속해서 유산으로 이어질 수 있다. 그러므로 가족재단은 표면적으로는 내 돈이 아닌 것처럼 보여도, 창립자와 그 가족의 의지가 투영된 거대한 사회적 자산으로서 기능한다.

더 나아가 가족재단을 활용하면 세금을 절감한 덕분에 훨씬 더 큰 자산을 다음 세대에 물려줄 수 있다. 만약 거액의 재산을 그냥 상속한다면 상당 부분이 세금으로 소멸되어 줄어든 상태로 자녀에게 전달된다. 반면 그 재산을 생전에 가족재단에 출연하면 세금으로 소실되는 부분 없이 전액이 재단 자본으로 남아 운용되고, 운용 수익도 비과세된다. 세금을 내고 줄어든 재산을 물려주는 것보다, 세금으로 낼 몫까지 보존된 채로 불어난 재단 자산을 다음 세대에 맡기는 편이 규모 면에서 훨씬 이롭고 현명한 선택이라고 할 수 있다.

가족의 의지가 투영된 사회적 자산

가족재단은 단순한 절세 수단이 아니라, 자산을 지키고 증식하며 사회에 지속적으로 기여하는 플랫폼이다. 빌 게이츠 재단의 사례에서 보았듯이, 가족재단을 활용하면 거액의 재산을 효과적으로 사회에 환원하면서도, 세금 지출을 최소화하고, 그 결과 더 큰 규모의 자선을 행할 수 있게 된다. 이는 곧 동일한 자산으로 더 큰 사회적 영향력을 발휘할 수 있다는 뜻이다. 세금으로 사라졌을지도 모를 자원이 가족재단을 통해 유지되면서, 그 혜택이 사회 전반에 돌아가도록 하는 것이다.

또한 가족재단은 창립자의 철학과 비전을 다음 세대로 잇는 역할을 한다. 재단의 존재로 인해 창립자의 이름과 뜻은 그의 삶을 넘어서 살아 움직이게 된다. 후손들은 재단을 통해 할아버지나 부모 세대의 가치를 기리고 이어받아 발전시킬 수 있다. 이것은 단순히 재산을 물려주는 것보다 훨씬 깊은 형태의 유산 상속이라고 볼 수 있다. 재산과 함께 가문의 정신, 사회적 책무, 명예를 함께 상속하는 효과가 있기 때문이다. 실제로 여러 재산 관리 전문가들이 "자선에 뜻이 있고 가문의 이름을 살아 있는 실체로 이어가기를 원한다면, 가족재단 설립을 고려해 볼 만하다."라고 조언한다. 그만큼 가족재단은 가문의 유산을 한 세대에서 다음 세대로 생생하게 전달하는 매개체가 될 수 있다는 의미이다.

물론 가족재단을 운영하려면 법적 요건을 준수하고 투명성을 확보해야 하며 전문적인 관리 노하우도 필요하다. 하지만 충분한 규모의 자산과 뜻이 있는 가정이라면, 가족재단은 부를 가장 의미 있게 활용하는 방안이 될 것이다. 세금으로 국가에 환수되었다면 사라져 버렸을 돈이, 가족재단을 통해서는 가족의 이름으로 영구히 남아 선한 영향력을 행사하는 자산으로 탈바꿈한다.

결국 가족재단은 '세금으로 사라질 뻔한 돈'을 '가족의 지속적인 유산'으로 바꾸는 전략적 도구라고 결론지을 수 있다. 이를 통해 창립자와 그 가족은 재산을 더욱 가치 있게 활용하며, 사회와 후손 모두에게 더 큰 혜택을 돌려주는 결과를 만들어낼 수 있을 것이다.

073

자선기관 트러스트

자선기관 잔여 신탁(Charitable Remainder Trust; CRT)은 재산을 자선단체에 기부하면서도 기부자가 일정 기간 동안 그 자산에서 나오는 소득을 받을 수 있도록 설계된 트러스트이다. 쉽게 말해 기부자는 자산을 신탁에 맡긴 뒤, 평생 혹은 정해진 기간 동안 그 자산으로부터 발생하는 연금 형태의 소득을 받는다. 그리고 신탁이 종료되면 남은 자산(잔여 재산)은 미리 지정된 자선단체(재단이나 비영리 기관)에 귀속된다. 이 구조를 통해 기부자는 현재의 안정적인 소득을 확보하면서, 향후에는 의미 있는 기부를 실천할 수 있게 된다.

CRT는 고액 자산가나 은퇴 계획을 세우는 사람들이 절세와 자선 기부를 함께 달성하기 위해 활용하는 대표적인 방법이다. 실제로 미국의 빌 게이츠, 워런 버핏 같은 유명한 부호들도 CRT를 활용해 자산을 기부하면서 세제 혜택을 누린 것으로 알려져 있다. 그만큼 CRT

는 자선 목적을 달성하면서도 세금 부담을 줄이고, 안정적인 소득을 얻을 수 있는 효과적인 재정 전략으로 평가된다.

CRT의 작동 방식

CRT는 재산을 기부한 뒤 일정 기간 동안 그 자산에서 발생하는 소득을 받을 수 있게 해 주는 신탁 구조이고, 그 중에서도 CRUT(Charitable Remainder Unitrust)는 매년 변동하는 신탁 자산의 가치에 일정 비율을 곱하여 수익자에게 지급하는 형태의 CRT를 말한다.

CRT를 설정할 때는 보통 기부자 본인과 배우자를 평생 수혜자(Lifetime Income Beneficiaries)로 지정하고, 최종적으로 남은 자산의 귀속 대상인 최종 수혜자(Ultimate Beneficiary)로는 가족이 운영하는 자선재단과 같은 희망하는 자선단체를 정한다. 신탁 설립 시 기부자는 신뢰할 수 있는 제3자나 본인을 수탁자(Trustee)로 임명하여 신탁을 관리할 수 있으며, 기부자 부부가 수탁자로서 신탁을 운영하는 경우 신탁 자산의 투자 운용에 대한 통제권을 유지할 수도 있다.

CRT를 설정하면 우선 기부자가 자신의 자산(현금, 주식, 부동산 등)을 신탁으로 이전하게 된다. 이전된 자산은 더 이상 기부자의 개인 자산이 아니며, 신탁이 소유하는 것이다. 신탁으로 자산을 출연하는 것과 동시에, 기부자는 향후 그 자산이 자선단체에 남겨질 것을 전제로 현재 세법상 인정되는 상당한 소득세 공제를 받을 수 있다.

한편, 신탁에 들어간 자산은 세금 부과 없이 처분 및 운용될 수 있다는 장점이 있다. 세법상 CRT는 자선 목적의 신탁으로 면세 혜택을 받기 때문에, 신탁이 보유한 자산을 매각해 발생한 이익에 대해서 양도소득세를 내지 않는다. 예를 들어 낮은 가격에 구입한 뒤 크게 오른 부동산이나 주식을 CRT에 출연하고 신탁이 이를 매각할 경우, 일반적으로 발생했을 양도차익에 대한 세금 부담 없이 자산 전체의 가치를 신탁 내에서 재투자할 수 있는 것이다. 이렇게 함으로써 원래였으면 세금으로 납부했을 금액까지 포함하여 신탁 자산을 불릴 수 있게 된다.

CRT는 신탁에 맡긴 자산을 운용하면서 매년 신탁 자산 평가액의 일정 비율을 연금 형태로 수혜자에게 지급한다. 만약 CRT의 연금 지급률을 5%로 설정해 놓았다면, 해당 연도의 신탁 자산 평가액이 500만 달러일 때 수혜자 부부는 연금으로 25만 달러를 받는 식이다. 이 연금 형태의 소득은 수혜자로 지정된 부부의 생활비나 은퇴 자금으로 활용될 수 있다. 이렇게 수혜자가 소득을 받는 기간은 평생으로 설정하는 것이 일반적이며, 부부 모두를 수혜자로 지정하는 경우 두 사람이 모두 생존해 있는 동안, 혹은 마지막 생존자가 사망할 때까지 지급이 지속된다.

수혜자 부부가 모두 사망했을 때나 신탁 설정 시 정한 기간이 끝나면, 더 이상 소득을 지급할 대상이 없게 되므로 신탁은 종결된다. 이때 남아 있는 신탁 자산(잔여 재산)은 사전에 약정된 대로 최종 수혜자(자선단체)에게 양도된다. 예컨대 부부가 자신들의 가족자선재단을 CRT의 최종 수혜 기관으로 지정해 두었다면, 부부 별세 후에 신탁의 남은 재산이 그 재단으로 전액 이체되는 것이다.

요약하면, CRT 구조에서는 기부자가 자신의 자산을 신탁에 기부하고, 그 대가로 즉시 세제 혜택(양도소득세 이연 및 소득세 공제)을 얻게 된다. 동시에 그 자산을 활용해 평생 연금 같은 소득을 받게 되며, 사후에는 남은 자산이 자선 목적에 쓰이도록 한다. 신탁으로 이전된 자산과 그 운용 수익은 더 이상 기부자의 개인 재산이 아니므로 상속세 과세 대상에서 제외되는 효과도 있다. 이러한 CRT의 구조 덕분에 기부자는 자신의 은퇴 소득을 확보하면서도 장차 자선 활동에 기여하고, 세금 혜택까지 얻는 일석삼조의 효과를 누릴 수 있다.

CRT와 ILIT 통합 설계

CRT를 활용한 계획에서는 최종적으로 자선기관에게 트러스트의 잔여 자산을 넘기기 때문에 자녀 등 상속인에게 직접 남길 자산이 줄어드는 단점이 있다. 이러한 약점을 보완하면서 기부자의 상속 목표까지 달성하기 위해, CRT와 생명보험 신탁(Irrevocable Life Insurance Trust; ILIT)을 결합하는 전략이 많이 활용된다.

CRT와 ILIT의 통합 설계는 다음과 같은 원리로 이루어진다. 우선, 자산을 CRT에 출연함으로써 세금 절감 효과를 얻는다. CRT를 설정하면 앞서 설명한 대로 양도소득세를 면제받고 소득세 공제를 얻을 수 있는데, 이렇게 해서 절약된 세금만큼의 현금 유동성이 기부자에게 생기게 된다. CRT가 없었다면 양도소득세로 납부했을 돈이나 소득세 공제로 절약된 현금 등이 이에 해당한다. 이렇게 추가로 확보된 자금을 활용하여 기부자는 ILIT를 통해 자신과 배우자의 생명보험에 가입할 수 있다. CRT로 정부에 낼 세금을 줄이고, 그 돈으로 보험을 드는 셈이다.

정리하면, CRT로 발생한 세제 혜택과 현금 흐름을 활용하여 ILIT를 통한 생명보험 가입을 병행함으로써, 기부자는 자선단체 기부와 상속 준비를 동시에 이룰 수 있다. CRT를 통해 기부자의 소득세를 줄이고, 자산을 매각하여 얻게 되는 이익에 대한 세금을 피하면서, 그 절감된 재원으로 자녀를 위한 목돈(생명보험금)을 마련하는 것이다. 이렇게 하면 사망 후 자선기관에 넘기는 기부로 인한 재산 감소분을 생명보험금으로 메꿔준다는 점에서 CRT를 활용하면서도 실제 트러스트에 옮긴 자산의 대부분을 가족의 자산으로 남길 수 있다.

CRT의 면세 혜택과 투자 효과

074

CRT의 가장 큰 매력 중 하나는 다양한 세금 혜택이다. 세제상의 이점 덕분에 CRT는 고액 자산을 처분할 때 발생하는 세금을 최소화하면서 현재 소득을 확보하는 절세 전략으로 각광받고 있다. CRT 설정으로 얻을 수 있는 주요한 절세 효과는 다음과 같다.

양도소득세 이연 및 절감

값비싼 부동산이나 주식을 팔 때 발생하는 양도소득세를 CRT를 통해 이연하거나 사실상 피할 수 있다. 기부자가 자산을 신탁에 기부하고 신탁이 그 자산을 매각하면, 신탁 자체가 면세 주체이므로 일반적인 매각처럼 양도세를 내지 않게 된다. 예를 들어, 큰 시세 차익이 난 주식을 직접 팔았다면 상당한 세금을 내야 하지만, 이를 CRT에 출연하면 세금 없이 주식을 매각한 후 전액을 재투자할 수 있다.

소득세 공제

CRT를 설정하여 자산을 기부할 경우, 향후 자선단체로 귀속될 금액의 현재 가치만큼 소득세를 공제받을 수 있다. 이는 초기 기부 시 세금 혜택을 제공하여 기부자의 과세 소득을 줄여주는 효과가 있다. 이렇게 얻은 공제 금액을 통해 기부자는 추가 재무 계획을 수행하거나 투자에 활용할 수 있다.

상속세 감소

CRT에 넣은 자산은 더 이상 기부자의 개인 재산이 아니며, 사후에 자선단체로 넘어가기 때문에 상속세 과세 대상에서 제외된다. 고액 자산가의 경우 CRT를 활용하면 전체 상속세 부담을 낮추면서 자산의 일부를 사회에 환원할 수 있다. 즉, 가문의 순자산을 세금으로 소모하지 않고 사회에 기여하는 유산으로 남길 수 있다.

신탁 운용 수익에 대한 면세 혜택

신탁에 귀속된 자산을 운용하여 발생하는 이자, 배당, 매각 차익 등에 대해서는 신탁 단계에서 세금이 부과되지 않는다. CRT는 면세 혜택을 지닌 구조이기 때문에, 자산 운용 수익을 매년 세금으로 납부하지 않고 신탁 내에서 재투자할 수 있다. 그 덕분에 장기간 복리 효과가 극대화되고, 결과적으로 더 큰 금액이 연금으로 지급되며, 최종적으로 자선단체에 기부된다.

장기적인 투자 효과

CRT를 활용하면 세제 혜택과 더불어 투자 수익 및 현금 흐름 측면에서도 장기적인 이점을 얻을 수 있다. 자산을 CRT로 이전함으로써 다음과 같은 투자 효과가 나타나게 된다.

연금형 소득 확보

CRT에 자산을 맡기면 기부자(또는 지정된 수혜자)는 평생 혹은 정해진 기간 동안 안정적인 소득을 얻게 된다. 마치 자신만의 연금을 만든 것과 비슷하다. 지급 방식은 신탁을 설정할 때 정할 수 있는데, 매년 고정된 금액을 받는 방식이나 신탁 자산 가치의 일정 비율을 지급받는 방식이 있다. 예를 들어 5% 지급률로 정했다면, 해마다 신탁 자산 평가액의 5%를 수령하게 되는 것이다. 이를 통해 은퇴 후에도 꾸준한 현금 흐름을 확보할 수 있다.

증가된 투자 원금으로 인한 수익 증대

CRT를 이용하면 자산 매각 시 세금이 바로 빠져나가지 않으므로, 더 많은 금액을 투자에 투입할 수 있다. 동일한 수익률이라도 원금이 커지는 만큼, 처음에 세금을 내고 남은 금액만 운용하는 경우보다 매년 받게 되는 수익도 커진다. 예를 들어, 200만 달러 상당의 자산을 그냥 팔았다면 세금으로 약 50만 달러를 납부하고 150만 달러를 재투자하게 되지만, CRT 내에서 매각하면 200만 달러 전액을 투자할 수 있는 것이다. 이렇게 세금 없이 재투자된 원금 덕분에 장기적으로 기부자가 받는 총 수령액은 크게 늘어난다.

투자 다각화 및 전문 운용

CRT로 자산을 이전하면, 신탁 운용 관리자가 자산을 관리하며 투자 전략을 수행한다. 예를 들어, 부동산처럼 한 가지 자산에 묶여 있던 재산을 매각하여 다양한 자산 포트폴리오로 재투자함으로써 위험을 분산시키고 보다 안정적인 수익을 추구하게 된다. 또한 기부자는 자산을 직접 관리하는 부담을 덜고, 전문적인 자산 운용을 통해 보다 효율적으로 자산을 활용할 수 있다. 특히 부동산의 경우, 직접 보유 시 임대 관리의 수고가 따르지만, CRT를 통해 금융 자산으로 전환하면 이러한 부담 없이 수동적 소득을 얻을 수 있다.

CRT는 자산을 효과적으로 관리하면서 가문의 레거시(legacy)를 미래 세대로 이어갈 수 있는 수단으로 활용된다. CRT의 최종 수혜자(잔여 자산을 받을 자선단체)로 가족이 설립한 자선재단을 지정할 수 있기 때문이다. 이렇게 하면 부부가 사망한 후 남은 신탁 자산이 가족재단에 들어가, 가족 구성원들이 그 재단의 이사로서 재단을 운영하며 부모의 기부 철학과 유산을 이어가게 되는 것이다. 이는 단순히 금전적 상속을 넘어 가문의 가치와 명예를 다음 세대에 전수하는 효과가 있다.

075

최상의 결과를 가져오는
CRT 활용 전략

CRT를 어떻게 활용해야 하는지, 무엇이 달라지는지 실제 사례가 궁금할 것이다. 이 글에서는 한 60대 부부가 CRT를 활용하여 세금 절감과 은퇴 소득 확보, 그리고 가족재단을 통한 기부까지 이뤄낸 사례를 상세히 분석해 본다.

CRT를 활용한 재무 계획

김철수 씨(62세)와 박영희 씨(60세) 부부는 은퇴를 앞두고 있었다. 두 사람은 오랫동안 보유해온 상장회사 A사의 주식(현재 가치 약 200만 달러)을 처분하고, 그 자금을 노후 생활 자금으로 활용하기를 원했다. 그러나 주식을 매각할 경우에 발생할 막대한 양도소득세 부담 때문에 망설이고 있었다. 동시에 이 부부는 평소 자선 활동에도 관심이 있어서, 자신들의 재산 일부를 사회에 환원하고 싶다는 뜻도 가지고 있었다. 김 씨 부부는 먼저 그냥 주식을 매각할 경우와 CRT를 도입할 경우의 재무 계획을 비교해 보았다(301쪽 표 참조).

이 경우, 양도차익에 대한 세율이 약 25%로 적용되어 세금으로 약 50만 달러가 산정되었고, 소득세 공제액은 부부의 연령과 당시 이자율 등을 고려하여 잔여 재산의 현재 가치를 약 45만 달러로 가정할 수 있었다.

CRT와 ILIT 통합 재무 계획

김 씨 부부는 더 나아가 CRT와 ILIT를 통합 설계하는 경우의 재무 계획을 컨설팅받았다(302쪽 표 참조).

김 씨 부부는 각각의 경우의 수를 꼼꼼히 비교해 본 후 CRT를 설립하기로 결정하고 본인들의 주식을 해당 CRT에 기부하였다. 신탁의 연금 수령자로는 부부 자신을 지정하여 두 사람이 생존해 있는 동안 신탁으로부터 정기적인 소득을 받도록 약정했다.

신탁 관리자는 주식을 200만 달러에 매각했는데, 신탁 명의로 자산을 팔았기 때문에 양도소득세가 부과되지 않았다. 매각 대금 200만 달러 전액이 신탁에 남아 다양한 투자 자산으로 재투자되었고, 전문가의 운용을 통해 해마다 불어났다.

김 씨 부부는 매년 신탁으로부터 신탁 자산의 5%에 해당하는 금액을 연금처럼 지급받기로 했다. 첫 해에는 200만 달러의 5%인 10만 달러를 수령하였고, 이후에는 신탁 자산의 운용 결과에 따라 매년 지급액이 다시 산정되었다. 이를 통해 부부는 주식을 직접 보유

CRT 도입 전후 재무 계획 비교

항목	CRT 없이 직접 매각	CRT 활용하여 매각
주식 매각 가격	200만 달러	200만 달러
매각 시 세금 부담	약 50만 달러(양도소득세 등)	0달러(CRT 내 면세 매각)
매각 후 투자 가능 금액	약 150만 달러	200만 달러(전액 신탁에 투자)
연간 예상 소득(5% 수익 가정)	약 7만 5,000달러	10만 달러
초기 기부에 대한 소득세 공제	없음	약 45만 달러(기부금의 현재 가치)
사후 남은 자산의 귀속	자녀에게 상속 (약 150만 달러에 대하여 상속세 과세)	가족재단에 기부
자녀가 최종적으로 받는 재산	150만 달러 미만 (자산 직접 상속)	생명보험금 150만 달러 + 가족재단 운영권

할 때보다 더 안정적인 현금 흐름을 확보할 수 있었다.

신탁을 설정하고 자산을 기부함에 따라, 부부는 약 45만 달러 상당의 소득세 공제를 받았다. 이는 향후 자선단체(가족재단)에 돌아갈 자산의 현재 가치에 대한 공제로서, 해당 공제를 통해 부부는 당해 연도의 소득세 부담을 크게 줄일 수 있었다.

김 씨 부부는 CRT를 통해 절감한 세금 및 늘어난 현금 흐름의 일부를 활용하여 150만 달러의 생명보험에 가입했다. 별도의 ILIT를 설립하고 이 신탁이 생명보험 계약을 소유하도록 함으로써, 부부 사후에 나오는 보험금이 상속세 없이 자녀들에게 지급되도록 계획하였다. 부부가 모두 별세한 후, CRT에 남아 있던 신탁 자산은 부부가 생전에 지정해 둔 가족재단으로 이전되었다. 이 재단의 이사로 참여한 자녀들은 매년 재단 자산의 일부를 장학 사업과 지역 사회 프로

CRT/ILIT 통합 재무 계획

단계	조치 및 발생 이벤트	결과 및 효과
1. 자산의 신탁 이전	김 씨 부부의 주식(현재 가치 200만 달러)을 CRT에 기부/이전	- CRT 신탁 설립 및 기부 완료 - 기부 자산에 대하여 45만 달러의 소득세 공제 발생(잔여 재산의 현재 가치 기준) - 주식이 부부의 과세 재산에서 제외됨(과세 대상 유산 규모 감소)
2. 신탁 내 자산 매각	CRT가 주식을 200만 달러에 매각(신탁 명의로 거래)	- 양도소득세 0달러(CRT는 매각 이익에 대한 세금 면제) - 매각 대금 200만 달러 전액을 신탁에 남김→재투자하여 운용 가능
3. 연금형 소득 지급	신탁 자산을 운용하고 매년 5%를 부부에게 지급	- 1년차에 10만 달러 소득 지급(이후 해마다 신탁 가치에 따라 변동) - 수익자 부부의 안정적 현금 흐름 확보 - 지급된 소득에 대해 소득세 납부(분산 과세로 세 부담 완화 효과)
4. 생명보험 가입(ILIT)	- 절감된 세금 등 여유 자금으로 150만 달러의 생명보험 가입 - ILIT 신탁 소유	- 부부 사망 시 150만 달러의 보험금 지급 보장 확보 - ILIT로 보험금이 부부 유산과 별도로 보관됨(신탁 소유 재산) - 매년 부부→ILIT 증여를 통해 보험료 납입(증여세 면제 한도 활용)
5. 최종 자금 분배	부부 사망 후 CRT와 ILIT에서 자금 분배	- CRT: 남은 자산→가족재단에 기부(가문 공익 사업에 활용) - ILIT: 생명보험금 150만 달러→자녀 상속(세금 없이 수령)

그램 등에 지원하며 부모의 유산을 기념하고 이어갔다.

한편 ILIT를 통해 준비된 150만 달러의 생명보험금이 자녀들에게 지급됨으로써, 부모가 남긴 자산을 실질적으로 상속받는 효과도 얻었다. 이때 보험금은 신탁을 통해 지급되었으므로 상속세가 부과되지 않았다.

이 사례에서 볼 수 있듯이, 김 씨 부부는 CRT를 통해 세금 부담 없이 자산을 처분하고, 그 자금을 노후 소득원으로 활용할 수 있었다. 동시에 사후에는 남은 재산을 가족이 운영하는 자선재단에 기부하여 사회에 환원했고, ILIT로 마련한 보험금을 통해 자녀들도 재정적인 혜택을 받을 수 있었다. 즉, 하나의 통합된 계획으로 은퇴 자금 마련과 절세, 자선 활동, 상속이라는 네 가지 목표를 모두 달성한 것이다.

CRT를 고려하기에 적합한 상황

076

CRT는 은퇴 설계, 자산 관리, 자선 기부를 통합적으로 할 수 있는 매우 유용한 도구이다. 일반적으로 50대 후반부터 70대 사이의 은퇴를 앞두고 있거나 이미 은퇴한 고액 자산가들이 CRT를 많이 활용한다. 특히 다음과 같은 상황에서 CRT를 적극적으로 고려해 볼 만하다.

첫째, 부동산, 주식, 사업체 등 시세 차익이 크게 발생한 자산을 처분하고 싶지만 세금 부담이 걱정된다면 CRT가 해결책이 될 수 있다. CRT를 통해 해당 자산을 매각하면 양도소득세를 크게 줄이면서 현금을 확보할 수 있고, 이를 통해 은퇴 소득을 얻을 수 있다. 동시에 향후 그 자산의 가치가 자선단체에 기부되므로 의미 있는 사회 환원을 실현하게 되는 것이다.

둘째, 연금이나 마땅한 소득원이 부족한 은퇴자에게 CRT는 보유

자산을 활용해 평생 지급되는 연금 수입을 만들어주는 역할을 한다. 예를 들어 현금성 은퇴 자금은 부족하지만 값진 부동산을 보유한 부부라면, 해당 부동산을 CRT로 이전하여 매각 대금을 평생 연금처럼 나눠 받을 수 있다. 이는 공적 연금이나 예적금 이자보다 유리한 현금 흐름을 제공하므로 노후 대비에 큰 도움이 될 수 있다.

셋째, 사회에 기여하면서 자녀에게도 재산을 남겨 주길 원한다면, CRT와 ILIT를 병행하는 전략이 효과적이다. CRT로 자산을 운용하여 소득을 취하면서 자선단체에 잔여 재산 기부를 약정하고, 별도로 ILIT를 통해 생명보험으로 상속 재원을 마련해 두면, 자선과 상속 두 가지 목표를 모두 달성할 수 있다. 이 방법을 통해 세대간 부의 이전(wealth transfer)을 최적화하면서도, 가족의 가치관을 반영한 기부를 실행할 수 있게 된다.

자산 규모가 크고 기부 의지가 있는 이들에게 CRT는 매우 매력적인 윈윈 전략이 될 수 있다. 다만 CRT는 한번 설정하면 변경하기 어렵고 장기간에 걸친 계획이므로, 개인의 재정 상태와 가족의 니즈를 신중히 검토해야 한다. 신탁 설립 시 세법상의 요건을 충족해야 원하는 세제 혜택을 받을 수 있으며, 기부 금액 산정, 신탁 형태 선택(CRAT vs. CRUT) 등의 과정에서 전문가의 자문이 꼭 필요하다. 적절하게 설계된 CRT는 세금의 효율성을 높이고 평생 소득을 제공하며 궁극적으로 자산을 사회에 환원하여 가문의 이름으로 의미 있는 유산을 남기는 현명한 선택이 될 수 있다.

PART 3

Koreans and U.S. Investment:

Cross-Border Tax Planning

한국인과 미국 투자

크로스보더 미국 세무 가이드

외국인 투자자를 위한 트러스트

077

한국인을 포함해 미국에 투자하는 외국인들의 수는 지속적으로 증가하고 있다. 미국 경제의 안정성과 성장 잠재력, 그리고 글로벌 금융 시장에서의 중심적 역할이 이러한 추세의 주요 원인일 것이다.

한편 투자 기회 못지않게 중요한 것이 바로 효율적인 투자 구조 설계이다. 이런 면에서 'Foreign Grantor Trust(FGT; 외국인을 위한 트러스트)'는 세금 최적화와 자산 보호를 동시에 고려할 수 있는 효과적인 방법이다. 미국에 투자하는 외국인 투자자들에게 유용한 투자 구조인 FGT의 개념과 주요 장점, 그리고 활용 방안을 살펴보자.

FGT는 트러스트(신탁)의 한 종류이며, 트러스트는 일종의 계약이다. 여기에는 세 가지 주요 역할이 있다. 트러스트를 설립하고 자산을 이전하는 '설립자(Grantor)', 그 자산을 실제로 관리하는 '수탁자(Trustee)', 그리고 트러스트로부터 혜택을 받는 '수혜자(Beneficiary)'

이다.

FGT는 비록 미국에서 설립되더라도, 미국 세법상 외국 트러스트(Foreign Trust)로 분류될 수 있는 구조이다. 트러스트를 구분하는 방식에는 여러 가지가 있는데, 그 중 하나가 세법상 국내 트러스트(Domestic Trust)인지 외국 트러스트인지 나누는 것이다. 이는 단순히 설립자의 국적이나 신탁이 설립된 위치를 의미하는 것이 아니다. 미국 세법은 신탁을 국내 신탁과 외국 신탁으로 구분할 때 'Court Test(미국 법원 감독 요건)'와 'Control Test(미국 거주자의 실질 통제 요건)'라는 두 가지 기준을 적용한다. 이 두 가지 기준을 모두 만족하면 국내 신탁, 하나라도 충족하지 못하면 외국 신탁으로 보는 것이다.

그런데 신탁 문서에 '미국 외 법원 관할' 또는 '해외 수탁자 단독 결정권'과 같은 조항을 넣어 Court Test나 Control Test를 의도적으로 충족하지 않음으로써, 미국에서 설립된 신탁도 외국 신탁 지위를 취득하게 만들 수 있다. 다시 말해 FGT는 미국에 설립된 트러스트인데, 미국 세법상 외국 트러스트로 간주되는 것이다.

그렇다면 자연스럽게 다음의 질문이 떠오를 것이다. 미국 세법상 외국 트러스트로 간주된다면, 어떤 점에서 유리할까?

외국인 투자자가 내국인 투자자보다 수익을 더 낸다는 말은 당연히 아닐 것이다. 하지만 과세에 있어서는 내국인에 비해 더 유리한 혜택이 있다. 소득세와 증여·상속세 측면에서 외국인에게 적용되는 규정을 알아보도록 하겠다.

외국인 소득세

우선 미국 정부는 내국인에 대해서는 전 세계에서 벌어들이는 소득에 대해 과세를 한다. 즉, 어디에서 돈을 벌든 모두 과세 대상 소득으로 간주된다.

반면, 외국인은 미국 원천 소득에 대해서만 과세되는데, 그 중에서도 주식, 채권, ETF와 같은 금융 상품에 대한 투자 이익은 비과세된다. 따라서 소득세 면에서는 내국인에 비해 외국인 신분의 투자가 현저히 유리하다.

외국인 증여·상속세

증여·상속세를 살펴보면, 내국인의 경우 전 세계 자산에 대해 과세된다. 즉, 본인이 가진 자산이 어디에 위치해 있든 모든 자산의 증여, 상속에 대해 미국 정부로부터 과세되는 것이다. 물론 내국인의 경우 평생 면제 한도(Lifetime Exemption)가 주어진다. 이는 평생에 걸쳐 증여·상속세 부담 없이 증여, 상속할 수 있는 금액인데, 2025년 기준 1,399만 달러이다.

한편, 외국인의 경우 증여세는 미국에 있는 유형 자산의 증여에만 과세된다. 상속의 경우, 외국인은 본인이 보유한 미국 내 유/무형 자산의 상속에 과세된다. 따라서 외국인 투자자는 증여·상속세 측면에서도 미국인보다 '과세 기준'에 유리한 점이 많다고 할 수 있다.

FGT가 직접 투자에 비해 유리한 점

078

이제 외국인 투자가 미국 세법상, 그 중에서도 특히 소득세법상 상당히 유리하다는 것은 알게 되었다. 그렇다면 왜 굳이 외국인 개인이 아닌 FGT를 세워서 이를 통해 투자하라는 것일까? 외국인이 직접 투자하는 것과 무엇이 다르고, 어떤 장점이 있는지 알아본다.

트러스트라서 누릴 수 있는 장점

첫째, 수탁자(Trustee)와 신탁 계약서(Trust Document)를 통해 자산 관리의 유연성을 확보할 수 있다. 수탁자가 신탁 계약서에 나온 규정대로 해당 자산들을 관리하고 투자하므로, 개인이 자의적으로 관리하는 것보다 더 효율적이다.

둘째, 상속 시 프로베이트를 피할 수 있다. 프로베이트는 돌아가신 분의 자산을 상속받기 위해 남은 가족들이 법원의 감독하에 상속 절차를 진행하는 것인데, 이 과정은 매우 고통스럽고, 비용과 시간이 많이 든다. 특히 가족들이 미국에 있지 않고 해외에 있는 경우, 이 과정은 더욱 번거롭기 마련이다. 하지만 트러스트를 통해 이를 피할 수 있다.

셋째, 자산 분배가 용이하다. 트러스트에는 사망 후 자산 분배 방법이 규정되어 있기 때문에 불확실성이 없고, 다른 해석의 여지가 없다.

미국법에 따른 보호

FGT는 미국 트러스트법에 따라 설립된 트러스트이므로 내국인의 경제 활동과 동일하게 미국법의 보호를 받는다. 외국인 직접 투자의 경우, 미국법의 보호를 받는 데 상대적으로 더 큰 제약이 있을 수 있다. 예를 들어, 설립자(외국인)가 거주하는 본국이 정치적으로 불안한 곳(남미의 나라들이나 중국 등)이라면 미국법의 보호를 받을 수 있는 트러스트를 설립해서 투자함으로써 자산의 안전을 도모하고 싶을 것이다.

실무적으로도 이점이 있다. 미국에 은행 계좌를 만드는 데도 외국인 개인이 여는 것보다 미국 트러스트로 여는 게 더 수월하기 때문이다. 또한 미국의 거래 상대방이 외국인과의 거래를 꺼리는 경우에도 미국 트러스트라는 점은 거래에서 유리할 조건이 될 수 있다.

익명성의 보장

본인이 유명인이든 아니든 투자에서 익명성을 추구하는 것이 나쁠 것은 없다. 어떤 이유에서든 익명성을 선호할 만한 이유가 있을 수 있고, 트러스트를 통하면 합법적으로 이런 목적을 상당 부분 충족할 수 있다.

자산 보호(Asset Protection) 측면에서도 트러스트의 이점이 있다. 여기서 자산 보호란 경제 활동을 통해 발생할 수 있는 리스크로부터 트러스트에 옮겨진 자산들을 보호한다는 의미이다. 물론 해당 트러스트가 취소 가능(Revocable)이냐 취소 불능(Irrevocable)이냐에 따라 자산 보호의 정도가 다르겠지만, 어떤 경우에도 앞서 얘기한 익명성에 기반한 자산 보호가 가능하다. 내 명의로 된 자산이 드러나지 않으니 실질적인 자산 보호 효과를 기대할 수 있는 것이다.

FGT로 가장 큰
혜택을 볼 수 있는 사람

079

FGT는 1세대 설립자(Grantor)가 외국인이고, 2세대 수혜자(Beneficiary)가 미국인 또는 외국인인 가족 구조일 때 유용하다. 특히 본국의 과세 문제 때문에 1세대가 저세율 관할 지역(Low Tax Jurisdiction) 또는 본국에서 해외 소득을 비과세하는 국가에 거주할 때 가장 적합하다.

다시 한번 강조하지만, FGT가 미국 세법상 외국 트러스트로 간주되어 과세 혜택을 본다는 것은 미국 내 과세에 관한 이야기이다. 따라서 설립자가 거주하는 국가의 상황이나 규정에 따라 전체 혜택은 달라질 수 있다. 당연히 거주지, 출신지의 규정은 합법적으로 지켜야 할 부분이다.

하지만 설립자가 다국적자이거나 여러 나라의 거주자일 수도 있고, 남미나 중국처럼 정치적 불안정을 이유로 외국인이 거주지를 바꾸는 상황도 있을 수 있다. 또한 자금의 원천이 본국이 아닌 해외인 경우도 변수로 작용한다. 본인 또는 가족 구성원들의 상황은 늘 변화할 수 있는 것이므로, 그에 따라 FGT의 익명성, 자산 보호 기능 등 활용도가 결정될 것이다.

부동산, 주식, 사모펀드(Private Equity) 지분 등 미국에 투자할 생각이 있는 외국인이라면 가능하면 FGT를 꼭 활용할 것을 추천한다. FGT는 복잡하지만 그만큼 강력한 도구이며, 적절히 활용한다면 독자 여러분의 국제 자산 관리와 세금 계획에 큰 도움이 될 것이다.

물론 FGT가 모든 상황에 적합한 것은 아니다. 각자의 개별적인 상황, 투자 목표, 가족 구조, 그리고 본국의 세법 등을 종합적으로 고려해야 한다. 또한 미국 세법과 국제 조세 협약의 변화에 따라 FGT의 효용성이 달라질 수 있으므로, 지속적인 모니터링과 필요한 경우 구조 조정을 해야 할 수 있다.

FGT를 설립하고 운영하는 과정에는 전문적인 지식과 경험이 필요하므로, 반드시 관련 전문가와 상담을 하길 바란다. 미국 세법 전문가뿐만 아니라 본국의 세법 전문가, 그리고 국제 자산 관리 전문가들과의 긴밀한 협력이 필요하다. 이를 통해 FGT의 장점을 최대한 활용하면서도 잠재적인 위험을 최소화할 수 있다.

마지막으로, FGT는 단순히 세금을 줄이는 수단이 아니라 장기적인 자산 관리와 가족 재산 계획의 도구라는 점을 강조하고 싶다. 적절히 설계된 FGT는 세대를 넘어 가족의 부를 보존하고 전수하는 데 큰 역할을 할 수 있다.

미국 영주권을 취득하면
세금 폭탄을 맞는다는 소문과 진실

080

미국 영주권을 고려할 때 많은 사람들이 세금 문제를 걱정하는 것으로 알고 있다. 주변에서 '미국 영주권을 따면 세금 폭탄을 맞는다'거나 '한국에서 번 돈도 모두 미국에 세금으로 내야 한다'는 이야기를 듣고 불안해하는 것이다.

미국은 자국민의 전 세계 소득에 대해 과세하는 나라이기 때문에 영주권 취득 시 한국의 소득까지도 미국에 신고해야 하는 것이 사실이다. 그러나 영주권처럼 중요한 결정을 내려야 할 때 불확실한 정보나 막연한 걱정에 영향받아서는 안 될 일이다. 무엇보다 정확한 사실을 파악하고 판단하는 것이 중요하다.

이 글에서는 미국 영주권 취득과 관련하여 대표적인 세금에 대한 오해들을 하나씩 짚어보고, 실제로 미국의 세금 제도가 어떻게 적용되는지 현실적인 관점에서 살펴보려고 한다. 독자들이 불필요한 걱

〈PART 3〉 한국인과 미국 투자

정을 덜어내고, 사실에 근거한 현명한 결정을 내리는 데 도움이 되길 바란다.

오해 1. 영주권자가 되면 한국과 미국에서 세금을 두 배로 낸다

많은 사람들이 미국 영주권을 취득하면 소득에 대하여 한국과 미국 양쪽에 모두 세금을 내야 한다고 생각한다. 결국 세금을 두 배로 내게 된다는 이야기이다. 한국에서 발생한 소득에 대해 이미 한국 정부에 세금을 냈는데도, 미국 영주권자라면 그 소득을 다시 미국에 신고하여 또 세금을 내야 하므로 이중과세가 된다고 믿는 것이다.

하지만 사실은 그렇지 않다. 미국 영주권자가 되더라도 동일한 소득에 대해 한국과 미국에 세금을 두 번 내는 일은 없다. 한국과 미국은 이중과세 방지를 위한 제도를 갖추고 있어서, 양국의 세금 규정을 잘 활용하면 같은 소득에 대해서는 한 번만 세금을 내도록 되어 있다.

예를 들어 한국에서 소득세를 냈다면 그 금액만큼 미국 세금에서 공제받을 수 있는데 이를 '외국납부세액공제(Foreign Tax Credit; FTC)'라고 한다. 이러한 공제를 통해 한국에서 낸 세금이 미국 세금에서 차감되는 것이다. 결국 두 나라 중 더 높은 세율을 적용받게 되는데, 일반적으로 한국의 소득세율이 미국 연방 소득세율보다 높기 때문에 한국에서 세금을 모두 냈다면 미국에 추가로 내야 하는 세금은 대부분 없거나 아주 적다. 다시 말해, 미국 영주권자라고 해서 똑같은 소득에 대해 한국과 미국에 이중으로 세금을 내는 것은 아니므로 '세금을 두 배로 낸다'는 걱정은 오해인 셈이다.

물론 영주권자로서 미국 세금 신고 의무를 다해야 하기 때문에 번거로움은 있을 수 있다. 한국에서 이미 세금을 냈더라도 미국 양식에 맞춰 신고서를 작성해야 하고, 경우에 따라 추가 세금을 납부해야 할 수도 있다. 하지만 이는 어디까지나 미국과 한국의 세율 차이나 소득 종류에 따른 조정일 뿐, 기본적으로 동일 소득에 대해 한국과 미국이 이중으로 과세하지는 않는다. 잘못된 정보로 인해 세금을 이중으로 낸다는 막연한 불안감에 휩싸이지 말고, 양국의 세금 공제 제도와 조세 조약 등을 통해 이중과세가 발생하지 않도록 보호 장치가 마련되어 있다는 사실을 기억해 두길 바란다.

그러나 이러한 제도가 있다는 것에 대한 이론적인 이해와 실제 세금 신고는 별개의 문제일 수 있다. 세금 신고를 처음 해 보는 사람들에게는 한미조세조약이나 외국납부세액공제 등의 규정을 빠짐없이 적용하는 일이 쉽지 않기 때문이다. 자칫 일부 공제 혜택을 놓치면 세금을 이중으로 내는 불이익을 당할 수도 있기 때문에, 전문가의 도움을 받아 정확하게 신고하는 것이 중요하다. 세법 전문가(세무사나 회계사)와 상담하여 한미 양국의 세무 규정을 제대로 적용하면, 한국과 미국에서 세금을 두 번 내는 일 없이 합법적으로 의무를 이행할수 있다. 올바른 절차만 따르면 영주권자로서 세금 문제에 대한 걱정을 줄이고, 두 나라에서 경제 활동을 안심하고 지속할 수 있을 것이다.

오해 2. 해외 계좌 신고로 인해 세금 폭탄을 맞는다

미국 영주권자가 되면 본인 명의의 해외 금융 계좌를 모두 미국 정부에 신고해야 하는 의무가 있다. 이것을 '해외 금융 계좌 신고(FBAR, FATCA)'라고 하는데, 이때 해외 계좌에 있던 돈에 대해 미국에서 세금 폭탄을 맞는다는 소문을 들어본 적 있을 것이다. 예를 들어 한국에 있는 은행 계좌나 자산을 신고하면 그 금액 전체에 대해 세금을 매겨서 큰 금액을 내야 한다고 오해하는 것이다. 이런 이야기를 들으면 해외 재산을 공개했다가 미국 세무 당국으로부터 거액의 세금을 부과받는 것이 아닌지 지레 겁을 먹을 수 있다.

그러나 이것 역시 사실이 아니다. 해외 금융 계좌 신고는 말 그대로 '정보 보고' 의무일 뿐, 계좌에 돈이 있다고 해서 그 잔액 자체에 세금을 부과하지는 않는다.

미국 시민권자와 영주권자는 매년 해외에 있는 금융 계좌의 목록과 최대 잔액을 미국 재무부 산하 FinCEN(Financial Crimes Enforcement Network; 금융범죄단속네트워크)에 보고할 의무가 있다. 이때 기준 금액은 한 해 동안 한 번이라도 모든 해외 계좌의 합계 잔액이 1만 달러 이상인 경우이며, 이에 해당된다면 다음 해 세금 신고 시 'FBAR(Foreign Bank Account Report; 해외 금융 계좌 신고)'라는 별도의 전자 보고 양식을 제출해야 한다. 또한 미국 세금 보고서에는 'FATCA(Foreign Account Tax Compliance Act; 해외 금융 자산 신고법)' 조항에 따라 일정 금액 이상의 해외 자산을 보유한 경우 'Form 8938'을 통해 계좌 정보를 알려야 한다. 하지만 이 모든 절차는 해외 자산 규모와 내역을 '신고'하라는 것일 뿐, 신고했다고 해서 그 돈에 대해 미국 정부가 별도의 세금을 부과하는 것은 아니다.

즉, 해외 계좌 신고는 매년 보유한 해외 금융 계좌의 존재와 잔액을 알리는 절차이므로, 이 신고 자체로는 과세되지 않으며, 오직 계좌에서 발생한 이자나 배당 소득 등에 대해서만 일반소득세 신고 때 과세될 수 있다. 계좌를 가지고 있다는 이유만으로 세금 폭탄이 떨어지지는 않으며, 실제로는 이 정보 보고 의무를 다하지 않았을 경우에만 그에 대한 벌과금이 부과될 수 있다.

그리고 미국 영주권을 갓 취득한 사람이라면 이전에 의무 위반을 한 것이 없으므로 걱정하지 않아도 된다. 해외 금융 계좌 신고 의무는 미국 세법상 '미국 납세자(U.S. Person)'가 된 시점부터 발생한다. 예를 들어 올해 처음 영주권을 받았다면, 이전까지는 미국 납세자가 아니었으므로 과거에 신고하지 않은 해외 계좌가 있더라도 문제되지 않는다. 이제부터 매년 성실하게 신고하기 시작하면 되는 것이다.

만약 영주권자가 되고 나서 몇 년 동안 해외 계좌 신고를 깜빡 놓쳤더라도, 그것이 곧바로 막대한 벌금 폭탄으로 이어지는 것은 아니다. 미국 국세청(IRS)에는 이러한 경우를 대비한 공식적인 구제 프로그램이 마련되어 있다. 바로 '해외 자산 자진 신고 간소화 절차(Streamlined Filing Compliance Procedure; SFCP)', 흔히 말하는 '사면 절차'이다. 이 사면 절차는 과거에 모르고 신고를 못한 납세자들을 위해 IRS가 제공하는 합법적인 해결책이다. 고의로 숨긴 것이 아니라 단순한 실수나 인지 부족으로 신고 누락이 되었을 경우, 이 절차를 통해 과거 몇 년치의 미신고분을 한꺼번에 신고하고 상황을 바로잡을 수 있게 해 준다. 물론 새롭게 영주권자가 되는 입장에서는 이런 상황에 놓이지 않도록 제때 신고를 하는 것이 당연히 바람직할 것이다.

오해 3. 영주권 포기 시 국적 포기세로 큰돈을 내야 한다

미국 영주권을 나중에 포기하려고 하면, 그동안 모아둔 재산에 대해 미국이 국적 포기세(Exit Tax)로 막대한 세금을 물린다는 이야기도 있다. 그래서 한번 영주권을 얻고 나면 세금 때문에 포기하기 어렵다는 이야기를 듣고, 영주권 취득을 망설이는 경우도 있다고 한다. 특히 미국 시민권이나 영주권을 포기하는 시점에 갖고 있는 자산을 모두 시가로 매도한 것으로 간주하여 세금을 부과한다는 말을 들으면, 마치 미국에 '퇴직금' 격으로 큰돈을 내야 하는 것처럼 느껴질 수 있다.

그러나 모든 경우에 국적 포기세가 적용되는 것은 아니라는 점을 알아야 한다. 미국 시민권자나 장기간(과거 15년 중 8년 이상) 영주권을 보유한 사람이 그 신분을 포기할 때, 다음의 세 가지 요건 중 하나라도 해당되는 경우에만 국적 포기세의 대상자가 된다. 그 요건이란 첫째, 고소득자, 둘째, 고액 자산가, 셋째, 불성실 납세자이다. 최근 5년간 연방 소득세로 매년 약 19만 달러(2025년 기준) 이상 납부했을 정도로 소득이 매우 높거나, 총자산에서 부채를 뺀 순자산이 200만 달러(한화로 약 28억 원) 이상인 부유층, 또는 과거에 세금 신고를 제대로 하지 않아서 국세청에 신고 누락 기록이 있는 경우 등이 이에 해당

한다. 따라서 일반적인 영주권자들은 이러한 기준에 미달하기 때문에 영주권을 포기해도 특별히 국적 포기세라는 추가 세금을 내지 않는다. 실제로 미국 세법은 영주권을 8년 미만으로 유지한 경우에는 아예 국적 포기세 적용 대상에서 제외하고 있다. 영주권을 오래 유지하지 않았다면 국적 포기세에 대한 걱정을 할 필요는 전혀 없다.

만약 위의 요건에 하나라도 해당되어 국적 포기세 대상자가 된 경우에도, 내야 하는 세금은 지금까지 벌어들인 모든 소득에 대해 추가로 부과되는 것이 아니다. 그 대신 본인이 보유한 자산을 영주권 포기 직전 시점에 모두 매각한 것으로 간주하여 '가상의 양도소득세'를 계산하는 방식이다. 집이나 주식 같은 자산에 미실현 이익(아직 팔지 않아서 실현되지 않은 이익)이 많이 쌓여 있다면 그 부분에 대해서 세금을 물릴 수 있다는 의미이다. 하지만 이러한 상황은 자산 규모가 큰 경우에 국한된다.

자산 규모가 큰 경우라 해도 해결할 수 있는 방안이 있다. 즉, 순자산을 200만 달러 이하로 낮추는 방법이다. 이를 위해 영주권 포기 전에 보유 자산을 취소 불능 신탁으로 이전해 해당 자산을 본인의 순자산에서 제외하거나, 자녀나 가족에게 자산을 미리 증여하여 순자산 규모를 줄이는 방안을 고려할 수 있다. 보유한 자산을 퇴직연금이나 이연 보상금 등 국적 포기세 과세 대상이 아닌 자산으로 전환하는 방안도 있다. 요컨대, 사전에 준비를 충분히 할수록 영주권 포기에 따른 국적 포기세 부담을 없애고, 재산을 효과적으로 보호할 수 있는 것이다.

081

이민 전 세금 계획 PIP
(Pre-Immigration Tax Planning)

미국 영주권을 받고 이주하는 것은 개인과 가족에게 새로운 기회와 가능성을 열어주는 큰 변화이다. 하지만 새로운 삶에 대한 기대만큼 중요한 것이 바로 세금 문제이다.

미국 세법은 전 세계 소득에 대한 과세 원칙을 따르기 때문에, 영주권 취득과 동시에 미국 세법상 거주자가 되면 전 세계에서 발생하는 소득에 대해 미국 세금이 부과된다. 즉 한국 등 본국에서 발생한 소득도 미국에서 과세 대상이 된다는 뜻이다. 이로 인해 이민 후 본국에 보유한 부동산 매각, 사업 운영, 금융 자산 관리 등에서 예상보다 큰 세금 부담이 발생할 수 있다.

이러한 세금 부담을 줄이고, 보다 효율적인 이민을 준비하기 위해 '이민 전 세금 계획(Pre-Immigration Tax Planning; PIP)'이 꼭 필요하다. 이것은 영주권자가 되기 전에 미리 자산을 정리하거나 소득 구조를 조정함으로써 불필요한 세금을 최소화하는 전략이다. 미국 '세법상 거주자'로 간주되기 전에 미리 세무 계획을 세워두면, 이주 후 직면할 수 있는 세금 폭탄을 피하고 자산을 효율적으로 보호할 수 있게 된다.

세법상 거주자란 세법이 정한 기준에 따라 특정 국가의 세금 납세 의무를 지는 사람을 뜻한다. 즉, 어디서 세금을 내야 하는지를 결정 짓는 세법적 '거주지(residency)' 개념이다. 이는 국적과 반드시 일치 하는 개념은 아니다. 일반적으로 영주권을 취득하면 그 순간부터 세 법상 거주자로 분류되고, 거주자로 인정되면 과세 대상 소득 범위에 큰 변화가 생긴다.

세법상 거주자의 과세 범위

미국 세법상 거주자는 전 세계 어디에서 벌었든 모든 소득을 미국에 신고하고 세금을 내야 한다. 한국을 포함해 해외에서 발생한 급여, 사업 소득, 이자 소득, 부동산 양도차익 등 모든 종류의 소득을 미국 국세청에 보고할 의무가 있다. 따라서 미국 이민 후에는 해외 금융 계좌나 부동산 거래까지 모두 미국 세금 신고 범위에 들어간다는 것 을 명심해야 한다.

세법상 비거주자의 과세 범위

반대로 세법상 비거주자로 간주되는 동안에는 원칙적으로 미국 내 에서 발생한 소득에 대해서만 미국 세금이 부과된다. 예를 들어, 이 민을 오기 전에 한국에서만 소득이 있고 미국 내 소득이 전혀 없었다면, 미국 세금 신고 의무는 없는 것이다. 다만 비거주자라도 미국 내 투자나 사업으로 발생한 소득이 있다면 그 부분에 한해서는 과세가 된다.

요약하면, 미국의 세법상 거주자가 되기 전까지는 미국 밖 소득에는 세금이 부과되지 않는다. 따라서 비거주자 신분일 때 필요한 세금 전략을 미리 실행해 두면, 이후 거주자가 되었을 때 추가로 부담해야 하는 세금을 줄이거나 피할 수 있는 기회가 생긴다. 예를 들어, 비거주자 신분으로 자산을 정리하거나 특정 소득을 미리 실현하면, 이후 거주자가 되었을 때 보다 유리한 세금 조건을 유지할 수 있는 것이다. 또한 비거주자일 때 증여, 상속 계획을 미리 수립하면, 향후 거주자로서 부담해야 할 세금을 효과적으로 줄일 수 있다. 이처럼 거주자와 비거주자 사이의 세법 차이를 이해하고 적절한 전략을 활용하면, 장기적으로 큰 세금 절감 효과를 기대할 수 있다.

이민을 결심한 단계에서 자산이나 소득에 대한 사전 정비를 해 두면, 미국 거주자가 된 이후의 세금 부담을 크게 줄일 수 있다. 미리 대비해 둔다고 해서 불이익이 있는 것도 아니다. 오히려 준비를 하지 않고 이민을 오면 나중에 큰 세금 부담을 질 수도 있다. 합법적으로 세금을 줄이거나 이연할 수 있는 방법이 있는지 검토하고, 필요하다면 전문가의 도움을 받아 자신에게 맞는 구체적인 실행 계획을 세우도록 하자.

082

PIP #1
한국 부동산 처리

이민 오기 전 미리 준비해 둘 수 있는 세금 전략에는 자산 구조를 조정하거나 소득 발생 시기를 조절하는 등 몇 가지 대표적인 방법들이 있다. 이번에는 이민 전에 고려해야 할 핵심 절세 전략 중 부동산 자산 처리 방법을 살펴보려고 한다.

　한국에 집이나 부동산을 소유하고 있는 이들은 그것을 언제, 어떻게 매각해야 하는지가 세금에서 큰 변수가 된다. 특히 이민 후 영주권자가 된 상태에서 한국 부동산을 팔게 되면 한국뿐 아니라 미국에도 양도소득세를 내야 한다는 점을 반드시 염두에 두어야 한다.

한국 부동산 매각: 이민 전 vs. 이민 후

이민 오기 전에 부동산을 매각하면 미국 세금 면에서 유리할 수 있다. 미국은 세법상 거주자(resident)에게는 전 세계 소득에 대하여 과세하지만, 비거주자(non-resident)일 경우 미국 외 국가의 소득에는 과세하지 않는다. 따라서 미국에 이민 오기 전, 세법상 비거주자 신분일 때 한국 부동산을 팔면 그 양도소득은 미국의 세금 대상이 아니다. 이 경우 한국에서만 양도소득세를 납부하면 되므로, 미국에 추가 세금을 내지 않게 된다. 실제로 미국 세법 전문가들은 "미국에 오기 전에 주식을 매도하면 세금을 많이 아낄 수 있다. 미국 거주자로서 매도했다면 취득가액 기준으로 미국에서 과세되었을 것이다."라고 조언하고 있다. 부동산도 이와 마찬가지로 이민 전에 처분하면 미국의 양도소득세를 피할 수 있다.

반대로 이민 후에 한국 부동산을 매각하면 미국에서 추가 과세될 가능성이 높아진다. 미국 영주권자나 시민권자가 된 후에는 한국 부동산의 매각 차익도 미국에 보고해야 하기 때문이다. 미국에서는 부동산 소재지와 관계없이 취득가액과 매각가액의 차익에 대하여 미국 세법에 의한 양도소득세를 부과한다. 따라서 이민 후에 한국 부동산을 팔면 한국에서 양도소득세를 내는 것과 별도로, 미국에서도 해당 차익에 대해 연방 양도소득세를 내야 한다. 다만 한국에서 납부한 세금에 대해서는 외국납부세액공제를 통해 미국 세액에서 일부 공제를 받을 수 있다. 그러나 그 절차가 복잡하고, 미국 세율이 한국보다 높다면 차액을 추가로 납부해야 한다. 요약하면, 이민 후 부동산 매각은 한국과 미국에서 이중과세 문제가 생기며 전체 세 부담이 커질 수 있다.

기준가액 조정(Step-Up Basis) 전략

여러 가지 이유로 인해 이민 전에 부동산을 팔 수 없는 상황도 있을 것이다. 재건축이 예정되었다거나, 한국에서의 과세 혜택을 누리려면 팔면 안 되는 상황처럼 어떤 이유에서든 부동산을 바로 팔 수 없는 상황이라면, 자산의 세무상 기준가액을 높여두는 전략을 고려해 볼 수 있다.

미국 세법이 제공하는 합법적인 방안에 따라, 이민 전에 부동산을 시가에 맞게 재평가해 두면, 나중에 실제 매각 시 기존 취득가보다 높은 가격이 기준가가 되어 양도차익을 줄이는 효과가 있다. 이를 세무 용어로 스텝업 베이시스(Step-Up Basis)라고 하는데, 기준가액 조정은 이민 전에 부동산의 취득가액(원가)을 현재 시가로 재설정하여, 미국에서 과세될 양도차익을 줄이는 전략이다. 미국 양도소득세는 자산의 취득가액과 매각가액의 차이에 대해 부과되므로, 취득가액이 높을수록 과세 대상 이익이 줄어들게 된다.

이민 전에 이러한 절차를 준비해 두면 미국 이주 후 해당 자산을 팔 때 이민 이전에 발생한 가치 상승분에 대해서는 미국 양도소득세를 사실상 면제받는 효과를 볼 수 있다. 미국 이민 이후 증가한 가치에 대해서만 세금이 매겨지므로 세금 부담이 훨씬 가벼워지는 것이다.

미국 이민자 홍길동 씨의 한국 부동산 기준가액 조정 사례

실제 사례를 통해 기준가액 조정 전략의 효과를 알아본다. 홍길동 씨는 15년 전 한국에서 부동산을 구입했고, 구입 당시 가격은 30만 달러(한화 약 4억 원)였다. 현재 이 부동산의 가치는 100만 달러(약 14억 원) 정도이며, 홍 씨는 곧 미국 영주권을 취득하여 이민을 계획하고 있다. 그는 미국 이주 후 약 5년 뒤에 이 부동산을 150만 달러에 매각할 계획이다. 이 경우를 부동산 기준가액 조정을 하지 않은 경우와 조정한 경우로 나누어 양도소득에 대한 미국 세금 과세를 비교해 본다.

1. 기준가액 미조정 시

홍길동 씨의 한국 부동산 취득가액은 여전히 30만 달러로 유지된다. 미국 이주 후 150만 달러에 매각하면 과세 대상 양도차익은 '150만 달러-30만 달러=120만 달러'가 된다. 이 120만 달러가 미국에서 양도소득세 과세 대상이 되는 것이다. 즉, 과거 15년간의 가치 상승분 전체에 대해 세금을 매기는 셈이다.

2. 기준가액 조정 시

이민 전에 어떤 방식으로든 해당 부동산의 세법상 취득가액을 현 시가인 100만 달러로 올려놓았다고 가정해 보자. 예를 들어 이민 전에 부동산을 한 차례 매도하여 시가를 반영한 새로운 기준가액을 확보할 수도 있다. 그렇게 되면 홍 씨가 미국 거주 후 150만 달러에 한국의 부동산을 팔 경우, 과세 대상 양도차익은 '150만 달러-100만 달러=50만 달러'로 줄어든다. 기준가액을 높여 둔 덕분에, 미국에서는 이민 이후 증가한 가치인 50만 달러에 대해서만 세금을 부과하게 되는 것이다.

이 사례에서 보듯이 기준가액 조정 여부에 따라 과세 대상 금액에 큰 차이가 생긴다. 조정을 하지 않으면 120만 달러에 대한 세금을 부담해야 하지만, 조정하면 50만 달러에 대해서만 세금을 내면 된다. 차액인 70만 달러에 대한 세금이 면제되는 효과가 있으며, 미국의 장기 양도소득세율(예를 들어 약 20% 가정)을 적용하면 약 14만 달러(한화 약 2억 원 상당)의 세금을 절약하는 결과가 된다. 즉, 홍길동 씨의 경우 한국 부동산의 기준가액 조정을 통해 미국 양도소득세 부담을 대략 5분의 1 수준으로 크게 줄일 수 있게 되는 것이다. 이처럼 구체적인 수치로 보면, 이민 전에 기준가액을 올려두는 전략이 얼마나 큰 세금 절감 효과를 가져오는지 알 수 있다.

083

PIP #2
한국 사업체 운영

이민을 간 후에도 한국에서 하던 비즈니스를 그대로 유지하고 운영하는 사람들이 많다. 한국에 법인을 세워 사업을 운영 중이거나 개인 사업 소득원이 있는 경우인데, 이 경우 미국 이주 후 한국의 사업에서 나오는 소득 역시 미국 세법의 영향을 받게 된다.

미국 영주권을 취득하는 한국 사업가들은 본국(한국)에서 운영하는 법인의 소득이 미국 세법상 새로운 세금 부담으로 이어질 수 있다는 점을 간과하기 쉽다. 미국은 전 세계 소득 과세 원칙을 따르고 있으므로, 이 문제에 대한 사전 계획 없이 이주할 경우 한국에서 법인세를 납부한 후 남은 법인 소득에 대해서도 미국에 개인 소득세를 내야 할 수 있어 이중과세 위험이 높아진다.

한국 법인 소득이 미국에서 과세되는 과정

한국에서 법인을 운영하는 사업가는 그 법인의 이익에 대해 우선 한국 정부에 법인세를 납부해야 한다. 문제는 영주권 취득으로 미국 세법상 거주자가 되면 이 해외 법인 소득도 미국에서 주시하게 된다는 점이다. 특히 미국인은 해외 법인의 지분을 일정 비율 이상 보유할 경우 그 해외 법인 정보를 미국에 신고해야 하고, 나아가 추가 과세가 이루어질 수 있다.

예를 들어, 미국 영주권자가 한국 법인의 지분을 10% 이상 갖고 있고, 미국인(영주권자/시민권자 등) 주주들의 총 지분이 50%를 초과한다면, 해당 법인은 미국 세법상 '피지배 외국법인(Controlled Foreign Corporation)'으로 간주된다. 이 경우 한국 법인이 벌어들이는 소득의 성격에 따라 한국 법인으로부터 배당을 받지 않았더라도 그 법인의 당기순이익을 간주배당 소득으로 계산하여 미국에서 과세할 수 있다. 다시 설명하면, 한국 법인의 미배당 이익까지도 미국에서는 과세 소득으로 간주하여 영주권자의 개인 소득세 신고서에 포함되고 세금이 부과될 수 있다.

결국 한국에서 사업을 통해 발생한 소득이 한국 내에서만 과세되고 끝나는 것이 아니라, 일정 조건하에서는 미국에서도 추가 세금 부담으로 이어질 수 있는 구조가 형성되는 것이다.

한국 소득에 대한 이중과세 문제

한국 법인이 벌어들인 소득에 대해서 한국에 법인세를 납부한 후, 그 이익을 사업가 개인이 배당금이나 급여 형태로 수령하면 미국에서도 개인 소득세를 내야 한다. 더 큰 문제는 사전 대비 없이 영주권을 취득하면 더 불리한 과세 규정의 영향을 받기 쉽다는 점이다.

실제로 배당을 받지 않았더라도 해외 법인의 이익에 대해 미국 세금이 부과되는 경우가 있는데, 이때 한국에서 이미 납부한 법인세가 있다고 해도 미국의 개인에게는 직접적인 공제로 이어지지 않을 수 있다. 그 결과 동일한 소득에 대해 한국에서는 법인세로, 미국에서는 개인 소득세로 각각 과세되어 총 세율이 크게 높아지는 것이다. 이런 문제에 대한 대책 없이 미국으로 이주하면 한국 법인 소득에 대한 예상치 못한 이중과세 위험이 증가한다.

이러한 함정을 피하기 위해서는 영주권 취득 전에 해외 사업체 소득에 대한 세무 계획을 세워야 한다. 사전 계획을 통해 한국 법인의 소득이 미국에서 추가 과세되거나 중복 과세되는 상황을 법적으로 최소화해야 하는 것이다. 다음에 이어지는 글에서는 한국에 사업체가 있는 사람이 미국으로 이주하기 전에 준비할 수 있는 세무 전략을 소개하려고 한다.

사전 세무 계획 없이 이주하는 경우의
이중과세 사례

한국에서 사업을 하던 홍길동 씨는 미국 영주권을 취득하여 미국 세법상 거주자가 되었지만, 한국에 있는 기존 법인(회사)은 계속 운영해야 한다. 그는 별도의 사전 세무 계획을 하지 않고 미국으로 이주했으며, 이 상황에서 한국과 미국의 세법상 한국 법인세와 미국 개인 소득세를 모두 부담하게 되어 이중과세 문제가 발생했다. 즉 동일한 소득에 대해 한국과 미국 양쪽에서 세금이 부과되어 전체 세금 부담이 커지는 것이다.

1. 한국 법인세 부과

한국 법인이 벌어들인 소득에 대해 먼저 한국에 법인세를 납부해야 한다. 예를 들어, 한국 법인의 연간 순이익이 100만 달러라면, 한국 법인세율 30%를 적용하여 약 30만 달러를 법인세로 납부한다. 이로써 법인에는 약 70만 달러의 세후 이익이 남게 된다.

2. 미국 개인 소득세 부과

홍길동 씨가 미국에서 세법상 거주자가 되었으므로, 한국 법인으로부터 얻는 소득, 즉 배당이나 급여 형식으로 수령하는 70만 달러의 세후 이익에 대해 미국에서도 과세된다. 미국에서 해당 소득에 대해 개인 소득세(예를 들어 20% 세율 가정)를 내면 약 14만 달러의 추가 세금을 부담해야 한다.

3. 총 세금 부담

결과적으로 한국에서 납부한 30만 달러와 미국에서 납부한 14만 달러를 합치면 총 44만 달러의 세금을 내는 셈이다. 이는 전체 소득의 44%에 달하는 상당한 세금 부담으로, 사전 계획이 없을 경우 한국과 미국에 이중으로 세금을 내게 되는 구조이다.

084

체크-더-박스(Check-the-Box)를 통한 PIP 절세 효과

체크-더-박스 선택(Check-the-Box Election)

미국으로 이주하기 전에 취할 수 있는 대표적인 세무 전략 중 하나는 '체크-더-박스 선택(Check-the-Box Election)'을 활용하는 것이다. 이는 미국 세법상 한국 법인의 분류를 변경하는 절차이다. 이 과정을 통해 미국에서는 한국 법인을 더 이상 별도의 법인으로 보지 않고, 개인 사업 소득으로 인식하게 된다. 체크-더-박스 선택으로 한국 법인이 미국 세법상 존재하지 않는 것처럼 취급되므로, 더 이상 해외 법인과 관련한 과세 제도에 얽매이지 않게 되고, 해당 법인의 소득은 개인 소득으로 간주된다.

　중요한 점은 이 선택을 하더라도 한국 현지에서는 아무 변화가 없다는 것이다. 한국 세법상 여전히 그 법인은 한국 법인으로 남아 있고, 동일하게 법인세를 납부한다. 즉, 한국에서는 기존의 세율대로 법인세를 내며 법인이 운영된다. 단지 미국에서의 과세 관점만 바꾸는 것이다.

외국납부세액공제(Foreign Tax Credit)

체크-더-박스 선택 전략의 가장 큰 장점은 '외국납부세액공제(Foreign Tax Credit)'를 적극 활용하여 이중과세를 피할 수 있다는 점이다. 한국 법인에서 납부한 세금이 결국 미국 세법상 거주자인 개인이 해외에서 납부한 소득세로 간주되기 때문에, 미국에서는 그 금액만큼 세액 공제를 받아 세금을 줄일 수 있다. 예를 들어, 미국 영주권자 홍길동 씨가 한국에 있는 사업체에서 100만 달러의 소득을 올렸다는 가정하에 이 전략을 활용하면 다음과 같은 결과가 나오게 된다.

TIP BOX

체크-더-박스 선택과
외국납부세액공제 활용 과정

1. 한국에서 이미 납부한 법인세 30만 달러(법인세율 30% 가정)는 홍길동 씨가 해외(한국)에 납부한 소득세로 간주된다.
2. 미국에서는 홍길동 씨의 전 세계 소득에 해당 한국 법인의 이익이 포함된다. 100만 달러의 이익에 대하여 미국 세액을 계산한 후(예를 들어 미국 세율이 20%라면 산출세액 20만 달러), 이미 해외에 납부한 세금인 30만 달러만큼 외국납부세액공제를 요구할 수 있다.
3. 홍길동 씨가 미국에서 내야 할 추가 소득세는 0달러가 된다. 한국에서 낸

30만 달러의 세금이 미국의 산출세액 20만 달러를 모두 상쇄하고도 남으므로, 미국에서는 더 낼 세금이 없는 것이다. 이처럼 외국납부세액공제는 동일 소득에 대한 이중과세 부담을 줄여주는 장치이다.
4. 결국 홍길동 씨는 한국 법인세 30만 달러만 부담하면 되고, 미국에는 추가 세금을 내지 않게 되어 총 세금 부담을 크게 낮출 수 있다.

미국 이주 전 사전 세무 계획이 없으면 한국의 법인 소득에 대해 한국과 미국 양국에서 이중으로 세금을 내야 하므로 총 세 부담이 크게 늘 수 있다. 하지만 체크-더-박스 선택과 외국납부세액공제를 활용한 전략을 선제적으로 시행하면, 한국에서 납부한 법인세를 미국 세금에서 공제받아 미국의 추가 세금을 0으로 만들고 이중과세를 피할 수 있다. 이러한 전략을 고려할 때는 반드시 전문가의 자문을 얻어 법적 요건을 충족하고 세무 리스크를 관리해야 할 것이다.

085

기타 다양한 PIP 방안들

PIP #3. 트러스트를 활용한 증여·상속세 면제 플래닝

미국으로 이주하는 1세대(부모 세대)가 상당한 자산을 보유하고 있다면, 영주권을 취득한 이후 그 자산을 2세대(자녀 세대)에게 물려줄 때 미국의 증여세나 상속세로 큰 세금 부담이 발생할 수 있다. 미국은 영주권자나 시민권자의 전 세계 자산에 대해 상속세와 증여세를 부과하며, 과세 표준이 면제 한도를 넘으면 최고 40%에 이르는 연방세율이 적용된다. 이를 피하기 위해 이민 전에 적절한 트러스트를 설립하고 자산을 구조화하여 해당 트러스트로 이전하면, 이민 1세대의 자산을 미국 증여·상속세 없이 2세대에게 이전할 수 있다.

PIP #4. 세대생략 증여·상속 플래닝

이민 1세대가 영주권을 취득하여 미국에 정착한 다음, 본국에 계신 부모님(0세대)으로부터 장차 거액의 유산을 물려받을 가능성이 있다면 세대생략 증여·상속(Generation-Skipping Transfer)을 고려해야 한다. 일반적으로 미국에 거주하는 자녀가 해외에 계신 부모님의 사망으로 상속을 받으면, 그 단계에서는 미국에서 별도의 상속세가 부과되지 않는다. 그러나 문제는 그렇게 물려받은 재산이 결국 자녀의 재산에 포함되어, 훗날 자녀(이민 1세대)가 사망하고 손주 세대(2세대)로 자산을 물려줄 때 미국 상속세 대상이 된다는 점이다.

이를 피하려면 본국의 부모 세대에서 증여나 상속이 손주 세대로 바로 넘어가도록 구조화하는 과정을 1세대의 미국 이주 전에 진행하는 것이다. 0세대가 생전 증여나 유언을 통해 손주에게 직접 증여하거나, 다이너스티 트러스트를 설립해 자산을 손주 세대로 바로 이전하는 방법이 있다. 예를 들어, 0세대가 다이너스티 트러스트를 설립하고, 그 안에 자산을 이전한 뒤 손주를 수혜자(skip-person)로 지정하면, 자녀(1세대)는 자산의 소유자가 되지 않으므로 관련 자산은 세대마다 과세되는 것을 피할 수 있다. 이런 경우 한 세대를 건너뛰어 미국 세금이 부과되므로 절세 효과가 생기는 것이다.

PIP #5. 자산 리밸런싱을 통한 소득세/증여·상속세 면제 플래닝

이민 1세대가 미국 이주 후 가지고 온 자산을 운용하면서 발생하는 투자 소득에 대해서도 세심한 소득세 플래닝이 필요하다. 영주권 취득 후에는 전 세계 어디에서 발생하든 모든 소득이 미국 소득세 과세 대상이 되고, 또한 그 자산 자체나 운용 수익을 자녀에게 증여하거나, 사망 시 상속으로 남겨줄 경우 증여·상속세 문제가 다시 발생한다. PIP #5 전략은 이민 이후 자산 운용 단계에서 소득세 부담을 최소화하거나 아예 없애고, 동시에 미래에 그 자산과 불어난 재산을 증여·상속세 없이 다음 세대로 이전하는 것을 목표로 하는 방법이다. 트러스트 설립과 고급 금융 상품(Private Placement Life Insurance; PPLI 또는 Private Placement Variable Annuities; PPVA) 활용, 그리고 가족 자산의 리밸런싱을 통해 이를 달성할 수 있다.

이 장에서 소개한 PIP #3부터 PIP #5까지의 플래닝 전략들은 매우 복잡한 세법 해석과 고도의 전문적 구조화 기법을 요구하는 영역이다. 이러한 기술적 세부 사항들과 구체적인 실행 절차는 이 책의 범위를 크게 벗어나므로, 여기서는 핵심 개념과 전략의 방향성만을 제시하는 것으로 갈음한다.

결국 핵심은 '미리 알고, 미리 준비하자'는 것이다. 이민 전에 자산 매각과 증여, 소득 시기 조절, 사업 구조 조정 및 해외 계좌 정리 등 가능한 조치를 모두 활용함으로써 이민 후 맞이하게 될 세금 위험을 크게 완화할 수 있다.

이민 전 세금 전략들은 각각 독립적으로도 가치가 있지만, 종합적으로 결합하여 활용하면 더욱 강력한 절세 효과를 발휘한다. 예를 들어, 이민 전에 가족 신탁을 설립해 자산을 이전하고, 이민 후에는 생명보험 가입과 비과세 투자 상품을 활용한다면 장기적인 세금 절감 효과를 극대화할 수 있다. 이처럼 세금 문제를 두려워하기보다 체계적인 대비를 통해 적극적으로 관리하는 것이 중요하다. 철저한 사전 대비와 전문가의 도움을 바탕으로 세금 전략을 수립한다면, 미국 이민 후에도 세금에 대한 걱정을 크게 덜고 새로운 환경에서 재정적 안정을 도모할 수 있을 것이다.

086

외국납부세액공제(FTC)의
개념과 적용

미국 영주권 또는 시민권을 취득하면 세금 부담이 급격히 늘어난다고 생각하겠지만, 실제로는 걱정하는 만큼 세금 부담이 큰 것은 아니다. '외국납부세액공제(Foreign Tax Credit; FTC)'를 활용하면 미국 거주자의 해외 소득에 대하여 추가 세금 부담을 없애거나 현저히 낮출 수 있다.

특히 한국에 거주하는 미국 영주권자나 시민권자들의 경우, 대부분 추가 세금 부담이 없어진다. 이는 한국의 세율이 미국보다 대체로 높기 때문이다. 이 글에서는 FTC가 무엇인지, 어떻게 적용되는지, 그리고 실제로 어떤 영향을 미치는지 자세히 설명하도록 하겠다.

먼저 미국 세법에서 말하는 '거주자'의 조건을 알아보자. 첫째, 미국 시민권자, 둘째, 영주권자(그린카드 보유자), 셋째, 연 183일 이상 미국에서 실질적으로 체류하는 사람이다. 이 중 하나라도 해당된다면,

미국 세법상 거주자로서 전 세계에서 버는 모든 소득에 대해 미국에 세금을 내야 한다.

그런데 한국에도 소득이 있고, 한국 세법상으로도 거주자라면 어떻게 될까? 한국도 거주자의 전 세계 소득에 대해 세금을 매기는 나라이므로, 같은 소득에 대해 세금을 두 번 내야 할 것 같겠지만, 실제로 그런 일은 없다. 바로 외국납부세액공제 제도가 있기 때문이다.

외국납부세액공제(FTC)란 '외국에서 이미 낸 세금만큼 본국의 세금을 깎아주는 제도'이다. 이 제도의 목적은 같은 돈으로 세금을 두 번 내는 것을 막기 위함이다. 이 제도는 미국뿐만 아니라 한국에도 있다. FTC를 적용하면, 한국에서 번 돈에 대해 미국이 세금을 매길 때 한국에서 이미 낸 세금만큼을 공제해 준다. 예를 들어, 한국에서 1,000만 원을 벌어 200만 원의 세금을 냈다면, 미국에서는 이 1,000만 원에 대해 계산한 세금에서 200만 원을 빼고 나머지만 내면 된다. 반대로 미국에서 번 돈에 대해 한국이 세금을 매길 때도 미국에서 이미 낸 세금만큼을 빼준다. 이렇게 하면 결과적으로 두 나라 중 세율이 더 높은 쪽의 세금만 내게 되는 셈이다.

TIP BOX

FTC 적용 예시

홍길동 씨는 한국인으로, 최근 미국 영주권을 받았다. 미국 이주 후에도 홍 씨는 한국에서 1년에 10만 달러의 소득이 계속 나오는 상황이다. 한국의 세율이 20%, 미국의 세율이 30%라는 가정하에 FTC 적용으로 홍씨가 내야 할 세금이 어떻게 달라지는지 계산해 본다.

1. 한국에서 낸 세금: 2만 달러(10만 달러의 20%)
2. 미국에서 계산한 세금: 3만 달러(10만 달러의 30%)
3. FTC 적용: 미국에서 계산한 3만 달러에서 한국에 세금으로 이미 낸 2만 달러를 빼면, 미국에 추가로 낼 세금은 1만 달러가 된다.
4. 최종 결과: 홍길동 씨가 낸 총 세금은 3만 달러(한국 2만 달러+미국 1만 달러)이다. 결국 그는 두 나라 중 더 높은 세율(30%)만큼만 세금을 내게 되는 것이다.

실제로는 어떨까? 최근에는 대체로 한국의 소득세율이 미국의 연방 소득세율보다 높다. 이는 무엇을 의미할까? 예를 들어, 한국의 세율이 35%이고 미국의 세율이 30%라고 해 보자. 한국에서 10만 달러를 벌었다면, 이미 한국에 3만 5,000달러의 세금을 냈을 것이다. 미국에는 원래 3만 달러의 세금을 내야 하지만, 이미 한국에서 더 높은 세율로 세금을 냈기 때문에 미국에 추가로 낼 세금은 없어진다.

이런 상황은 미국 영주권자가 된 한국인이나, 반대로 한국에 역이민을 온 미국 영주권자, 시민권자들에게 유리하게 작용한다. 그들의 소득에 대해 부과되는 세금이 한국 세율을 적용할 때 더 높기 때문에, 미국인 신분으로 미국에 납부해야 하는 세금은 거의 없거나 아예 없어지기도 한다. 즉, 미국 시민권이나 영주권을 가지고 있다고 해서 반드시 더 많은 세금을 내야 하는 것은 아니라는 이야기이다.

FTC 혜택을 제대로 받기 위해 주의할 점

087

외국납부세액공제(FTC)에 대해 이론적인 이해는 하고 있더라도 실제 적용할 때는 상당히 까다롭게 느껴질 것이다. 미국에서 FTC 혜택을 제대로 받기 위해 주의할 사항들을 알아보자.

무엇보다 FTC는 자동으로 적용되지 않는다. 납세자가 이 점을 명확히 이해하고 신청해야 한다. 미국에 세금 신고를 할 때는 'Form 1116'이라는 양식을 작성해서 내야 하는데, 이것이 꽤 복잡하다. 이를 위해 외국에서 낸 세금에 대한 증거 서류를 잘 준비해야 한다. 한국에서 낸 세금 영수증이나 증명서가 필요하고, 이것을 영어로 번역해야 할 수도 있다.

한국과 미국의 세금 신고 시기가 다르다는 것도 염두에 두어야 한다. 한국은 5월에 소득세를 신고하지만, 미국은 보통 4월 15일까지 전년도 소득을 신고한다. 이로 인해 많은 미국 납세자들은 4월 15일에 미국 세금 신고 연장 신청을 하고, 한국의 5월 신고 내용을 바탕으로 10월 15일까지 미국에 확정 신고를 한다. 이 과정에서 한국 세금 신고서의 내용을 정확히 반영하지 않으면 실수가 발생할 수 있다. 본인의 실수로 인해 법이 제공하는 혜택을 제대로 누리지 못하고, 오히려 과세 부담이 늘어나는 안타까운 상황이 생기는 것이다. 따라서 신고 시기와 내용을 꼼꼼히 확인하는 것이 매우 중요하다.

FTC 혜택을 받지 못하는 경우와 대응 방안

FTC가 만능은 아니라는 점도 알고 있어야 한다. FTC의 혜택을 받지 못하는 경우와 그 대응 방안에 대해 살펴보자.

순투자이익세(NIIT)

투자 소득이 많은 사람들에게 부과되는 세금인데, 여기에는 FTC가 적용되지 않는다. NIIT는 일정 소득 수준 이상(독신의 경우 20만 달러, 부부 공동 신고의 경우 25만 달러)의 납세자에게 적용되며, 투자 소득에 대해 3.8%의 추가 세금을 부과한다. 예를 들어, 주식으로 30만 달러의 이익을 얻었다면, 이 중 일부에 대해 3.8%의 추가 세금을 내야 하고, 이 부분은 FTC로 줄일 수 없다. 즉, 해외에서 납부한 세금이 있더라도 NIIT는 그대로 납부해야 한다. 이는 고소득 투자자들에게 추가적인 세금 부담을 줄 수 있다.

대응 방안으로는 투자 소득을 줄이거나 분산시키는 전략을 사용할 수 있다. 예를 들어, 세금 부담을 줄여주는 투자 상품을 선택하거나, 소득을 여러 해에 걸쳐 분산시키는 방법을 고려해 볼 수 있다. 또한 부동산 전문인(130쪽 참조)이 되는 것도 부동산 소득에 대한 NIIT를 피할 수 있는 방안이다.

주 소득세

미국의 많은 주에서는 전 세계 소득에 세금을 매기면서도 FTC를 인정하지 않는다. 예를 들어, 캘리포니아주에 살면 연방 정부에서는 FTC를 적용받을 수 있지만, 주 정부에서 주 소득세를 계산할 때는 이 혜택을 전혀 받을 수 없다. 한국에서 10만 달러를 벌었고 캘리포니아주 세율이 10%라면, 주 정부에 1만 달러의 추가 세금을 내야 한다.

이에 대한 대응 방안은 텍사스주, 플로리다주, 네바다주 등 주 소득세가 없는 주로 이사 가는 방법이 있다. 아니면 미국 체류 일수를 조절하여 주 거주지를 한국으로 유지함으로써 특정 주의 거주자로 간주되지 않도록 할 수 있다. 그리고 주 소득세가 적용되지 않는 형태의 소득 구조로 전환하는 방법을 고려할 수 있다.

FTC는 국제적으로 이중과세를 방지하는 중요한 제도이다. 이를 잘 활용하면 미국 영주권자나 시민권자가 되어도 세금 부담을 크게 줄일 수 있다. 특히 한국에 거주하는 미국 시민권자나 영주권자의 경우, 한국의 세율이 대체로 미국보다 높기 때문에 FTC를 통해 미국에 추가로 내야 하는 세금을 최소화하거나 없앨 수 있다.

미국 영주권이나 시민권 취득을 고민하고 있다면, 세금 문제에 대해 지나치게 걱정할 필요는 없다. 세법을 제대로 이해하고 활용하면 생각보다 큰 부담이 되지 않을 수 있기 때문이다. 세금 문제가 복잡하긴 하지만, 잘 알고 대비하면 충분히 관리할 수 있다. 따라서 제대로 준비하여 혜택을 놓치는 일이 없도록 하는 것이 중요하다.

088

해외 장기 체류자를 위한
소득 공제 제도

독자 여러분이 미국 세법상 거주자이면서, 동시에 한국에 거주하며 소득이 있다고 가정해 보자. 앞서 서술한 대로 미국 세법상 거주자인 여러분은 전 세계에서 벌어들이는 모든 소득에 대하여 과세된다. 이는 미국 세법의 기본 원칙이기 때문이다.

미국에서 벌어들이는 소득에 대해 과세가 되는 건 이해할 수 있는 일이다. 그런데 미국이 아닌 나라에서 버는 소득에 대해서는 당연히 그 나라에서도 과세될 텐데, 미국인 신분이라는 이유로 미국에서도 같은 소득에 대해 또 한 번 과세한다면 이중과세가 되는 셈이다. 이 것은 너무 억울한 일이 아닌가?

미국 정부도 이런 상황을 잘 이해하고 있다. 미국 정부는 외국에 원천이 있는 소득에 대해서는 그 나라에 우선적인 과세 권한이 있다는 점에 동의하고, 이에 따라 미국법상 이런 경우에 적용할 수 있는 세제상의 혜택들을 제공하고 있다.

이러한 배경에서 나온 대표적인 제도가 바로 앞에서 설명한 외국납부세액공제(FTC)이다. FTC는 해외에서 버는 소득에 대해 그 국가의 과세권을 존중하면서, 납세자가 그 나라에 납부한 소득세만큼을 미국 세금에서 줄여주는 제도이다.

그렇다면 이것이 미국법이 제공하는 관련 세제 혜택의 전부일까? 다행히도 해외 소득에 대해 미국 과세를 줄이는 방안이 더 존재한다. 해외 장기 체류자에 대한 '해외근로소득공제(Foreign Earned Income Exclusion; FEIE)'와 '해외주택비용제외/공제(FHE/FHD)' 제도이다.

해외근로소득공제(FEIE)

FEIE는 미국 이외의 나라에서 장기적으로 체류하는 영주권자, 시민권자 등에게 제공하는 세제 혜택이다. 해외에서 일정 기간 이상 거주 시, 해외에서 벌어들이는 근로 소득, 사업 소득, 그리고 체류비 보조 비용의 일부를 미국 과세 소득에서 빼주는 제도이다. FEIE의 자격 요건으로는 '물리적 체류 테스트(Physical Presence Test)' 또는 '실질 해외 거주자 테스트(Bona Fide Residence Test)'를 만족해야 한다.

물리적 체류 테스트란 12개월 중 330일 이상 해외에 체류해야 한다는 조건이고, 실질 해외 거주자 테스트는 미국 시민권자 또는 세법상 거주자(영주권자 포함)가 외국에서 1년 이상의 기간 동안 계속적으로 거주하고 정책적으로 돌아올 계획이 없는 상태를 말한다. 둘의 차이는 실질 해외 거주자로 인정받으면 1년에 330일 해외 체류 규정이 없다는 점이다. 거주 의도, 주택, 가족 동반 등 생활 기반이 해외에 있다면 미국에 여러 차례 들어와도 FEIE 자격 요건이 충족된다.

이 경우 해외에서 벌어들인 근로 소득, 자영업 소득, 특정 체류비 보조 등을 소득에서 제외할 수 있다. 2025년 기준으로 연간 최대 13만 달러까지 제외할 수 있고, 이 금액은 매년 물가 상승률에 따라 조정된다. 예를 들어, 미국 시민권자인 사람이 한국에 취직이 되어 장기간 파견을 나가 살거나, 한국으로 역이민을 가는 경우에 FEIE를 활용할 수 있다.

해외주택비용제외/공제(FHE/FHD)

FEIE와 함께 알아두어야 하는 또 다른 세금 혜택은 근로소득자에게 해당되는 '해외주택비용제외(Foreign Housing Exclusion; FHE)'와 자영업자에게 해당되는 '해외주택비용공제(Foreign Housing Deduction; FHD)' 혜택이다. 이들은 해외에서 장기 체류하면서 근로 또는 사업 활동을 하는 미국인들에게 추가로 주어지는 세제 혜택이다. '해외주택비용제외'는 임차료, 공과금 등 합리적 수준의 해외 주택 비용을 미국 과세 대상 소득에서 '제외'해 주는 것이며, '해외주택비용공제'는 본인의 근로 소득 중에서 주택 비용을 비용으로 '공제'해 주는 제도이다.

이 제도의 배경은 해외에서 일하는 미국인들이 흔히 높은 주거 비용을 부담한다는 점을 고려한 것이다. 근로자든 자영업자든, 해외에서 지출하는 적격한 주거 비용의 일부를 미국 과세 대상에서 추가로 제외하거나 공제받을 수 있게 해 준다. 이는 해외 거주 납세자의 세금 부담을 더욱 줄여 주는 역할을 한다. 다만 이 주거비 혜택은 거주 지역에 따라 상한선(housing limit)이 있으며, 실제 지출한 주거비가 일정 기본 금액(base amount)을 초과해야만 혜택을 받을 수 있다. 즉, 상한선까지만 인정되므로 모든 주거비가 제외/공제되는 것은 아니다.

예를 들어, 미국인이 한국에서 주재원으로 근무하면서 회사로부터 주거비 보조금을 받거나, 또는 자비로 주거 비용을 지출하는 경우, 이 비용의 일부를 추가로 미국 과세 대상에서 제외할 수 있다. 이는 FEIE와 별도로 적용되는 혜택이므로, 해외 거주 납세자의 실질적인 세금 부담을 더욱 줄이는 데 도움이 된다. 이 과정을 현실적인 사례를 이용하여 살펴보도록 한다.

TIP BOX

해외 장기 체류자의 소득 공제

미국인이면서 한국에서 거주하며 일하는 홍길동 씨는 한국에서 총 25만 달러의 근로 소득을 얻었다.

---

1. 먼저 FEIE를 통해 13만 달러를 과세 소득에서 제외할 수 있다.(2025년 기준)
2. 추가로 주거 비용에 대한 혜택을 적용받는다. 홍길동 씨는 서울에서 연간 5만 달러의 주거비를 지출했는데, 2024년 서울의 주거 혜택 기본 금액인 약 2만 달러를 초과하고, 상한선인 4만 9,000달러 내에 있으므로 이 혜택을 충분히 활용할 수 있고, 이를 통해 약 2만 9,000달러(4만 9,000달러-2만 달러)의 해외주택비용제외(FHE)를 추가로 적용받게 된다. 이렇게 하면 총 15만 9,000달러(13만 달러+2만 9,000달러)가 미국 과세 대상 소득에서 제외된다.
3. 남은 9만 1,000달러에 대해서는 미국 과세 대상 소득에 포함되지만, 당연히 한국에서의 해당 소득에 대한 과세액을 FTC로 활용할 수 있다. 만약 한국에서 2만 5,000달러의 세금을 냈다면, 이 금액만큼 미국 세금에서 공제받으며 미국에 추가되는 과세액을 최소화할 수 있다.

따라서 FEIE에 해당되는 사람들은 반드시 이를 활용해서 최대한 미국의 과세 소득을 줄이려는 노력을 해야 한다. 그리고 주거 비용이 크다면 해외주택비용제외/공제(FHE/FHD)도 놓치지 말고 절세에 꼭 활용하기 바란다.

영주권자나 시민권자로서 미국의 세법상 거주자가 되면 세금 부담이 늘어날 것이라는 걱정이 있겠지만, FTC, FEIE, FHE/FHD 등의 세제 혜택을 적절히 활용하면 이러한 부담을 상당히 줄일 수 있다는 것을 명심하기 바란다.

089

한미조세협정의
타이브레이커 규정

이제 한국과 미국 양국의 거주자로 간주될 수 있는 사람들의 세금 문제를 해결하는 또 하나의 방법으로 한미조세협정의 '타이브레이커(Tiebreaker)' 규정에 대해 알아본다.

이 규정은 앞서 소개한 외국납부세액공제(FTC), 해외근로소득공제(FEIE)와 함께 한국과 미국 양국의 세법 체계하에서 효과적인 절세 전략을 수립하는 데 아주 중요한 역할을 한다.

한미조세협정이란?

미국은 전 세계 약 60개국과 조세협정을 체결하고 있으며, 한국도 그중 하나이다. 국가 간의 조세협정은 양국의 경제 협력을 증진시키고,

이중과세를 방지하며, 조세 회피를 막는 것을 목적으로 한다. 한미조세협정은 양국 국민들에게 공정하고 호혜적인 과세 기준을 제공하며, 국내법과 같은 효력을 갖는다. 이는 마치 무역 분야의 자유무역협정(FTA)과 같은 역할을 세금 분야에서 수행한다고 볼 수 있다.

이 협정은 국제적인 경제 활동을 하는 개인과 기업들에게 예측 가능하고 안정적인 세무 환경을 제공함으로써, 양국 간의 투자와 교역을 촉진하는 데 중요한 역할을 한다.

한미조세협정을 이해하기 위해서는 먼저 각국의 세법상 거주자 판단 기준을 알아야 한다. 기본적으로 거주자 판단은 각 나라의 국내법에 따라 이루어진다. 이는 매우 중요한 개념인데, 한 국가의 세법상 거주자로 판단되면 해당 국가에서 전 세계 소득에 대해 과세될 수 있기 때문이다.

우선 한미조세협정이 없는 상황을 가정해 보자. 미국의 거주자라고 해서 자동으로 한국에서 비거주자가 되는 것은 아니다. 한국에는 자체적인 국내 세법에 따라 세법상 거주자를 판단하는 기준이 있기 때문이다. 한국법이 아닌 다른 나라의 법에 따라 그 나라의 거주자가 된다 한들 한국의 국내법이 그 사실만으로 그 사람을 한국의 비거주자로 보지는 않는다.

예를 들어, 한국인 홍길동 씨가 미국 영주권을 취득했다고 해서 한국에서 자동으로 홍길동 씨를 한국의 세법상 비거주자로 봐주는 것은 아니다. 홍길동 씨가 여전히 한국에 주소를 두고 있거나 1년 중 183일 이상을 한국에서 보낸다면, 한국 세법상으로는 여전히 거주자로 간주될 것이다. 이러한 상황은 양국에서 모두 거주자로 취급되어 이중과세의 위험에 노출될 수 있다는 문제를 야기한다. 이를 해결하기 위해 한미조세협정에서는 타이브레이커 규정을 두고 있다.

타이브레이커(Tiebreaker)

이러한 배경에서 한미조세협정상 타이브레이커 규정의 내용을 살펴보겠다. 이 규정은 협정 제4조에 명시되어 있다.

해당 내용을 간단히 정리하면, 한국과 미국의 각국 국내법에 따라 양쪽 나라 모두의 거주자인 상황에서, 한 나라에서 거주자로 인정되는 정도가 다른 나라에서 보는 거주자로서의 정도보다 현저히 높을 경우에는 한 나라에서만 거주자이고 다른 나라에서는 비거주자 신분을 선택할 수 있다는 규정이다.

예를 들어, 미국 영주권자여서 원칙적으로 미국 세법상 거주자인 사람이 1년의 대부분을 한국에서 거주하며 한국 세법상으로도 거주자인 경우가 있을 수 있다. 이 경우처럼 한국에서 인정되는 거주자의 정도가 미국에서 보는 거주자의 정도보다 현저히 크면, 한미조세협정에 따라 미국 관점에서는 영주권자임에도 불구하고 세법상 비거주자로 간주될 수 있는 것이다.

이와 같이 미국 영주권자는 미국 세법상 비거주자이면서 한국 세법상 거주자가 되는 상황을 선택할 수 있다. 이것을 타이브레이커에 따른 비거주자 선택이라고 한다. 한국과 미국 두 나라가 모두 거주 자라고 주장할 때 '묶여 있는(Tie)' 상황을 '끊어내서(Break)', 한쪽의 거주자 지위만 남기고 다른 쪽은 비거주자로 만든다는 의미이다.

한미조세협정상의 기술적인 평가 기준을 구체적으로 다 언급할 필요는 없겠지만, 타이브레이커 규정은 항구적 주거, 중대한 이해 관계의 중심, 일상적 거소, 국적, 상호 합의 순으로 적용된다. 이 규정을 통해 개인의 거주지를 한 국가로 결정하여 과세권을 명확히 하는 것이 목적이다.

090

타이브레이커를
적용받으면 생기는 결과

미국과 한국 양국에서 거주자로 인정받던 사람이 타이브레이커 규정을 적용받으면 어떤 결과가 생기는지 알아볼 차례이다. 가장 큰 변화는 미국 세법상 비거주자가 되기 때문에 전 세계 소득에 대한 과세가 아니라 미국에 원천이 있는 소득에 대해서만 과세된다. 즉, 한국에서 발생하는 소득에 대해서는 비과세되는 것이다.

이는 앞에서 얘기한 FTC나 FEIE보다도 절세 면에서 훨씬 유리한 것이다. 왜냐하면 FTC와 FEIE는 해외 소득(한국 소득)을 미국의 과세 대상 소득으로 간주하고, 여기서 세금 공제를 활용하거나(FTC), 일부 소득을 과세 소득에서 제외하는(FEIE) 것임에 반해, 타이브레이커는 아예 해외 소득 전체를 미국 과세 관점에서 비과세 소득으로 만드는 결과이기 때문이다. 구체적인 예를 들어 설명해 보겠다.

타이브레이커 적용 사례

미국 영주권자인 홍길동 씨는 한국으로 역이민을 오게 되었다. 그는 한국에서 연간 20만 달러, 미국에서 5만 달러의 소득이 있는 상황이다. 한국과 미국 양국에 소득이 있는 홍 씨가 타이브레이커 규정에 의해 세금 적용이 어떻게 달라지는지 살펴보자.

1. 타이브레이커 규정을 적용받지 않는 경우: 홍길동 씨는 미국 거주자로서 전 세계 소득(20만 달러+5만 달러)에 대해 미국에 세금을 내야 한다.
2. 타이브레이커 규정을 적용받는 경우: 홍길동 씨는 미국 세법상 비거주자가 되어 미국 원천 소득인 5만 달러에 대해서만 미국에 세금을 내면 된다. 20만 달러에 달하는 한국 소득은 미국 세금 계산에서 완전히 제외된다.

이처럼 타이브레이커 규정은 한국으로 역이민을 온 영주권자의 미국 과세와 관련해 상당한 절세 효과를 가져올 수 있다.

타이브레이커 적용 시 주의 사항

한편, 타이브레이커 규정을 적용할 때는 몇 가지 주의해야 할 점이 있다.

첫째, '체리 피킹(Cherry Picking)'은 안 된다. 체리 피킹이란 자기에게 유리한 것만 선택적으로 취하는 행위를 뜻한다. 타이브레이커는 매년 세무 신고 시 그때그때 평가해서 선택해야 하는 것이지만, 한 해는 비거주자, 다른 해는 거주자, 이런 식으로 하는 것은 적절하지 않다. 예를 들어, 미국 영주권자가 어느 한 해는 한국에서 큰 규모의 소득이 있을 예정이라 이 해에만 한국에서 장기간 체류하면서 타이브레이커를 선택하고, 다음 해에는 다시 미국에 돌아가서 거주자로서 신고를 하는 식의 선택은 받아들여지지 않을 것이다. 만약 IRS의 감사를 받을 경우 당연히 이러한 행위는 일관성이 없고 설득력이 없다고 판단될 가능성이 높다.

둘째, 영주권자로서 타이브레이커를 선택하는 경우 국적 포기세 (Exit Tax)의 대상이 될 수 있다. 국적 포기세에 대해서는 뒤에서 좀 더 자세히 설명하겠지만, 간단히 말하자면 이는 미국 영주권이나 시민권을 포기할 때 부과되는 세금으로, 자산의 미실현 이익에 대해 과세하는 것이다. 타이브레이커를 통해 비거주자 지위를 선택하는 것이 세법상 국적 포기세를 발동시키는 선택이라는 것을 감안하여, 이에 따른 세금 부담을 미리 고려해야 한다.

따라서 이러한 주의 사항들을 반영하여 합법적인 사전 플래닝이 필요하다. 타이브레이커 규정의 적용은 단순히 세금을 줄이는 것 이상으로 복잡한 사항이 있다. 특히 장기적인 관점에서 개인의 재무 상황, 미래 계획, 그리고 잠재적인 법적 영향 등을 종합적으로 고려해야 한다. 세법뿐만 아니라 이민법상 어떻게 해석될지에 대한 생각도 함께 해야 한다. 이는 단순한 세금 계산을 넘어서는 전략적 결정이므로, 전문가의 조언을 구하여 신중하고 체계적인 접근을 하기 바란다.

결론적으로, 지금까지 설명한 FTC, FEIE, 그리고 타이브레이커 규정은 모두 한국과 미국 양국의 신분을 가진 사람들이 양국에 소득이 있을 때 추가 과세 부담 없이 최적의 절세를 달성하는 데 도움이 될 수 있는 중요한 도구들이다. 각자의 상황에 맞는 최적의 방법을 선택하여 활용하도록 하자.

특히 타이브레이커 규정은 한국에 주요 이해 관계가 있으면서 미국 영주권을 가진 사람들에게 유용하다. 이 규정을 통해 미국 세법상 비거주자로 간주되면, 한국의 소득에 대해 미국에 세금을 내지 않아도 되는 큰 혜택을 받을 수 있다.

해외 금융 계좌 신고 안 하면 벌금이 30%?

091

현재 미국에서 살고 있거나 한국으로 역이민을 간 사람들 중에 해외 금융 계좌 신고에 대해 걱정하는 이들이 많다. 한국에 계좌가 여러 개 있었는데 이걸 신고해야 한다는 것을 몰라서 그동안 안 했고, 이제라도 제대로 할 생각인데 벌과금이 어마어마하다는 말을 들은 것이다. 벌금이 계좌 잔액의 30%가 넘는다고도 하고, 어떤 경우는 가진 자산의 절반이 넘게 뜯긴 경우도 있다고 하고, 심지어 감옥에 가는 경우도 있다는 소문을 듣고 나면, "어떻게 하면 좋지? 그냥 영주권, 시민권 다 포기하고 한국으로 들어가는 게 낫지 않을까?" 하는 생각도 든다. 그러나 이것은 지나친 걱정이다. 많은 경우 예상보다 낮은 부담으로 해결할 수 있거나, 심지어는 벌과금 없이 사면받을 수도 있다. 벌과금이 30%라는 무시무시한 말은 왜 나온 것인지, 그리고 실제로 적용되는 규정은 어떻게 되는지 살펴보자.

해외 계좌 신고에 대한 법적 근거

2001년 9/11 이전

해외 계좌 신고에 대한 초기 규정은 1970년에 제정된 금융법을 근거로 하고 있다. 여기에는 고의적인 미신고에 대한 처벌 내용만 있었다. 말하자면 탈세를 목적으로 해외에 보유하고 있는 금융 자산을 신고하지 않는 경우, 이에 대해 벌과금을 부과하겠다는 내용이다. 더나아가 이러한 위반에 대해 페널티를 부과하기 위해서는 정부가 그러한 위반의 고의성 또는 악의성을 입증해야 했다.

고의적이지 않은 신고 위반에 대한 처벌 규정이 없다는 점, 그리고 위반의 고의성을 증명해야 할 책임이 정부에 있다는 점에서 이법의 실효성은 상대적으로 낮았다. 이러한 이유로 비록 해외 계좌신고에 대한 법적 의무가 수십 년 전부터 있었음에도 개개인의 입장이나 정부 입장에서도 그다지 관심을 받지 못한 상황이었다.

2001년 9/11 이후

9/11 사태를 일으킨 테러 자금의 흐름을 추적했더니 해외 금융망이 테러 실행 자금의 주요 통로임이 밝혀졌다. 미국 정부는 BSA(Bank Secrecy Act; 은행비밀법)를 강화하고, 고객의 실명 확인, 고위험국 특별 조치와 함께 해외 계좌 신고, 정보 공유 체계를 확장시켰다. 미국 국민의 해외 자산에 대한 관리 감독을 강화하기 위해 일련의 법 개정

을 실시했으며, 이 중 해외 계좌 신고와 관련된 현재의 규정은 2004년의 법 개정에 따라 확정되었다. 이전의 규정에 비해 달라진 부분은 첫째, 고의적인 위반에 대한 처벌 조항이 예전에 비해 강화되었고, 둘째, 고의적인 미신고뿐만 아니라 고의성이 없는 신고 위반의 경우에도 벌과금을 매길 수 있다는 규정이 추가된 점이다.

새로운 법의 구체적인 내용은 다음과 같다. 고의적인 또는 악의적인 신고 위반의 경우 10만 달러 또는 계좌 잔액의 50% 중 큰 금액을 벌과금으로 할 수 있고, 고의적이지 않은 위반의 경우 위반 사례당 1만 달러의 벌과금을 부과하도록 했다. 여기에는 비고의적 위반에 대해서는 사안의 경중을 평가하여 벌과금을 부과받지 않을 수도 있는 '정상 참작(Reasonable Cause)' 조항이 추가되었다.

개정된 법에서 중요한 것은 고의적인 위반의 경우 계좌 잔액의 50% 벌과금과 심한 경우 형사 처벌을 받을 수도 있다는 것, 그리고 이에 반해 비고의적인 위반의 경우 1만 달러의 벌금 또는 정상 참작으로 면제된다는 내용이다.

해외 계좌 특별 사면 프로그램

자, 이제부터 무시무시한 벌과금에 대한 오해가 나온 배경이 드러난다. 2004년 관련법 개정에도 불구하고, 새로운 해외 계좌 신고법 역시 여전히 국민들의 관심을 받지 못했고, 정부가 원하는 수준의 자발적인 해외 계좌 신고는 이루어지지 않았다. 사정이 이렇다 보니 미국 정부는 이를 타개하기 위해 2009년 최초의 '해외 금융 계좌 자진 신고 프로그램'을 발표하고, 언론을 통해 대대적인 홍보 활동을 시작했다. 이를 OVDP(Offshore Voluntary Disclosure Program) 또는 OVDI(Offshore Voluntary Disclosure Initiative)라고 한다.

OVDP의 내용을 요약하면, "미국 정부는 당신들이 해외 금융 계좌 신고 규정을 오래 전부터 알고 있었음에도 그동안 신고하지 않았다는 사실을 인지하고 있다. 이제 특별 사면 프로그램을 발표했으니, 이 기회에 자진 신고하면 벌과금은 '특별히' 신고 누락된 자산의 27.5%로 해 주겠다."라는 내용이다. 대대적인 언론 홍보를 통해 해당 사면 프로그램을 알리다보니 조금씩 사람들 사이에 이 프로그램이 알려지기 시작했다. 그러나 정작 많은 이들에게 주목받은 내용은 자진 신고를 하면 벌금이 신고 누락된 자산의 27.5%라는 것이었다! 대부분의 사람들은 "이거 나보고 자진 신고를 하라는 거야, 말라는 거야? 장난하는 거야?" 하는 반응을 보였다. 지금까지도 많은 사람들이 오해하는, "해외 계좌를 신고하지 않으면 벌금이 30%가 넘는다더라." 하는 이야기는 여기서부터 시작된 것이다.

해외에 거주하는 미국 시민권자, 영주권자들은 대부분 해외에 금융 계좌를 가지고 있을 것이고, 미국에 이민 오는 가족들의 경우에도 본국에 1만 달러 이상의 계좌를 갖고 있는 것은 드문 상황이 아니다보니, 여기에 해당되는 많은 사람들에게 이러한 자진 신고 프로그램은 오히려 없느니만 못한 역효과를 가져오게 되었다. 괜히 이런 부담을 질 바에야 국적을 포기하는 게 낫겠다고 생각해서 그 후 영주권, 시민권을 포기하는 사람들이 눈에 띄게 늘어났던 것이다.

한편, 미국 정부는 왜 이런 얼토당토않아 보이는 제도를 사면 프로그램이라고 내세웠던 것일까? 그 이유는 처음에 정부가 이 제도를 통해 의도했던 자진 신고 대상은 고의적인 탈세자들이었다는 것이다. 2004년 이전 법에 의하면, 고의적 탈세를 목적으로 해외 금융 자산을 신고하지 않은 경우 해당 자산의 50%를 위반한 기간 동안 매년 부과받고, 심한 경우 형사 처벌까지 받을 수 있다는 것이 원래 내용이었다. 이 경우에 해당하는 이들의 입장에서는 27.5%의 벌과금이라면 충분히 고려해 볼 만한 사면 프로그램이었던 것이다. 예를 들어 정부로부터 악의적인 탈세자로 간주될 수 있는 상황에서 안절부절못하고 있는 이들에게는 미신고 계좌 잔액의 최고 금액에 대해 27.5%로 한 번의 벌과금을 내면, 신체 구속 등의 형사 처벌로부터 면제시켜 준다는 조건은 충분히 매력이 있었다.

그러나 정부의 의도와는 달리 OVDP는 고의적 위반과 비고의적 위반에 대한 구분 없이, 모든 위반자들에 대한 프로그램으로 알려져 버렸다. 그 결과 대부분의 선량한 일반 국민들에게 원치 않은 시그널을 주게 된 것이다. 비고의적인 위반에 해당하는 사람들까지 지나치게 겁을 먹고, 이 제도의 원래 의도와 다른 반응을 보였다. 신고를 권유하여 양지로 올리자는 의도와는 정반대로 '다 접고 미국 신분을 포기하겠다'는 방향으로 이어졌다. 정부는 난감한 상황이 되었고, 몇 년 뒤 또 다른 사면 프로그램을 만들어야 했다.

092

개선된 해외 계좌
사면 프로그램(SFCP)

2009년에 나온 IRS의 해외 금융 계좌 자진 신고 프로그램(OVDP)은 원래 고의적인 신고 위반자들을 대상으로, 지난 수년간 보유한 해외 금융 자산 잔액의 27.5%를 벌과금으로 부과한다는 내용이었다. 과도한 벌과금 수준으로 인해 사람들은 OVDP 프로그램을 통해 해외 금융 계좌를 자진 신고하는 것을 주저하였고, 따라서 제도 자체의 효용성에 의문을 갖게 해 왔다.

이 책의 독자 가운데에도 과거에 해외 계좌 신고 의무를 이행하지 않은 경우가 있을 것이다. 하지만 이들은 대부분 악의적인 탈세를 목적으로 역외 계좌를 열고 이를 통해 수상한 금융 거래를 해온 탈세범이 아니다. 해외 계좌 신고에 대한 규정을 그간 알지 못했고, 따라서 지금까지 이 규정을 준수하지 못했으며, 설사 최근 몇 년 사이에 알게 되었다 하더라도 수정 신고 등을 차일피일 미뤄 온 선의의 위반에 해당되는 것으로 본다. 이러한 경우, 당연히 해외 계좌 신고법에서 비고의적(non-willful) 신고 위반으로 구분되어야 한다.

이와 같이 비고의적 위반자들은 애초에 OVDP 프로그램의 대상이 아니었음에도 불구하고, 실제로는 제도 운영상 많은 문제가 발생했다. 비고의적 위반자들이 자진 신고를 해도 무시무시한 벌과금이 부과된다는 잘못된 정보가 확산되면서, 오히려 자진 신고를 기피하는 현상이 나타난 것이다. 더 심각한 문제는 이로 인해 미국 국적이나 영주권을 포기하는 비율이 폭증하는 등 의도하지 않았던 부작용이 속출했다는 점이다. 결국 제도 자체의 효용성이 크게 떨어지게되었다.

이와 같은 기존 사면 프로그램의 문제점을 해결하기 위해 몇 차례수정 과정을 거쳐 2014년부터 한층 개선된 자진 신고 방안이 나왔다. SFCP(Streamlined Filing Compliance Procedure; 해외 자산 자진 신고 간소화 절차)의 목적은 비고의적인 해외 금융 계좌 신고 위반자들을 위한 사면 프로그램이다.

SFCP의 기본 자격 조건은 비교적 명확하다. 우선 해외 금융 계좌나 자산에 대한 미신고가 비고의적이어야 하고, 현재 IRS의 조사나 감사를 받고 있지 않아야 한다. 거주지에 따라 해외 거주자용(Streamlined Foreign Offshore Procedures; SFOP)과 미국 거주자용(Streamlined Domestic Offshore Procedures; SDOP)으로 나뉘는데, 각각다른 거주 요건과 벌과금 구조를 갖고 있다.

SFCP 자격 요건을 갖춘 해외 금융 계좌 미신고자들은 이 프로그램에서 지정하는 방식에 따라 직전 3년치의 세무 신고서와 6년치의 해외 금융 자산 신고서를 작성하고, 본인의 과거 위반이 세법에 규정된 비고의적인 위반에 해당됨을 별도의 법률 메모를 통해 소명하여, IRS가 제공하는 양식의 증명서와 함께 전체 패키지를 IRS의 특별 부서에 접수하게 된다. 거주지에 따라 달리 적용되는 프로그램의 내용은 다음과 같다.

미국에 거주하는 위반자들의 경우(SDOP)

미국에 거주하면서 해외 계좌 신고 의무를 위반한 사람들의 경우, SFCP는 기존 OVDP에 비해 현저히 관대한 자진 신고 방식을 제공한다. 미국 거주자들은 과거 기한 내에 소득세 신고서를 제출했어야 한다는 전제 조건이 있지만, 이 조건만 충족하면 해외 계좌 신고 위반에 대한 벌과금이 기존 27.5%에서 단 '5%'로 대폭 줄어든다. 이를 통해 과거의 위반 사항에 대해 모두 사면을 받게 되어, 납세자들에게는 상당한 경제적 부담 완화 효과를 가져다준다.

해외에 거주하는 위반자들의 경우(SFOP)

해외에 거주하는 미국 영주권자나 시민권자들의 경우는 미국 거주자들보다 훨씬 더 유리한 조건을 제공받는다. SFCP의 일정한 조건을 만족시키게 되면, 미국 거주자들에게 적용되는 5% 벌과금이 아닌, '완전한 벌과금 면제'로 기존의 위반 사항에 대해 사면을 받을 수 있다.

해외 거주자의 구체적인 자격 요건은 첫째, 직전 3년 중 1년 이상의 기간 동안 해외에 거소지(abode)를 두고 최소 330일 이상 미국 외의 지역에서 거주하였고, 둘째, 미국 세무 신고 및 해외 계좌 신고를 하지 않았거나 세무 신고를 했을 경우 이러한 해외 계좌로부터 나온 소득을 세무 신고서에 반영하지 않았으며, 셋째, 이러한 위반이 고의적, 악의적인 의도에 의한 것이 아니었을 경우이다.

미국 시민권자나 영주권자의 경우, 직전 3년 중 최소 1년 동안 미국 내에 거소지를 두지 않으면서, 동시에 330일 이상 미국 밖에서 물리적으로 거주해야 한다. 비시민권자나 비영주권자의 경우에는 미국 내 거주 기간을 183일 이상 충족하지 않으면 된다.

SFCP의 주요 장점

SFCP의 장점은 해외 금융 계좌 신고와 관련한 과거 위반에 대해 벌과금 부과 없이(해외 거주자), 또는 대폭 감소된 벌과금(미국 거주자)만으로 사면된다는 것이다. 이 외에도, 과거 소득세 신고를 직전 3년에 대해서만 하면 되므로 추가로 납부해야 하는 소득세 부담이 현저히 낮아진다. 그리고 그 기간 동안 누락된 소득세에 대해 일반적으로 부과되는 여러 가지 벌과금도 면제된다는 점에서 굉장히 유리한 신고 방식이다.

물론 과거의 누적된 위반이 비고의적인 실수에 의한 것임을 정부에 설득해야 하는 문제는 남지만, 이 부분은 기존 세법이 규정하는 정상 참작 조항의 내용 및 판례 등을 반영해서 해결이 가능한지 여부를 판단할 수 있다.

SFCP의 주의 사항

IRS가 납세자의 어떤 과세 연도에 대해서든 이미 세무 감사를 개시한 경우, 해당 조사가 미공개 해외 금융 자산과 관련이 없더라도 SFCP를 이용할 수 없다는 점을 반드시 유념해야 한다. 또한 IRS는 고의적(willful) 납세자가 허위로 SFCP 신청을 하는 것에 대해 과거보다 훨씬 적극적으로 추적하고 있다는 점도 중요하게 고려해야 할 사항이다.

이런 점들을 유의하되, 본인이 자격이 된다고 판단될 경우에는 미루지 않고 적극적으로 이 제도를 활용하여 해외 금융 자산에 대한 자진 신고를 개시하는 것이 바람직하다.

093

정상 참작에 따른 사면

독자들은 이제 개선된 SFCP에 대해 잘 이해하게 되었을 것이다. 예전에 들었던 과도한 벌과금에 대한 소문은 잘못된 상식이다. 예를 들어 해외에 1억 원의 계좌를 갖고 있을 때 내야 하는 벌과금은 3,000만 원이 아니라 500만 원에 불과하다.

그러나 한편으로 다른 의문이 생기는 독자도 있을 것이다. 그래도 벌과금으로 5%는 내야 하는 것이 아닌가? 사실 그것도 아깝다면 아까운 것이다. 그리고 만약 계좌 잔액이 1억이 아니고 10억, 아니 더 고액이라면 어떨까? 그리고 혹시 미국에 거주하는 사람들의 경우도 해외 거주자처럼 벌과금 없이 사면받을 수는 없을까?

먼저 '정상 참작(Reasonable Cause)'이라고 하는 법률상의 용어에 대해 살펴볼 필요가 있다. 정상 참작이라고 하는 것은 세법을 포함한 여러 법에서 사용되는 용어이다. 해외 계좌 신고의 근거법에서도 비고의적 위반자들에 대해 위반 건당 1만 달러의 벌과금을 부과할 수 있지만, 정상 참작의 사유가 있다면 이 벌과금을 면제해 준다는 내용이 나온다.

그렇다면 무엇이 정상 참작의 사유로 고려될 수 있을까? 미국 세법은 기본적인 판단의 기준으로, '세법 전문가가 아닌 일반인으로서 기대되는 충분한 수준의 주의를 기울였는가(the exercise of ordinary business care and prudence)'를 살펴본다. 예컨대 해외 계좌를 신고하는 규정을 몰랐다든지, 또는 계좌의 존재에 대해 몰랐다든지, 전문가로부터 도움을 받으면서도 이에 대해 설명을 듣지 못했거나, 아니면 이를 발견하고 난 후 수정하려는 노력을 자발적으로 했는지 등이 고려 사항이 된다. 실제 누락된 신고 계좌로부터 누락된 미국 과세액이 없거나, 있더라도 매우 적은 수준이었다는 것을 보여줌으로써 충분한 수준의 주의를 기울였음을 간접적으로 보여줄 수도 있다. 말하자면 과거의 해외 자산 신고 위반자가 가지고 있는 사실(fact)을 어떻게 세법이 규정하는 정상 참작의 기준에 적용해서 설명해 나가는지에 따라 5%의 벌과금 없이도 사면받을 수 있다는 뜻이 된다.

정상 참작에 대한 IRS의 입장

미국 국세청(IRS) 또한 해외 자산 신고법에 나오는 정상 참작에 따른 면제 규정을 잘 알고 있다. 과거에는 이런 상황을 감안해서 납세자들이 OVDP와 같은 IRS 공식 사면 프로그램 대신에, 직접 수정 신고를 하고 본인에게 정상 참작에 따른 면제 자격이 있음을 적극적으로 소명하는 방식으로 벌과금 면제를 받으려는 시도를 했다. 이를 업계에서는 'quiet disclosure' 또는 'soft disclosure'라고 불렀다. 이는 공식적인 IRS 프로그램이 아니었지만, 정상 참작에 기반한 법적 근거가 있는 접근 방식이었다.

이러한 배경에서 IRS가 새롭게 채택한 자진 신고 방안이 바로 DIIRS(Delinquent International Information Return Submission)이다. IRS는 5%의 페널티를 부과하는 SFCP 방식과 별개로 DIIRS라는 사면 프로그램도 채택하고 있는데, 이 프로그램은 비고의적인 위반자가 세법과 관련 금융법이 지칭하는 정상 참작의 사유를 본인의 상황에 적용하여 증명할 수 있으면 5%의 벌과금 없이 사면해 주겠다는 내용이다. 이는 2025년 현재 IRS에서 유효한 자진 신고 과정으로 인정되고 있다. 따라서, 미국 내에 거주하는 사람으로서, SFCP에 따르는 5%의 벌과금도 부담이 되는 사람들의 경우, DIIRS의 자격 요건을 충족하는지를 면밀히 검토하고 이를 채택할지 고려하는 것도 전략적으로 유효한 선택지가 될 수 있다.

지금까지 총 3장에 걸쳐 해외 자산 신고에 대한 의무와 이를 누락한 경우 택할 수 있는 자진 신고 제도에 대해 살펴봤다. 2000년대 중반부터 미국 정부는 테러리스트의 자금 추적을 위해서든, 아니면 다른 이유에서든 해외 자산 신고에 대한 여러 관련법들을 차례로 시행해 왔다. 지난 수년간 해외 계좌 신고에 대한 정부 방침의 흐름은 선의의 위반자들을 발각해 내어 이들을 처벌하겠다는 데 목적이 있는 게 아니라, 자국민의 해외 자산에 대한 관리 감독 제도를 강화하겠다는 것이다. 그리하여 개개인의 자발적인 이행을 점진적으로 유도하고 있다.

그동안 해외 계좌 신고를 하지 않은 사람들은 과거의 위반에 대해 사면받을 기회를 적극적으로 활용할 필요가 있다. 사안의 경중에 따라서 미국에 거주하든 외국에 거주하든 벌과금 없이 사면받을 길이 열려 있기 때문이다. '내 경우는 어려운 것 아니겠는가'라고 지레 짐작하지 말고, 필요하다면 전문가의 도움을 받아 사면 가능성 여부를 알아보기 바란다.

미국 세법상 거주자 신분으로 활용할 수 있는 미국 세제상의 혜택이 많이 있는데, 해외 계좌 신고에 대한 그릇된 정보를 토대로 떠밀리듯 신분을 포기하거나 자진 신고 과정을 무시하는 경우를 보면 안타깝기 그지없다. 본인에게 알맞은 사면 프로그램 옵션이 있어서 그 혜택을 누릴 수 있다면, 해당 자산 정보를 신고함으로써 음지에서 양지로 올라갈 수 있어야 한다. 그런 후에 미국인으로서, 미국의 세법상 거주자 신분을 활용하여 해당 자산을 마음껏 투자하고 성장시키고, 다음 세대로 안전하게 이전할 수 있다면 정말 금상첨화일 것이다.

094

국적 포기세(Exit Tax)

미국 시민권자나 영주권자로서 미국 신분을 포기하고 한국으로 돌아가려는 사람들, 또는 미국 영주권 취득을 고려하는 사람들 사이에서 국적 포기세(Exit Tax)는 중요한 관심사이다. "미국을 떠날 때 많은 세금을 내야 한다면서요?", "재산의 상당 부분을 세금으로 내야 한다던데, 맞습니까?" 하는 질문을 많이 받는다. 여기서는 국적 포기세가 정확히 무엇인지, 어떻게 적용되는지, 그리고 어떻게 대응할 수 있는지 자세히 알아보려고 한다.

Exit Tax는 '국적 포기세' 또는 '국외 이전 전출세'라고도 불린다. 이것은 일정 기준을 충족하는 고소득자나 자산가가 미국 시민권, 또는 영주권을 포기하고 미국을 떠날 때 적용되는 세금 제도이다. 이 제도의 핵심은 해당 개인이 소유한 전 세계의 모든 재산을 마치 팔아버린 것처럼 간주하고 과세하는 것이다.

국적 포기세는 2008년 HEART(Heroes Earnings Assistance and Relief Tax) 법을 통해 미국에 도입되었다. 한국에서도 이를 참고하여 2016년 소득세법 개정 법률안에서 '국외 전출세'라는 새로운 제도를 신설하여 2018년부터 시행하고 있다. 이는 글로벌 경제 환경에서 각국이 세원 확보를 위해 노력하고 있음을 보여주는 단적인 사례라고 할 수 있다.

국적 포기세의 배경

국적 포기세의 배경을 이해하려면 먼저 미국의 세금 제도를 살펴볼 필요가 있다. 미국 시민권자와 영주권자는 전 세계에서 벌어들인 모든 소득에 대해 미국에 세금을 납부해야 한다. 이런 상황에서 만약 미국이나 해외에서 큰 소득이 발생할 것으로 예상된다면, 미국인 신분을 포기함으로써 과세를 피하고 싶어할 수도 있다. 국적 포기세는 이러한 조세 회피 가능성에 대응하기 위해 도입된 제도이다.

이 제도의 근거는 '미국인으로서의 특권을 활용하여 일궈낸 부'에 대한 과세이다. 미국인이었기에 얻을 수 있었던 기회들, 즉 미국 주식 시장에 쉽게 투자할 수 있었던 점, 미국 기업에 취직할 수 있었던 점, 미국인으로서 해외에서 투자를 할 수 있었던 점 등을 통해 늘어난 재산에 대해 세금을 내야만 미국인 신분을 포기할 수 있다는 것이다. 바꿔 말해, "당신이 미국 시민권이나 영주권을 포기하려고 한다면, 우리는 그것을 받아들이겠습니다. 하지만 그 전에 세금을 모두 정산하고 가야 합니다."라는 뜻이다. 이러한 논리에 대해서는 다양한 의견이 있을 수 있지만, 조세 회피를 목적으로 국적을 포기하는 행위를 막겠다는 사고방식 자체는 이해할 만한 부분이 있다.

국적 포기세의 유명한 사례

국적 포기세와 관련하여 세상에 가장 많이 알려진 사례로 페이스북의 공동 창업자인 에두아르두 사베린(Eduardo Saverin)의 경우를 들 수 있다. 브라질 출신 미국인이었던 사베린은 페이스북의 2번째 또는 3번째로 큰 주주였으나, 2012년 페이스북이 기업 공개(IPO)를 앞두고 있을 때 그가 이미 그 전해에 미국 시민권을 포기했다는 사실이 밝혀졌다.

이유는 누가 보아도 확실했다. 페이스북이 IPO를 하면 주식 가치가 엄청나게 오를 것이었다. 그가 만약 IPO를 할 때까지 미국 시민권을 유지하고 있었다면, 향후 그 주식을 매각할 때 주식 가치가 오른 만큼 엄청난 세금을 내야 했을 것이다. 하지만 미국 시민권을 미리 포기함으로써, 그는 그 큰 세금의 상당 부분을 피할 수 있었다.

왜냐하면 그가 미국 시민권을 포기한다는 것은 미국 세법상 비거주자가 되겠다는 뜻이었고, 미국 세법상 비거주자는 미국 주식을 매각하는 데서 발생하는 매각 차익에 대해 미국에 과세되지 않기 때문이다. 물론 사베린이 시민권을 포기할 때 어느 정도의 세금은 냈겠지만, 페이스북 IPO 이후에 내야 했을 세금에 비하면 훨씬 적은 금액이었을 것이다.

이 사례는 상당한 관심을 끌었고, 결과적으로 국적 포기세 제도의 중요성을 부각시키는 계기가 되었다. 사베린의 경우는 상당히 드문 사례이지만, 국적 포기세가 절세 측면에서 중요한 고려 사항이 될 수 있음을 잘 보여주고 있다.

국적 포기세에 대한 우려는 타당한가

095

그렇다면 누가 실제로 국적 포기세의 대상이 될까? 모든 시민권, 영주권 포기자가 국적 포기세의 대상이 되는 것은 아니다. 국적 포기세는 '과세 대상 국적 포기자(Covered Expatriate)'에게만 적용된다. 과세 대상 국적 포기자가 되려면 다음의 두 가지 조건을 모두 만족해야 한다.

첫 번째 조건은 미국 시민권자이거나, 영주권을 포기하는 해를 포함하여 지난 15년 중 8년 이상 영주권을 보유한 사람이어야 한다.

두 번째 조건은 다음 세 가지 중 하나에 해당해야 한다. 첫째, 전 세계 순자산이 200만 달러 이상이거나, 둘째, 직전 5년간 평균 연방 과세액이 일정 금액(2025년 기준 약 19만 달러) 이상이거나, 셋째, 직전 5년간 1년 이상 세금 신고를 제대로 하지 않은 경우이다.

이 중에서 실제로는 순자산 200만 달러 기준이 가장 많이 적용된

다. 대체로 연방 과세액이 기준 금액 이상인 사람들은 순자산도 200
만 달러를 넘는 경우가 많기 때문이다. 예를 들어, 연 소득이 50만
달러 정도 되는 사람이라면 연방 과세액도 19만 달러를 초과할 가
능성이 높고, 이 정도 소득이라면 보통 순자산도 200만 달러를 넘는
경우가 많을 것이기 때문이다.

국적 포기세의 종류

국적 포기세는 크게 두 가지 종류로 나눌 수 있다.

첫 번째는 소득세 성격의 국적 포기세로, 과세 대상 국적 포기자
가 가진 전 세계 자산을 시가로 평가해서 모두 매각한 것으로 간주
하여 소득세를 부과하는 것이다. 이는 대부분의 사람들이 국적 포기
세라고 할 때 떠올리는 형태이다.

두 번째는 상대적으로 덜 알려진 증여·상속세 성격의 국적 포기
세이다. 이는 과세 대상 국적 포기자가 미래에 미국 거주자에게 증
여나 상속을 할 경우, 그 자산에 대해 최대 세율로 과세하는 것이다.
예를 들어, 시민권을 포기하고 과세 대상 국적 포기자가 된 아버지
가 미국에 거주하는 자녀에게 나중에 증여나 상속을 하는 경우가 이
에 해당한다. 이는 정말 끝까지 끈질기게 세금을 부과하는 규정이라
고 할 수 있겠다. 이 규정에 대해서는 "미국을 떠난 과거 미국인들의
자산을 어떻게 추적할 수 있을까?"라는 의문이 제기되곤 한다. 그러

나 미국인들은 해외에서 10만 달러 이상의 증여나 상속을 받을 경우 이를 매년 IRS에 보고해야 할 의무가 있다. 따라서 미국 정부가 직접 해외 자산을 추적하는 것이 아니라, 미국 내 수증자의 보고를 통해 간접적으로 과세할 수 있는 구조이다.

타이브레이커와 국적 포기세

앞에서 설명한 바와 같이, 타이브레이커(Tiebreaker) 규정은 한미조세협정에 따라 미국 영주권자가 세법상 비거주자 신분을 선택하는 과정을 말한다. 타이브레이커 규정과 국적 포기세는 밀접한 관련이 있다.

우선 8년 이상 미국 영주권자로 신분을 유지한 경우, 타이브레이커에 따른 비거주자 신고를 하면 국적 포기세의 대상이 될 수 있다. 이때 과세 대상 국적 포기자에 해당한다면 국적 포기세를 계산해야 한다.

반면, 8년 미만 영주권자의 경우에는 타이브레이커를 활용하면 오히려 유리할 수 있다. 이 경우 타이브레이커에 따른 비거주자 신고를 하면 해당 연도는 8년 계산에서 제외되기 때문이다. 예를 들어, 5년 동안 영주권자였는데 6년째부터 타이브레이커에 따른 비거주자 신고를 한다면, 국적 포기세 관점에서는 계속해서 5년 동안만 영주권자였던 것으로 간주하게 된다.

따라서 영주권자로서 타이브레이커를 활용할 때는 본인의 경우에
국적 포기세가 어떻게 적용될지 신중히 고려해야 한다. 이는 개인의
세금 전략에 중요한 요소가 될 수 있다.

국적 포기세의 영향을 줄이는 방법

여기까지 읽었다면 "그래서 국적 포기세를 정말 걱정해야 하는가?"
라는 의문이 들 수 있다. 다음에 소개하는 전략을 통해 국적 포기세
에 적용되지 않도록 하거나, 그 부담을 최소화할 수 있을 것이다.

먼저 과세 대상 국적 포기자가 되는 것을 피할 방법을 고려해 볼
필요가 있다. 과세 대상 국적 포기자의 주요 기준 중 하나가 순자산
200만 달러이므로, 이를 기준으로 전략을 세울 수 있다. 예를 들어,
국적 포기 이전에 자산을 증여하거나 취소 불능 트러스트를 설립하
여 자산을 이전하는 방법이다. 이러한 방법은 본인 소유의 자산을
줄이는 효과가 있어서 과세 대상 국적 포기자 지위를 피할 수 있게
해 준다. 다만, 이러한 전략들은 복잡한 법적, 세무적 고려 사항이 있
으므로 전문가의 조언을 받아 신중히 접근해야 한다.

또한 영주권자의 경우, 8년 이상 영주권을 보유해야 한다는 조건
이 적용되므로 앞서 설명한 타이브레이커를 적절히 활용하는 것이
좋은 방법이다. 예를 들어, 영주권 취득 후 7년째에 타이브레이커를
활용하여 비거주자로 신고하면, 국적 포기세 적용을 피할 수 있는

가능성이 생긴다.

그리고 국적 포기세가 적용된다고 하더라도 반드시 큰 금액의 세금이 발생하는 것은 아니라는 점도 알려주고 싶다. 세법의 기술적인 내용을 모두 설명할 수는 없지만, 중요한 점을 몇 가지 짚어보면 다음과 같다. 예를 들어 국적 포기세 계산 시 양도소득이 87만 2,000달러(2025년 기준) 미만일 경우 이에 대한 세금은 발생하지 않는다. 이는 상당히 큰 금액의 면제라고 볼 수 있다.

또한, 영주권을 포기하는 시점에 본인의 자산에서 미실현 이익이 없도록 자산 구성을 조정하는 것도 가능하다. 예를 들어, 시가 평가 대상이 아닌 생명보험이나 연금 등으로 자산을 구성한다면 국적 포기세를 최소화할 수 있게 된다. 이는 자산의 평가 시점과 실제 수익 실현 시점의 차이를 활용하는 전략이다.

결론적으로 국적 포기세는 미국 시민권이나 영주권 포기를 생각하고 있는 이들에게 중요한 고려 사항이다. 그러나 이에 대해 지나치게 염려할 필요는 없다. 개인의 상황에 따라 적절한 전략을 수립한다면 그 영향을 크게 줄일 수 있기 때문이다. 중요한 것은 충분한 시간을 두고 준비하는 것이다. 국적 포기세와 관련된 규정은 복잡하고 지속적으로 변화하므로, 최신 정보를 바탕으로 신중하게 접근해야 한다. 이를 통해 불필요한 세금 부담을 최소화하면서도 합법적이고 효과적으로 미국 신분 변경을 진행할 수 있을 것이다.

국제 이동 근로자와 공적 연금 제도

096

한국과 미국은 국민의 노후 생활 안정을 위해 각각 공적 연금 제도를 운영하고 있다. 한국의 국민연금은 노후 소득 보장을 위한 사회보장제도로서, 현재 일하는 세대가 내는 보험료로 은퇴 세대의 연금 재원을 마련하는 방식이다. 마찬가지로 미국의 사회보장연금(Social Security)은 은퇴자, 장애인, 유족에게 연금을 지급하는 제도로, 한국의 국민연금과 유사한 사회보장 장치이다.

두 제도 모두 국민(또는 근로자)의 의무 가입을 기반으로 하며, 일종의 세대 간 부조(pay-as-you-go) 형태로 운영된다. 즉 현재의 근로자가 보험료(세금)를 납부하면 정부가 이를 기금으로 운용하면서 현재의 은퇴자들에게 연금을 지급하고, 훗날 현재의 근로자가 은퇴하면 그 다음 세대가 납부하는 보험료로 연금을 받게 되는 구조이다. 이러한 공적 연금의 목적은 개인이 고령이나 장애, 사망 등으로 소득을 잃게 되었을 때 최소한의 생활을 보장해 주는 데 있다.

미국의 사회보장제도에는 사회보장연금 외에도 메디케어(Medicare)라는 노후 의료 보험 제도가 포함된다. 메디케어는 65세 이상 노인과 일부 장애인을 대상으로 하는 연방 정부의 건강 보험 프로그램으로, 병원 진료와 일부 의료비를 지원한다. 이는 한국의 국민건강보험과 유사한 역할을 하지만 재원 조달과 운영 방식에서 차이가 있다. 미국에서는 사회보장세(Social Security Tax)를 거둘 때 메디케어 재원도 함께 징수하는데, 사회보장세 12.4%와 별도로 메디케어세 2.9%를 추가로 부과하여 운영한다. 이 둘을 합쳐서 사회보장 부담금(Federal Insurance Contributions Act; FICA)이라고 하는데, 근로자의 경우 총 15.3%의 FICA를 회사와 절반씩 부담하고, 자영업자는 동일한 비율을 자영업세(SECA)로 전액 부담한다.

요약하면, 한국의 국민연금과 미국의 '사회보장연금+메디케어'는 각각 양국의 대표적인 공적 사회보장제도로서, 국민의 은퇴 이후 소득 보장과 의료 보장을 담당하고 있다.

사회보장제도의 작동 원리

공적 연금에 가입하여 향후 연금을 받기 위해서는 일정 기간 이상 보험료를 납부해야 한다. 한국의 국민연금은 18세 이상 60세 미만의 국민이라면 소득이 있을 경우 의무적으로 가입하여 보험료를 내야 하며, 최소 120개월(10년) 이상 가입해야 노령 연금을 받을 수 있다. 보험료는 본인 소득의 보험료율(2025년 기준 9%, 2026년부터 매년 0.5%씩 인상되어 2033년 13% 적용 예정)을 기준으로 산정되며, 직장인의 경우 본인과 회사가 절반씩 부담한다. 자영업자나 소득이 있는 지역 가입자는 자신의 소득에 보험료율을 곱한 금액의 전액을 본인이 납부하게 된다.

미국의 사회보장연금도 원칙적으로 10년 이상의 근로 경력이 있어야 자격이 주어진다. 미국에서는 연금 수급 자격을 크레딧(Credit)이라는 단위로 계산하는데, 연간 소득에 따라 최대 4크레딧까지 획득할 수 있으며, 10년간 총 40크레딧을 모으면 연금 수급 자격이 주어진다. 사회보장세 납부를 통해 크레딧을 얻게 되며, 2025년 기준으로 연 소득 약 1,730달러당 1크레딧을 인정한다. 사회보장세율은 급여의 12.4%로 책정되어 있고, 근로자의 경우 회사와 본인이 각 6.2%씩 부담한다. 이렇게 근로 기간 동안 꾸준히 납부하여 요건을 채운 사람은 정년 연령에 도달했을 때 사회보장연금을 청구할 수 있다.

미국의 연금 수급 개시 연령(Full Retirement Age)은 출생연도에 따라 다르지만 대략 66~67세 사이이고, 한국 국민연금의 수급 연령도 세대별로 차이가 있어 1952년 이전 출생자는 만 60세, 1969년 이후 출생자는 만 65세부터 노령 연금을 받을 수 있도록 점진적으로 상향 조정되고 있다. 한편 미국의 메디케어 의료 혜택은 연금 수급 연령과 별개로 대체로 65세부터 시작되는 점도 기억해 둘 필요가 있다.

두 제도의 연금 급여 산정 방식에는 차이가 있지만 기본 개념은

한국 국민연금과 미국 사회보장연금 비교

항목	한국 국민연금	미국 사회보장연금
가입 대상	대한민국 국민(18세~59세) 의무 가입	대부분의 근로자(공무원 등 일부 직군 제외하고 광범위)
보험료율	소득의 9%(본인 4.5%, 사업주 4.5%)	임금의 12.4%(본인 6.2%, 고용주 6.2%) + 의료보험(메디케어) 2.9% 별도
최소 가입 기간	120개월(10년)	40 크레딧(약 10년 근로)
연금 개시 연령	만 60~65세(출생연도별 상이)	만 66~67세(출생연도별 상이), 메디케어 의료 혜택: 65세부터
급여 종류	노령 연금, 장애 연금, 유족 연금	퇴직 연금(노령 연금), 장애 연금, 유족 연금(의료보험: 메디케어)

'더 오래, 더 많이 납부할수록 많은 연금을 받는다'는 것이다. 한국의 국민연금은 가입자의 평생 평균 소득과 가입 기간을 고려하여 일정 산식으로 연금액을 계산하는데, 소득이 낮았던 가입자에게 상대적으로 유리하도록 일부 재분배 요소를 포함한다. 미국 사회보장연금도 평생 평균 소득(상위 35년 소득 평균)을 바탕으로 하되, 소득 대체율이 낮은 소득자에게 유리한 구조의 공식을 적용한다. 따라서 두 나라 모두 사회보장 기여 기간과 소득 수준에 따라 연금액이 결정된다.

또한 두 제도 모두 본인 연금뿐만 아니라 특정 조건에서 장애 연금(노동 능력 상실 시)과 유족 연금(사망 시 남은 가족을 위한 연금) 기능을 갖추고 있다. 미국의 경우, 배우자가 사회보장세를 납부한 기록이 없더라도, 한 배우자의 기록만으로 다른 배우자가 배우자 연금을 받을 수 있다. 이는 해당 배우자에게 기본 연금의 최대 50%까지 지급하는 제도로, 미국 사회보장제도의 특징 중 하나이다.

국제 이동 근로자에게 발생하는 연금 문제

현대 사회를 살아가는 사람들은 평생 한 나라에서만 일하지 않고 해외로 진출하거나 이민을 통해 여러 국가에서 직장 생활을 하는 경우가 많다. 그러나 국민연금이나 사회보장연금 같은 공적 연금 제도는 기본적으로 한 나라 안에서의 경력을 전제로 설계되어 있기 때문에, 국가 간 이동이 잦은 근로자에게 몇 가지 문제가 발생하게 된다.

첫째, 연금 가입 기간의 단절 문제이다. 한국에서 몇 년, 미국에서도 몇 년 일했지만, 각각의 나라에서 최소 가입 기간을 채우지 못한 경우, 두 나라 어디에서도 연금을 받을 수 없는 상황이 생길 수 있다. 예를 들어 한국에서 5년, 미국에서 5년 일하고 퇴직했다면 원래 규정대로는 한국의 10년, 미국의 10년 요건을 모두 충족하지 못했기 때문에 양국의 연금을 한 푼도 받지 못하는 문제가 발생한다. 그동안 납부했던 연금 보험료(또는 세금)는 각 나라에 그대로 남게 되고, 한국처럼 반환 일시금을 돌려받는 제도가 있더라도, 애초 기대했던 노후 소득원으로서의 연금 혜택은 누리지 못하게 된다.

둘째, 연금 보험료의 이중 납부 문제가 있다. 예컨대 한국 회사 직원이 미국으로 몇 년간 파견 근무를 가거나, 반대로 미국 본사 직원이 한국 지사로 임시 발령을 오는 경우를 생각해 보자. 별다른 조치가 없다면 이들은 파견 기간 동안 한국 국민연금과 미국 사회보장세를 모두 납부해야 하는 이중 부담이 발생하게 된다. 실제로 파견 초기에는 원래 소속된 회사가 속한 국가의 연금 제도에 계속 가입되어 보험료를 내게 되고, 동시에 파견지 국가의 사회보장 법규에 따라 현지 연금 제도에도 가입해야 할 의무가 생길 수 있는 것이다. 이렇게 두 나라에 동시에 연금 비용을 납부하면 개인과 기업 모두에게 경제적 부담이 크고, 후에 행정 처리도 복잡해지게 된다.

셋째, 연금 수령 및 제도 차이에 따른 문제가 발생한다. 국가마다 연금 제도의 규정과 행정 절차가 다르기 때문에, 해외에서 일한 경력이 있는 사람이 각국의 연금을 모두 청구하려면 상당한 정보 수집과 서류 절차를 밟아야 한다. 언어의 장벽도 있을 수 있고, 서로 다른 나라의 기관과 연락해야 하는 번거로움도 있다. 또한 연금액 산정 방식이나 수급 개시 연령 등이 달라서, 여러 나라에서 연금을 받을 경우 전체적인 재정 계획을 세우기가 어려울 수 있다. 특히 미국의 경우에는 본인이 사회보장세를 납부하지 않은 기간(예: 해외 근무 기간)에 대해 WEP(Windfall Elimination Provision; 과다 급여 감액 규정)라는 별도의 규정을 적용하여 연금 수령액을 조정하기도 하는데, 이러한 디테일은 일반인이 이해하기가 상당히 까다롭다.

이처럼 국제 이동 근로자나 이민자들은 자칫하면 각 나라에서의 연금 가입 기간이 단절되어 버리고, 중복 납부나 연금 수급권 미충족 같은 손해를 볼 우려가 있다. 이러한 문제를 해결하고자 각 국가들은 상호 간에 '사회보장협정'을 체결하여 연금 제도의 공백을 메우고 있다. 한국도 미국을 비롯한 여러 국가와 이런 협정을 맺고 있으며, 이를 통해 해외에서 일한 국민들의 연금권을 보호하고 있다.

한미 사회보장협정의 주요 내용

097

한국과 미국은 국제 이동 근로자들의 연금 문제를 해결하기 위해 한미 사회보장협정을 체결하였다. 이 협정은 2000년에 체결되어 2001년 4월 1일부터 발효되었으며, 두 가지 큰 목적을 가지고 있다.

첫째는 연금 보험료의 이중 납부를 면제하는 것이고, 둘째는 양국 연금 가입 기간의 합산을 인정하여 연금 수급 자격을 확보할 수 있도록 하는 것이다.

사회보장협정은 영어로 'Totalization Agreement'라고 하는데, 여러 나라의 연금 가입 경력을 합산(totalize)하여 하나의 연속된 경력으로 보고 연금 수급권을 인정해 준다는 의미이다.

이중 납부 면제

한미 사회보장협정에 따르면, 근로자가 일시적으로 상대국에 파견

되어 일하는 경우 연금 보험료를 이중으로 납부하지 않아도 된다. 일반적인 원칙은 근로자가 속한 기업과 국가를 기준으로 연금 가입을 유지하는 것이다. 예를 들어 한국의 A회사 직원이 미국 지사로 3년간 파견된다면, 그 3년 동안 미국의 사회보장 부담금(FICA)을 내지 않고 한국의 국민연금만 계속 납부할 수 있다. 반대로 미국의 B기업 직원이 한국 지사로 와서 일시적으로 근무하는 경우, 한국 국민연금에 가입하지 않고 미국 사회보장세만 납부하도록 할 수 있다. 이를 위해 소속 국가의 연금 기관에서 '협정 적용 증명서'를 발급받아 상대국에 제출해야 하는데, 이 서류가 있으면 현지에서 연금 가입 면제를 인정해 준다.

실제로 미국 시민권자가 한국에 거주하면서 자영업을 하는 경우 국민연금공단 웹사이트에서 영문으로 된 국민연금 가입 증명서를 발급받아 미국 세무 당국에 제출하면 미국 사회보장세(자영업세)를 면제받을 수 있다. 마찬가지로 한국 국적의 근로자가 미국에 파견 나갈 때 국민연금공단에서 이러한 증명서를 받아가면, 미국 고용주는 사회보장세 원천 징수를 면제해 준다.

협정에 의한 이중 납부 면제 기간은 통상 5년까지로 정해져 있어서, 대략 5년 이하의 기간 동안 해외 파견을 나간다면 본국의 연금 제도만 가입하도록 하고, 그 이상 장기화될 경우에는 파견지 국가의 제도로 전환하는 식의 규정을 두고 있다. 이를 통해 단기 해외 근무자나 주재원들은 불필요한 비용 부담 없이 하나의 연금 체계에만 가입하여 경력을 이어갈 수 있다.

가입 기간 합산 인정

한미 사회보장협정의 또 다른 핵심은 연금 가입 기간을 합산해 준다는 것이다. 예를 들어 한국에서 국민연금에 5년 가입하고 미국에서 사회보장연금을 5년 가입한 사람의 경우, 협정 발효 전이라면 양쪽 모두 가입 기간이 10년 미만이라 연금 수급권이 없겠지만, 협정 발효 후에는 한국과 미국에서의 가입 기간을 합쳐 총 10년으로 보고 양국의 연금 수급 자격을 인정해 준다.

그렇다고 해서 한 나라에서 10년치 연금을 모두 지급하는 것은 아니다. 각 국가가 자국에서 납부된 기간에 비례하여 연금을 산정하여 지급하는 것이다. 한국에서 5년, 그리고 미국에서 5년 일한 사람이라면, 한국 국민연금공단은 한국에서 납부한 5년을 '전체 요건 10년 중 5년'으로 계산하여 한국에서 10년을 다 채운 사람의 가상 연금액(theoretical benefit)의 50%를 지급하고, 미국 사회보장국(Social Security Administration; SSA) 역시 미국에서 납부한 5년을 '전체 10년 중 5년'으로 보고 미국 내 10년 경력자의 가상 연금액에서 50%를 산정하여 지급하는 방식이다. 그렇게 되면 결국 이 사람은 한국과 미국 양쪽으로부터 절반씩의 연금을 받게 되고, 둘을 합치면 10년 경력의 연금을 받는 셈이 된다.

이처럼 각국에서 납부한 기간의 비율에 따라 연금액을 안배하기 때문에, 경력을 합산한다고 해서 이중으로 혜택을 보는 것은 아니지만, 최소한 한 나라에서의 경력이 모자라다는 이유로 연금을 전혀 못 받는 일을 예방할 수 있다.

가입 기간 합산을 인정받기 위해서는 각 나라에서 최소한의 실제 가입 기간을 가져야 한다는 점도 매우 중요하다. 한 나라에서 아주 짧게 보험료를 납부하고 나머지 기간을 다른 나라에서 채웠다고 해서 무조건 양쪽의 연금을 다 받을 수 있는 것은 아니다.

한미 사회보장협정의 경우, 최소 요구 조건이 한국은 18개월 이상, 미국도 6분기(18개월) 이상의 실제 가입 기간이 있어야 한다. 예를 들어 한국에서 1년(12개월)만 일하고 미국에서 9년 일한 사람이라면, 합산 경력은 10년에 도달하기 때문에 미국 사회보장연금을 받을 수 있지만, 한국 국민연금은 가입 기간이 18개월 미만이어서 협정의 적용 대상이 되지 못한다. 이 경우 한국에서 납부한 1년치 보험료는 나중에 반환 일시금으로 돌려받고, 미국 사회보장연금만 수령하게 된다. 반대로 한국에서 9년, 미국에서 1년 가입한 경력이라면 한국에서는 합산 경력 10년으로 간주하여 국민연금을 지급하지만, 미국 측 경력이 6분기 미만(4분기)에 불과하므로 미국의 연금은 지급되지 않는다. 요컨대 한미 사회보장협정을 통해 합산으로 연금 자격을 얻으려면 적어도 각 나라에서 1년 반 정도의 가입 기록은 꼭 필요하다는 것을 명심해야 한다.

연금 수령 및 송금

한미 사회보장협정에 의해 자격이 인정되면, 각 나라에서 지급되는 연금을 상대국에 거주하면서도 받을 수 있다. 미국에서 연금 수급권을 얻은 교포가 한국에 거주하더라도 미국 사회보장연금을 수령할 수 있고, 한국의 국민연금 수급권이 있는 사람이 은퇴 후 미국에 살더라도 한국의 국민연금을 받을 수 있는 것이다.

협정 이전에는 일부 국가들에서 자국민이 해외로 이주하면 연금 지급을 제한하는 경우도 있었지만, 한미 사회보장협정은 상대국 거주자에 대한 연금 지급을 보장하고 있다. 또한 수급 절차에 편의를 제공하기 때문에, 한국에 살고 있는 사람이 미국 연금을 청구할 때 반드시 미국에 가지 않아도 되고, 서울에 있는 주한미국대사관의 SSA 창구나 국민연금공단을 통해 신청할 수 있다. 반대로 미국 거주자가 한국 국민연금을 받고자 할 때도 현지의 사회보장연금 사무소를 통해 한국의 국민연금 청구를 대행할 수 있다.

연금은 수령자의 은행 계좌로 국제 송금을 통해 지급되며, 필요한 경우 현지 통화로도 입금이 가능하다. 미국 사회보장연금을 한국의 은행 계좌로 송금받아 원화로 찾을 수 있고, 한국 국민연금도 미국 현지 은행으로 달러화 송금이 가능한 것이다. 이렇듯 한미 사회보장협정은 단순히 제도상의 연계뿐만 아니라 실제 연금 수급자의 편의까지 고려하여, 국적이나 거주지에 따른 불이익 없이 연금을 받을 수 있도록 하고 있다.

098

한미 사회보장협정과 관련하여 실제로 가장 많이 듣게 되는 질문들과 그에 대한 대답을 사례와 함께 설명하려고 한다. 독자 여러분은 다양한 사례를 보며 각자의 상황에서 한미 사회보장협정을 어떻게 활용해야 할지 쉽게 이해할 수 있을 것이다.

Q1. 해외 파견 근로자(주재원)로 나가게 되면 연금 보험료는 어디에 납부해야 하나요?

한미 사회보장협정에 따르면 해외 파견 근로자는 원 소속 국가의 연금 제도에 계속 가입하는 것이 원칙이다. 즉, 일시적으로 미국에 파견되는 한국 회사 직원이라면 파견 기간 동안 미국 사회보장세를 내지 않고 한국 국민연금만 내면 되고, 반대로 한국에 파견 나온 미국 회사 직원은 한국 국민연금을 내지 않고 미국 사회보장세만 계속 내게 된다.

이를 위해 파견 근로자는 출국 전에 국내 연금 기관(국민연금공단)에서 '협정 적용 증명서(Certificate of Coverage)'를 발급받아 가는 절차가 필요하다. 이 증명서에는 해당 근로자가 본국의 연금 제도에 가입되어 있음을 명시하고 있으며, 이를 미국 고용주나 세무 당국에 제출하면 현지 사회보장세 납부를 면제받을 수 있다.

예를 들어, 한국의 자동차 회사 직원 김○○ 씨가 3년간 미국 지사로 파견 나가는 경우, 국민연금공단에서 김 씨의 국민연금 가입 증명서를 영문으로 발급받아 미국 회사 측에 제출하면, 김 씨와 회사는 그 3년 동안 미국의 사회보장세를 내지 않아도 된다. 김 씨는 한국에서 있을 때와 동일하게 국민연금 보험료를 납부하며 국내 가입 기간을 계속 쌓게 되므로, 경력 단절이나 추후 연금 수령에 문제가 생기지 않는다. 반대로 미국 본사 직원인 이○○ 씨가 한국 지사로 4년간 파견되는 경우, 미국 사회보장국(SSA)에서 이 씨가 미국 사회보장연금에 가입되어 있다는 증명서를 발급받아 한국 측에 제출하면 한국에서는 국민연금 가입 의무를 면제해 준다. 이 씨는 미국에 세금을 납부하면서 미국 사회보장 기록을 이어 나가면 되는 것이다. 단, 이러한 파견 근로자 혜택은 일반적으로 5년 이내의 파견에 적용되므로, 만약 파견 기간이 5년을 넘길 것 같다면 미리 연장 승인 등의 절차를 밟아야 한다. 결론적으로, 주재원이나 단기 파견 근로자는 두 나라 중 한 곳(보통 모국)의 연금에만 가입하여 비용을 절감할 수 있다.

Q2. 미국에서 사회보장세를 면제받으려면 어떤 절차가 필요한가요?

미국에서 사회보장세를 면제받기 위해서는 앞서 언급한 '협정 적용 증명서'를 제출해야 한다. 구체적으로 설명하면, 미국에 파견되는 한국인은 국민연금공단에 신청해서 영문으로 연금 가입 증명서를 발급받아야 한다. 이때 증명서에는 신청인의 국민연금 가입자 정보, 가입 기간 등이 명시된다. 해당 증명서를 받은 한국인은 자신이 근무하게 될 미국 회사의 인사/급여 담당자나 미국 사회보장국에 이 서류를 제출하여, 협정 대상자임을 알려야 한다. 그러면 미국 고용주는 그 사람에 대해 사회보장 부담금(FICA) 원천 징수를 중단하고, 미국 국세청에도 이 사람이 협정에 의해 미국 사회보장세 납부 의무가 없음을 보고한다.

한국에 거주하면서 미국에서 자영업 소득이 있는 사람은 절차가 조금 다를 수 있는데, 원칙적으로는 거주국의 제도에 가입하는 것이므로 한국 국민연금에만 가입하고 미국 자영업세(SECA)는 내지 않을 수 있다. 이때도 마찬가지로 한국 국민연금 가입 증명서를 활용하여 IRS에 본인이 협정 대상자임을 신고하는 절차를 거쳐야 한다. 반대로 미국 시민권자가 한국에서 자영업을 하는 경우에는 미국 SSA로부터 증명서를 받아 한국 국민연금공단에 제출하거나, 혹은 한국 국민연금에 가입하고 한국 측 증명서를 미국에 제출하여 미국 세금을 면제받는 식으로 상황에 따라 달리 처리한다.

협정에 따른 면제를 받으려면 자신의 가입 국가에서 증명서를 받아 상대국에 제출하는 행정 절차가 필요하며, 이를 제때 수행하지 않으면 현지에서 자동으로 세금이 공제될 수 있으니 주의해야 한다. 다행히 요즘은 이러한 증명서 발급과 제출 절차가 잘 마련되어 있으므로 국민연금공단이나 SSA 홈페이지를 통해 자세한 안내를 받을 수 있다.

Q3. 한국과 미국의 가입 기간을 합산한 후에는 연금을 어떻게 받게 되나요?

가입 기간 합산은 수급 자격을 만들어주기 위한 것이고, 실제 연금은 각 나라가 별도로 지급한다. 가입 기간 합산으로 양국의 연금 수급 자격을 갖추게 되면, 한국 국민연금은 한국 기준에 따라, 미국 사회보장연금은 미국 기준에 따라 각각 계산된 금액을 따로 지급하게 되는 것이다. 실제 지급액은 각 나라에 납부한 비율에 근거하여 산정된다.

예를 들어, 한국에서 6년, 미국에서 4년을 근무한 박○○ 씨의 경우, 원래는 양쪽 모두 가입 기간이 10년 미만이라 연금 수급권이 없지만, 한미 사회보장협정에 의해 기간이 합산되면 총 10년 경력이 되므로 양국의 연금을 받을 수 있는 자격이 생긴다. 한국 국민연금공단은 박 씨의 한국 납부 기간 6년을 가지고 원래 10년을 채웠다면 받을 수 있었을 가상 연금액의 6/10에 해당하는 금액을 계산한다. 동시에 미국 사회보장국도 박 씨의 미국 근무 4년에 대해 10년 기준 가상 연금액의 4/10에 해당하는 사회보장연금을 계산한다. 그 결과 박 씨는 한국으로부터는 국민연금을, 미국으로부터는 사회보장연금을 각각 매달 수령하게 되고, 이 둘을 합치면 10년 경력자의 연금과 유사한 수준이 된다. 두 연금은 별도의 경로로 지급되므로, 한국 연금은 한국 국민연금공단에서 박 씨 계좌로 송금하고, 미국 연금은 미국 사회보장국에서 송금하거나 수표로 지급한다. 박 씨는 편의를 위해 한국에 있는 은행의 달러화 계좌를 이용해 미국 연금을 수령할 수도 있다.

만약 한 나라의 가입 기간이 너무 짧아서 한미 사회보장협정의 최소 기간 요건을 못 채웠다면, 그 나라에서는 연금 대신 반환 일시금으로 처리가 되고, 다른 나라에서만 연금을 받는 형태가 될 수 있다. 또 다른 예로, 정○○ 씨는 한국에서 1년, 미국에서 9년 일한 경우이다. 한국 국민연금 가입 기간이 최소 18개월 요건에 부족하므로 한국에서는 정 씨에게 그동안 낸 보험료를 반환 일시금으로 돌려주고, 대신 정 씨는 미국 사회보장연금만 받게 된다. 이렇듯 기간 합산 적용 후 연금 수령은 각 국가에서 자신의 부담 기간에 비례한 몫을 각각 지급받는 방식이며, 하나로 합쳐서 나오지 않는다는 점을 기억해야 한다. 다만 연금을 청구할 때는 한 나라의 창구를 통해 동시에 신청할 수 있도록 행정 협력이 이루어지므로, 본인이 일일이 두 나라의 기관을 오갈 필요는 없다.

Q4. 미국이나 한국에서 연금을 받으려면 그 나라에 직접 가서 살아야 하나요?

그럴 필요는 없다. 한미 사회보장협정 덕분에 상대국에 거주하는 수

〈PART 3〉 한국인과 미국 투자

401

급자에게도 연금을 지급하도록 상호 보장되어 있기 때문이다. 따라서 한국에 살고 있는 사람이 미국 사회보장연금을, 미국에 살고 있는 사람이 한국 국민연금을 해외에서 그대로 받을 수 있다.

연금을 신청할 때도 거주국의 연금 담당 기관을 통해 상대국 연금을 청구할 수 있도록 편의가 제공된다. 미국에 사는 한국 국적자가 한국 국민연금을 신청하려면 현지의 미국 사회보장국 사무소나 웹사이트를 통해 신청할 수 있고, 필요 시 주미한국대사관의 도움을 받을 수 있다. 반대로 한국에 거주하는 미국 시민권자가 미국 사회보장연금을 받으려면 서울의 주한미국대사관 SSA 창구나 국민연금공단 국제협력 담당 창구를 통해 대리 신청이 가능하다.

일단 연금 수급이 개시되면, 매달 연금액을 본인이 지정한 계좌로 송금받게 되므로 굳이 그 나라에 가서 수표를 찾거나 현금을 인출할 필요 없이 편리하게 수령할 수 있다. 요즘은 전 세계 대부분의 국가들이 연금의 해외 송금을 허용하고 있으며, 한국과 미국 간에도 은행망이 잘 연결되어 있으므로 송금에도 문제가 없다. 다만 주소지나 계좌 정보가 변경될 경우, 각 나라 연금 기관에 이를 바로 알려줘야 연금 지급이 중단되지 않으니, 이사 등 거주지 이동 시에는 관련 기관에 바로 통지해야 한다. 요약하면, 한국이나 미국에서 연금을 받기 위해 굳이 그 나라에 거주할 필요는 없으며, 협정에 의해 타국 거주자도 안전하게 연금을 받을 수 있으니 안심하고 청구하면 된다.

Q5. 한국 국민연금과 미국 사회보장연금을 둘 다 받으면, 미국 쪽 연금이 깎인다고 하던데 사실인가요? (WEP 규정)

최신 규정에 의하면 더 이상 그렇지 않다. 2025년 1월 5일, 미국의 연금 제도에 중대한 변화가 일어났다. 바로 사회보장 공정법(Social Security Fairness Act)이 서명되면서 오랫동안 논란의 대상이었던 WEP(Windfall Elimination Provision)와 GPO(Government Pension Offset) 규정이 폐지된 것이다. 이 법안은 2024년 1월부터 소급 적용되어, 많은 연금 수급자들에게 희소식을 전했다. 이 변화로 인해 한국 국민연금과 미국 사회보장연금을 동시에 받는 사람들은 더 이상 미국 연금의 감액을 걱정하지 않아도 된다.

과거에는 미국 사회보장세를 내지 않은 직장(예를 들어 한국)에서 받는 연금이 있으면 미국 사회보장연금이 줄어들었지만, 이제는 그런 걱정 없이 전체 급여를 받을 수 있게 되었다. 교사, 소방관, 경찰관 등 공공 부문 종사자들과 해외 근무 경력자 등 300만 명이 넘는 수급자들이 이 변화의 영향을 받을 것으로 예상되며, 특히 국제적으로 일한 경험이 있는 많은 사람들에게 노후 생활의 안정성을 높여 줄 것으로 기대된다. 그동안 한국과 미국을 오가며 일한 이들에게는 더 이상 연금 감액의 부담 없이 양국의 근로 경력을 온전히 인정받을 수 있게 되어 큰 도움이 될 것이다. 2025년 3월 미국 사회보장국은 WEP, GPO 폐지 대상자의 소급 연금(2024년 1월분~2025년 3월분)을 일괄 지급했으며, 2025년 4월 지급분부터는 인상된 월 연금이 자동 반영되고 있다.

099

나의 연금 권리를 보호받기 위한
사전 절차

한미 사회보장협정은 글로벌 시대에 걸맞게 양국을 오가는 근로자들의 연금 권리를 보호하기 위한 제도적 장치이다. 이 협정 덕분에 수많은 한인 이민자, 주재원, 교포들이 한국과 미국 양쪽에서 쌓은 소중한 경력을 합쳐서 온전한 연금을 받고 있다.

불과 20여 년 전만 해도 해외로 이주하면 모국의 연금 혜택을 포기해야 하거나, 반대로 해외에서 몇 년 일한 경력 때문에 연금 요건을 채우지 못해 허사로 돌아가는 일이 비일비재했다. 그러나 2001년 한미 사회보장협정 발효 이후로는 이러한 공백을 메울 수 있게 되어, 국적이나 거주지에 상관없이 자신의 근로 경력에 따른 연금 혜택을 누릴 수 있게 된 것이다.

물론 협정을 잘 활용하기 위해서는 사전 준비와 절차가 중요하다. 해외 파견을 앞둔 근로자라면 미리 소속 회사와 협의하여 어느 나라 연금에 가입을 유지할지 결정하고, 필요한 증명서 발급을 챙겨야 한다. 미국에 이민을 가거나 한국으로 역이주하는 이들도, 양국 연금 기관에 자신의 이전 국가 연금 가입 경력을 꼭 신고하여 추후 연금을 받을 권리를 확보해야 한다.

예컨대 미국 이민 후 한국 국민연금을 깜박 잊고 있었더라도, 나중에 국민연금공단에 연락하여 본인의 가입 기간 증명서를 받아두면 미국 사회보장연금 신청 시 함께 제출하여 경력 합산 혜택을 받을 수 있다. 반대로 미국에서 일을 하다가 한국에 돌아온 미국 근로 경력자도 국민연금공단에 미국 연금 가입 경력을 알리면 나중에 미국 연금을 청구하는 데 도움을 받을 수 있다.

또한 연금을 받기 위해 굳이 한 나라에 머무를 필요는 없지만, 두 나라에 걸쳐 연금을 받는 경우 세금 문제도 고려해야 한다. 미국 사회보장연금은 일정 소득 이상이면 미국 세금이 부과될 수 있고, 한국의 국민연금은 현재 비과세이지만 미래에는 정책이 달라질 수도 있다. 이처럼 국제적인 연금 수령에는 부수적으로 고려할 사항이 있으므로 전문가와 상담하거나 관련 정보를 지속적으로 확인하는 것이 필요하다.

아메리칸 드림, 설계에서 실행으로

이 책의 첫머리에서 우리는 "왜 미국인가?"라는 물음을 던지며 출발했다. 세계 1등 국가의 규모와 달러 패권, 그리고 지금도 살아 숨 쉬는 아메리칸 드림을 이야기했다. 그 질문은 단순한 호기심이 아니라, 독자 각자가 자신의 미래를 어디에 그려 넣을지를 결정짓는 방향표였다.

99개에 달하는 주제들을 따라가며 우리는 미국 세금 제도의 원리부터 리빙 트러스트, 부동산·보험·연금 전략, 이민 전 세금 계획, 크로스보더 세무 가이드, 나아가 가족재단과 사회적 기여까지 광활한 미국 자산 관리 지형도를 빼곡히 탐색했다. 이제 종착역에 다다른 지금, 다시 처음의 질문으로 돌아가 보자. 왜 하필 미국이어야 했는가? 그리고 그 답을 손에 쥔 우리는 앞으로 무엇을 해야 하는가?

여전히 유효한 미국의 기회 비대칭

먼저, 미국이라는 무대에는 여전히 기회의 비대칭이 존재한다는 사실을 인식해야 한다. 거대 시장이 주는 수익성, 달러 자산이 제공하는 안정성, 자본과 인재가 몰리는 생태계는 아직도 압도적인 초격차를 유지하고 있다.

이를 뒷받침하는 것이 바로 '제도의 힘'이다. 미국 세법과 자본 시장의 룰은 복잡하지만, 한번 이해하고 나면 예측 가능성과 투명성이라는 든든한 안전판을 제공한다. 탁월한 성과를 거둔 이들의 공통점은 바로 이 룰을 신속히 습득하고, 처음부터 장기 플랜을 수립했다는 점이다.

둘째, 아메리칸 드림은 더 이상 모험이 아니다. 이 책이 제시한 수많은 사례에서 보듯, 드림은 철저히 '계산 가능한 현실'로 진화했다.

소득세·상속세·자선 플래닝을 적시에 조합하면 세금은 비용이 아니라 자산 증식의 레버리지가 되고, 리빙 트러스트와 각종 연금·보험 솔루션은 가문의 부를 세대 간에 효율적으로 승계하는 파이프라인이 된다. 나아가 이민 전 세금 계획(Pre-Immigration Tax Planning)과 국적 포기세(Exit Tax) 대비 전략은 국경의 장벽까지 투명하게 낮춰 준다. 달리 말해, 아메리칸 드림의 성공률은 정보 비대칭을 해소하는 속도에 정비례한다.

지식에서 실행으로의 전환

셋째, 이제 핵심 과제는 '실행'이다. 지식을 장식품으로 두지 말고, 오늘부터 실천 가능한 구체적 액션으로 전환해야 한다.

체크리스트를 다시 펼쳐 금융 기관의 계좌 구조를 재점검하고, 은퇴계좌 불입 한도를 최대한 활용하며, 가족 구성원의 이민·유학·사업 계획을 통합적 타임라인에 반영해 보자. 세무 전문가·법률 전문가·재무 설계사와의 협업은 선택이 아닌 필수임을 명심하자. 이 책이 제시한 전략은 프레임워크이자 로드맵일 뿐, 실제 길 위를 걷는 이는 결국 독자 자신이다.

마지막으로, 아메리칸 드림의 진정한 가치는 재무적 성과 너머에 있다. 부를 축적하는 과정에서 가족과 공동체를 어떻게 지원할 것인지, 사회적 책임을 어디까지 확장할 것인지가 당신의 자산 설계에 진정한 의미를 부여한다.

가족재단, CRT, ILIT를 통한 사회 환원 모델은 단순한 절세 수단을 넘어, 세대와 세대를 잇는 가치 사슬로 기능할 것이다. 부(富)는 최종 목적지가 아니라, 더 큰 비전을 실현하기 위한 연료임을 잊지 말자.

진행형으로서의 드림

집필을 마치며, 나는 다시 한번 확신한다. 아메리칸 드림은 여전히

유효하다. 아니, 지금 이 순간에도 당신이 행동하는 속도만큼 현실로 수렴하고 있다.

나는 이 책을 99장으로 마무리했다. 이제 100번째 장은 당신이 쓸 차례이다. 당신의 치밀한 계획을 구체적인 실행으로 옮겨 빛나는 성공 스토리를 채워 넣길 바란다. 기회의 대륙은 준비된 사람만을 환영한다. 오늘 이 책을 덮고 곧바로 첫걸음을 내딛는 순간, 당신의 드림은 이미 '진행형'이다.

미국 자산관리 성공전략

지은이 미국변호사 존청(John Chung)
펴낸이 정규도
펴낸곳 (주)다락원

초판 1쇄 발행 2025년 8월 25일

기획 권혁주, 김태광
편집 이후춘, 전수민

디자인 김희림

🄭다락원 경기도 파주시 문발로 211
내용문의 : (02)736-2031 내선 291~296
구입문의 : (02)736-2031 내선 250~252
Fax : (02)732-2037
출판등록 1977년 9월 16일 제406-2008-000007호

정가 32,000원
ISBN 978-89-277-7541-6 13320